市场营销学

苏艳林◎著

燕山大学出版社
·秦皇岛·

图书在版编目（CIP）数据

市场营销学 / 苏艳林著. 一秦皇岛：燕山大学出版社，2022.3
ISBN 978-7-5761-0318-2

Ⅰ. ①市… Ⅱ. ①苏… Ⅲ. ①市场营销学一高等学校一教材 Ⅳ. ①F713.50

中国版本图书馆 CIP 数据核字（2022）第 056932 号

市场营销学

苏艳林 著

出 版 人：陈 玉
责任编辑：王 宁
策划编辑：杨春茹
责任印制：吴 波
封面设计：吴 波
出版发行：燕山大学出版社 YANSHAN UNIVERSITY PRESS
地 址：河北省秦皇岛市河北大街西段 438 号
邮政编码：066004
电 话：0335-8387555
印 刷：英格拉姆印刷(固安)有限公司
经 销：全国新华书店

尺 寸：185mm×260mm 16 开
印 张：15.75
版 次：2022 年 3 月第 1 版
印 次：2022 年 3 月第 1 次印刷
书 号：ISBN 978-7-5761-0318-2
字 数：300 千字
定 价：63.00 元

前　言

随着经济的发展，我国的市场营销理论与实践在引进、消化、吸收、创新和应用的过程中为我国经济和企业的蓬勃发展作出了卓越的贡献。在立足新发展阶段、贯彻新发展理念和构建新发展格局的过程中，我们更应该反思和探讨：本土的市场营销学教材如何才能更好地满足立德树人的要求？如何更好地服务于高水平社会主义市场经济体制？如何更好地服务于企业的营销实践需求？

本书理论结合实践，吸收了国内外学术界和企业界的前沿观点，具有系统性、科学性、前沿性、新颖性、创新性和实践性等特点，阐释了市场营销管理的科学原理、核心思想与理论，以及实践应用发展的新成果。本书的主要内容如下：首先，厘清了市场营销相关知识、理念，在此基础上规划企业营销战略和营销管理计划；其次，分析市场营销环境和消费者市场购买行为，为实施STP营销战略奠定基础；最后，制定并实施营销组合策略，即产品策略、定价策略、渠道策略和促销策略。

本书有四个突出特点：（1）贯彻OBE教学理念，注重学生能力培养和教学成果导向。在本书的编写过程中，结合学生经常参与的各种创新、创业大赛，比如"互联网+"大赛、挑战杯大赛、创新创意及创业比赛等，构建了"营销理念—营销环境分析—营销战略制定—营销组合策略实施"的课程体系，章节设计方面注重逻辑的清晰与体系的完整。（2）较好地融合项目驱动式教学方式。市场营销学有较强的实践性，适合项目驱动式教学，在授课过程中让学生们自由组建项目团队，站在企业经营者的角度，让学生自创虚拟式企业，之后按照课程体系进行营销环境分析、STP战略制定、营销组合策略实施各个环节理论知识内容和虚拟企业经营实践的逐一对接，最终统筹撰写营销策划书，边学边落地，以项目驱动的形式让学生掌握市场营销学知识。（3）融入课程思政元素，强化了社会主义核心价值观的引领作用。本书在中国人民追求美好生活的大背景下，研究消费者的需求及其变化趋势，重视供给侧结构性改革及其影响，并通过精准的营销管理来满足日益个性化的消费者需求，强化了本书的时代性。（4）注重案例的新颖性和代表性。在编写过程中，特别充实了国内外市场营销领域的新近理论与实践，引入了大量有关营销实践的新探索和新案例。在每个章节渗透知识点小案例，在章节末设置综合性案例，进一步强化了本书的前沿性和实践性。

同时，本书借鉴了不少业内的优秀文献与资料，在此表示诚挚的谢意。本教材在河北省教育厅项目（2018GJJG079）的支持下得以顺利出版，在此表示诚挚的谢意。感谢燕山大学的硕士生赵洪涛（第二章）、郑丽（第四章）、杜豪伟（第十章）、刘颖（第五章）、李京京（第六章）、夏雪（第三章）、王伽文（第七章），他们承担了各章的资料充实、内容更新等相关工作。感谢赫连志巍教授和张敬伟教授在专业知识方面给予的指导。

生活处处有营销。市场营销不仅是一门科学，同时也是一门艺术。不论是在企业工作，还是在政府机构或非营利性组织工作，都离不开市场营销。本书不仅适用于那些已经认识到市场营销的重要作用及未来发展趋势的商业人士，还适用于经济管理相关专业的本科生、研究生和MBA学员，同时也适用于各行业从事或关注市场营销活动的管理人员。

鉴于时间和作者水平有限，书中不妥之处在所难免，敬请广大读者不吝赐教，以便再版时加以改正！

苏艳林

于秦皇岛

目　　录

第一章　市场营销概论

本章要点

市场和市场营销的产生有其必然性，而且市场和市场营销在产生之后也必然是动态发展的。具体而言，市场与市场营销的动态发展过程可以通过营销主体、营销客体、营销内容和营销核心概念的变化加以体现。市场营销学就是妥善处理企业、顾客和社会三者之间的利益关系，并经历从生产观念、产品观念、推销观念到市场营销观念、社会市场营销观念转变的一门学科。

学习目标

1. 了解并掌握市场的定义。
2. 了解并掌握市场营销的定义。
3. 了解并掌握市场营销的基本概念。
4. 了解并掌握市场营销学的主要观念。

第一节　市场营销学的形成与发展

一、市场营销学的产生

市场营销学于 20 世纪初创建于美国，在实践中得到不断发展和完善。19 世纪末 20 世纪初，继英国产业革命以后，一些资本主义国家也先后完成了产业革命。同时，由于生产和资本的高度集中以及庞大的垄断组织的建立，大企业的要求对流通领域具有更大的影响，特别是自近代科学技术诞生以来，相继发生了三次技术革命。科学技术的发展，使大企业内部变得更加有组织有计划，从而也有可能运用现代化的调查方法包括信息系统来预测市场变动，制订有效的生产计划和销售计划，控制和调节市场销售量。在这种客观需要与可能的条件下，市场营销学作为一门独立的经营管理学科诞生了。

1910 年，巴特勒在威斯康星大学任教并出版了《市场营销方法》一书，首先在书中使用了“Marketing”一词。克拉克于 1918 年编写了市场营销原理讲义。L. S. 邓肯于 1920 年出版了《市场营销问题与方法》。这个阶段市场营销学的内容，主要局限于流通领域的广告推销，现代市场营销的原理和概念尚未形成，营销理论还不成熟。

到了 20 世纪 20 年代，初步建立了营销学学科的理论体系。从 20 世纪 30 年代开始，西方国家市场明显呈现出供过于求的状态。这时，企业界广泛关心的首要问题已经不是扩大生产和降低成本，而是如何把产品销售出去。为了争夺市场，解决商品价值的实现问题，企业开始重视市场调查，提出了“创造需求”的口号，致力于扩大销路，并在实践中积累了丰富的资料和经验。市场营销研究拓展到众多领域，调查和运用了大量的实际资料，形成了许多新的原理，如克拉克和韦尔法在 1932 年出版的《农产品市场营销》，将农产品市场营销系统划分为集中（收购）、平衡（调节供求）和分散（化整为零销售）等三个相互关联的过程，详细研究了营销者在其中执行的七种市场营销职能：集中、储存、融资、承担风险、标准化、销售和运输。拉尔夫·亚历山大（ Ralph S. Alexander ）等学者在 1940 年出版的《市场营销》一书中，强调市场营销的商品化职能包含适应顾客需要的过程，销售是“帮助或说服潜在顾客购买商品或服务的过程”。

作为市场营销学的发源地，美国在 1915 年正式成立了全美广告协会，1926 年改组为全美市场营销学和广告学教师协会，1931 年成立了专门讲授和研究市场营销学的美国市场营销学会，1937 年前述两组织合并成立美国市场营销协会（American Marketing Association，AMA），并在全国设立几十个分会。这些组织的成立使市场营销学从学校到企业、从课堂到社会，理论与实践相结合，营销原理用于指导实践，营销实践经验的总结又丰富了营销理论，既体现了市场营销学的实践性、应用性等特点，又加速了市场营销学的发展。

二、市场营销学的发展

美国市场营销协会的成立，对市场营销学的发展起到了重要的推动作用。到第二次世界大战结束，市场营销学得到长足的发展，并在企业实践中广泛应用。

早期的营销理论在 20 世纪 30 年代以前即已从美国传播到许多国家。第二次世界大战后，垄断资本的竞争和资本主义基本矛盾都进一步尖锐化。某些资本主义国家的经济“起飞”，并不能使它们避免周期性经济危机的袭击。第一次世界大战前，经济危机平均每十年左右发生一次。在此情况下，旧的市场营销学中侧重于商品推销的销售观念，越来越不能适应新形势的要求。新的形势向市场营销学提出了新挑战，现代企业必须要善于分析判断消费者的需求和愿望，并据此提供适宜的产品和劳务，保证生产者与消费者之间“潜在的交换”得以顺利实现。所谓“潜在的交换”，就是生产者的产品或劳务要符合潜在消费者的需求，即把过去“市场是卖方与买方之间的产品或劳务的交换”的旧观念，发展成为“市场是卖方促使买方实现其现实的和潜在的需求的活动”。有关市场营销学原理的新著作，提出了一个新的概念，即市场是生产者与消费者进行潜在交换的场所，凡是为了保证实现这一潜在的交换所进行的一切活动都属于营销活动，也都是市场营销学研究的对象。这一新概念日益为人们所接受，使得市场营销学的基本指导思想发生变化，并被公认是市场营销学的一次“革命”。这一“革命”要求企业把市场在生产过程中的位置颠倒过来：过去市场是生产过程的终点，现在市场应该成为生产过程的起点。必须充分重视消费对生产的影响，使消费者实际上参与生产、投资、研究等计划的制订。这种新的理论不仅促进了销售职能的扩大和强化，而且促使企业的组织结构也出现了新的变化。因此，有人认为这是企业经营的“哥白尼太阳中心说”。这时，市场营销学的任务是要为企业的全部活动提供指导思想。

1967 年，菲利普·科特勒的《营销管理：分析、计划、执行和控制》一书，对营销原理作了精辟的阐述。20 世纪 60 年代以来，这本书被译成 20 多种语言，多次再版，在欧美和日本大学中成为相关课程最普及的教科书，被誉为全球 50 本最佳商业书籍之一，被奉为市场营销学的“圣经”。菲利普·科特勒在 20 世纪 80 年代提出的“大市场营销”观念，将营销组合由 4P’S 扩展为 6P’S、10P’S、11P’S 等，从战术营销转向战略营销，被称为市场营销学的第二次革命。

20 世纪 80 年代兴起的比较管理学的研究表明，虽然世界各国的企业因政治、经济、文化等因素的差异，管理风格和模式有所不同，但真正掌握和运用市场营销学的基本观念和原则，是各国优秀企业成功的共同经验。西方资本主义国家有越来越多的非营利性组织，例如学校、博物馆、文艺团体、政府机构，甚至教会、警察机构等，都面临着客户态度急剧转变、收入逐渐萎缩的局面，因而日益重视营销原理的应用。对市场营销学的学习、研究和应用，已被推广到社会经济生活的各个方面。

在营销理论日趋成熟的过程中，经典的营销理论认为，营销的任务不仅是要刺激消费者的需求，而且还要影响需求的水平、时机和构成，营销管理的实质即需求管理。营销活动既实施于流通领域，又不限于流通领域。真正的营销是以市场为起点，上延至生产领域，下伸到消费领域。市场营销的原理不仅广泛应用于企事业单位和行政机构，而且逐渐深入微观、中观与宏观三个层次。

回顾市场营销学产生和发展的历史，可以看出这是一个与市场问题日益尖锐化相伴随的过程。市场经济的发展促进了特定的营销环境的形成，也促进了竞争性的市场经济体制趋向成熟，这也为市场营销理论的研究和应用创造了条件。所以说，西方市场营销学正是在商品经济高度发展、市场迅速扩大、市场供求矛盾日益尖锐化、市场竞争日益加剧的条件下产生和发展的。

三、市场营销学在中国的传播

党的十一届三中全会以后，经济学界努力为商品经济“正名”，通过对社会再生产理论的研讨，商品流通和市场问题的重要性日益为人们所重视。暨南大学率先开设了市场营销学课程；哈尔滨工业大学也于 1980 年开设市场学课程，并编写了《市场学》。当时由于受到市场经济体制改革的影响，依附于行政机关、靠统一分配组织经济活动的部门和企业遇到了市场方面的问题，迫使它们开始重视营销理论。因部分产品取消统购包销而注重市场、反应较快的机械工业部，通过办培训班、翻印学习资料、组织编写市场学教材等，为市场营销学在中国的传播作出了积极的贡献。

1981 年，中国人民银行在原陕西财经学院举办市场学师资班，聘请香港中文大学闽建蜀教授主持讲座，为综合大学和财经院校培训了第一批师资，并组织编写了《中国社会主义市场学》教材，从而为更多院校开设市场营销学课程创造了重要的条件。1982 年 5 月，由 24 所院校参加的教材讨论会在长沙召开。1983 年 10 月，成立市场学教学研究会的筹备会议在西安召开，本次会议由原陕西财经学院发起，18 所综合大学和财经院校的代表参加。1984 年 1 月，湖南财经学院在长沙召开了全国高等财经院校、综合大学市场学教学研究会成立大会，1987 年，学会改名为中国高等院校市场学研究会。中国高等院校市场学研究会成立之后，为推进市场营销学的普及与发展，团结全国众多高等学校的市场营销学者，加强学术交流和教学研究，每年定期组织交流研讨，公开出版论文集，对市场营销学的传播、发展和创新运用作出了积极的贡献。1991 年 3 月，中国市场学会在北京召开成立大会。中国市场学会成立后，密切了学术界和企业界的联系，促进了理论与实践的结合，同时积极开展学术和咨询活动，建立对外交流的渠道，培养市场营销人才，为我国研究和应用市场营销理论、提高企业营销人员素质做了大量有益的工作。

1995 年以后，是市场营销理论研究与应用在中国深入发展的时期。邓小平南方谈话奠定了建立社会主义市场经济体制的改革基调。此后的十多年，改革全方位展开，广大国有企业加快改革步伐，民营企业茁壮成长，外资企业大举进入和角逐我国市场。我国迅速成为“世界工厂”的同时，买方市场特征逐步明显，市场竞争进一步加剧，强化市场营销和营销创新成为企业的重要任务。1995 年，在北京召开的第五届市场营销与社会发展国际会议标志着市场营销在中国的传播、研究与应用进入了一个新的阶段。国家经贸委于 1997 年年初颁布的《关于加强国有企业市场营销工作的意见》，是国家经济管理部门日益重视市场营销工作的一个标志。市场营销在经济管理部门已得到了一定的重视，例如，规定所属的院校开设市场营销课程，支持市场营销学术组织的活动，组织多层次的研讨班等。

到 21 世纪初，我国已形成庞大的营销教育与人才培养网络。全国有上千所普通高校、职业院校设立市场营销专业，每年培养各层次数以万计的营销专门人才。至 2020 年，累计出版市场营销有关教材上千种，各类学校的营销专业任课教师逾万人。值得一提的是，教育部在进入新千年之际，将市场营销列为高校工商管理类各专业的核心课程，组织编写了工商管理类核心课程教材——《市场营销学》。

1979—2020 年的 40 余年间，从市场营销学的教学、科研、应用等方面来看，开课院校多，出版教材多，培训面大，传播面广，特别是有一定数量的经济工作者学习了营销理论，也有一定数量的教学、科研人员重视调查和总结企业营销工作经验，理论与实践结合，在应用中初见成效。

四、市场营销学科特点

（一）科学性与艺术性的统一

市场营销的科学性，是指市场营销活动具有客观规律和发展趋势，企业在进行营销的过程中，如果把握营销的内在规律，采用规范的营销方法，则能够促进和实现成功的营销。经历 100 多年的发展，市场营销学在汲取经济学、行为学、社会学、心理学等多学科养分的基础上，形成了具有独特研究领域和研究理论的学科。市场营销实践具有一套科学的范式，即从市场环境分析到营销战略制定、策略设计，再到营销执行、组织与控制的市场营销。此外，诸如市场定位、产品定位、品牌形象、消费者行为、关系营销等营销理论，是无数营销研究者进行理论和实证研究的结果，具有科学性，能够运用到营销实践中。

市场营销的艺术性，是指企业难以只根据理论和固定模式来进行市场营销，而需要根据具体的市场环境，有策略、灵活、有创意地开展营销活动。科学的研究范式和理论架构能够跨学科、跨领域推广应用，而艺术则恰恰相反，艺术是不可复制的，艺术一旦能复制，就失去了价值。市场营销要面对难以预测的营销环境，消费者多样化、个性化的需求，以及复杂的消费者心理与行为，正是由于这种多样化、差异化、动态化决定了市场营销的艺术性。可以说，以营销资源为颜料、市场为画布、营销方法为画笔、营销者为画家，“运用之妙，从乎一心”，能够画出多美的图画，在于营销者驾驭颜料、画布和画笔的能力。“兵无常势，水无常形”，这句话同样适用于营销。在当今复杂多变的市场营销环境下，营销者如果僵化、机械，不具备灵活性、应变性、适应性，必将被市场淘汰。

（二）综合性与交叉性

市场营销学综合了多种学科的成果和研究思路，充分吸收了相关学科的概念、原理和方法，博采众家之长。

（1）市场营销学与经济学。市场营销思想在发展过程中，借鉴得最多的是经济学的概念。除市场营销与人类经济学活动有天然的密切联系之外，另一个重要的原因是，一些早期的市场营销学者本身也是经济学家，或者接受过经济学教育。在市场营销文献中可以找到许多经济学概念，如差异化生产、经营规模、转移成本、商业周期、购买力、消费者支出等。

（2）市场营销学与心理学。心理学概念对于市场营销思想发展贡献之大，在所有社会科学各分支中仅次于经济学。心理学研究心理、意识和行为以及个体如何与其周围的自然环境和社会环境发生关系，这些知识对市场营销的重要性是显而易见的。市场营销学中对消费者行为的研究正是在心理学研究的基础上进行的。

（3）市场营销学与社会学。经济学家把人看作“经济人”，社会学家则认为人是社会人，是一个或多个群体的成员，是某种文化的代表，是他所处的时代环境和文化的产物。人们不仅会按心理学家考虑的因素发生变化，也会按照他在社会环境中和社会结构里与他人联系形成的习俗、制度和价值观等方面发生改变。人们采取行动不仅是为了经济利益，还出于自尊、情感、满足欲望、愉悦和非理性等目的。

（4）其他学科的贡献。其他学科在市场营销思想的发展上也作出了贡献。例如，管理学中科学管理的研究成果、人员的选配与提拔、职能化管理、标准化的产品线及商品陈列，市场营销学中的很多概念也来自法律和人类学等。总而言之，市场营销学的发展是一个兼容并蓄的过程。

（三）实践性与应用性

市场营销学是一门能够直接指导企业市场经营实践的应用性学科，具有较强的实践性。在营销理念的发展过程中，市场实践与理论发展密切相关，当市场中出现某一种现象，学者就用相关的理论进行总结与发展，形成一般规律并指导实践；或者学术界提出某种理论，在企业营销管理中进行检验与修正。

市场营销的研究框架是在企业营销实践中所要应用到的内容，从市场营销环境分析，到市场细分、目标市场选择、市场定位等营销战略的制定，再到产品策略、定价策略、渠道策略、促销策略等营销策略组合的执行落地，都是企业营销实践所涉及的。

探索企业营销活动过程的规律性，正是为了指导企业营销实践，使企业满足消费的需求，实现企业目标。市场营销理论也只有应用于实践，才能显示其强大的生命力。

第二节　市场营销的核心概念

一、市场的含义

市场营销与市场有着直接的联系，但是它们不属于一个范畴，不能混为一谈。

（一）从商品交换的角度看

市场是商品交换的产物。市场的概念不是一成不变的，它会随着商品经济的发展而变化。

原始的市场是指商品交换的具体场所，是指买方和卖方于一定的时间聚集在一起进行商品交换的场所，具有时间和空间的特征。

现代的市场是指买卖双方实现商品让渡的交换关系的总和，以买卖双方能够接受的形式实现商品所有权的转移。也就是说，现代的市场不仅是指商品交换的具体场所，而且只要存在商品所有权的转移，就存在市场。例如证券交易市场、租赁市场、劳务市场、房地产交易市场等。

（二）经济学中的市场

经济学中的市场是指供给和需求矛盾的统一体，其具备了两个意义：一个意义是交易场所，如传统市场、股票市场、期货市场等；另一个意义为交易行为的总称，即市场一词不仅指交易场所，还包括所有的交易行为。从经济学意义上来看，所有产权发生转移和交换的关系都可以成为市场。古典经济学认为，市场就是“自由放任”秩序，而之后宏观经济学反思古典理论对市场的定义，认为市场并不是“自由放任”的秩序，而是有政府干预经济的“自由秩序”。

经济学认为，市场的主要功能包括平衡供求矛盾、商品交换和价值的实现，还包含了收益分配，即市场通过价格、利率、汇率、税率等经济杠杆，对市场上从事交易活动的主体如生产者、消费者、中间商进行收益分配或再分配。但是，市场营销学通常不是在经济学这个意义上来理解和运用市场这一术语的。

（三）市场营销学中的市场

市场营销学中的市场是指某种商品的现实购买者和潜在购买者需求的总和。在这里，市场专指买方，专指需求，因此，企业是根据买方的需求来确定生产什么产品。市场包含三个主要因素：有某种需要的人，为满足这种需要的购买能力和购买欲望。对于卖方来讲，同行业的供应者或其他卖方（替代品）都是竞争者。市场营销学中的市场是由卖方组成产业，买方组成市场，卖方根据买方的需求组织生产。所以，在市场营销学中，市场往往等同于需求。在西方国家的市场营销学著作中，经常交替使用这两个术语。在我国常说的“市场疲软”一语中的“市场”，就是就需求而言的。市场营销学正是在满足市场需求这个意义上来研究市场的。

案例　荒岛卖鞋

有一个卖鞋的老板派业务员 A 和 B 去一个热带荒岛国家推销鞋。两名卖鞋业务员来到这个原始部落居住的荒岛上，发现岛上的居民全都光着脚，没有穿鞋。原来这里的人不仅现在不穿鞋，而且祖祖辈辈都不穿鞋，从来就没有穿鞋的历史和文化。业务员 A 很沮丧，认为那里的居民不需要鞋，那个岛上根本就没有鞋的市场。转了几天以后，哭丧着脸回来说：“老板，那个国家的业务没法谈！因为他们所有的人都不穿鞋！我们卖给谁啊！”老板一听也郁闷坏了。而业务员 B 则异常兴奋，因为那里的人居然到现在还没有穿过鞋，这是一个空白的市场。业务员 B 兴冲冲地跑回来说：“老板！这次我们要发大财了！那个岛上所有的人都没有鞋穿！这么大的市场得卖出多少双鞋啊！”

二、市场营销的含义

市场营销也称为营销、行销，它的基本含义是人们在市场中进行产品交换的活动。正是出于这样的一个本意，国外学者创造了一个新词——Marketing，在Market（市场）的后面加了一个后缀“ing”，直观地表达了营销的含义。中国汉字更是博大精深，可以通过说文解字来理解营销：营销由“营”和“销”两个字组成，“营”意指策划、经营，“销”意指销售、推销。

有部分人认为市场营销是广告、推销或销售。然而，广告和销售仅仅是市场营销的冰山一角。管理大师彼得·德鲁克说：“营销的目的是使推销成为不必要。”整个市场营销的冰山如图1-1所示，海面以下看不见的营销活动才是现代市场营销的重点。

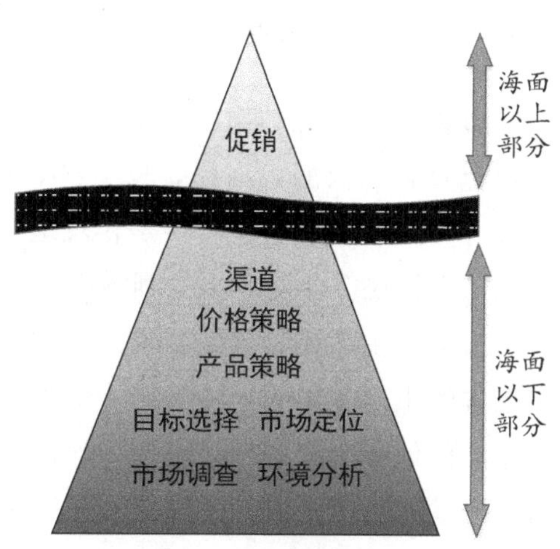

图1-1　市场营销的冰山

市场营销的学术定义有多种不同的解释和表述，这些解释和表述反映了在不同时期，人们对市场营销的认识及其发展过程。AMA对营销术语的一系列表述被视为营销领域的权威定义。从AMA 1960—2014年对市场营销的定义可以看出，市场营销的内涵在不断扩大，从向顾客传递产品的纯经济活动转变为向社会传递有价值的经济与社会活动。只有深刻理解市场营销内涵的转变，才能指导更有效率、更有效果的市场营销实践。

AMA 1960—2014年对市场营销的定义

1960年的定义：“市场营销是引导产品及劳务从生产者到达消费者或使用者手中的一切企业经营活动。”

1985年的定义：“市场营销是计划和执行关于商品、服务和创意的观念、定价、促销和分销，以创造符合个人和组织目标的交换的一种过程。”

2004年的定义：“市场营销既是一种组织职能，也是为了组织自身及利益相关者的利益而创造、传播、传递客户价值，管理客户关系的一系列过程。”

2014年的定义：“市场营销是一种向顾客、合作伙伴和社会创造、传播、传递和交换价值的一系列活动、组织和过程。”

本书沿用“营销之父”菲利普·科特勒（见图 1-2）对市场营销的定义：市场营销是指以满足人类各种需要和欲望为目的，通过市场使潜在交换变为现实交换的一系列活动和管理的过程。

三、市场营销相关概念

（一）需要、需求、欲望

图 1-2 菲利普·科特勒

市场营销研究的出发点是消费者的需求和欲望。人们有对于食物、衣服、房屋、安全感、尊重和其他一些生理心理方面的需要，这些需要是客观地存在于人本身的需要，当然，人们还会伴随环境的刺激而产生新的需要。

人类的生存还有欲望要求。欲望是指人们希望得到更深层次的满足，它是高于最基本的生理需求的一种奢望。例如，在当前的消费水平下，有的人可以买一台摩托车，但他还想买一辆小轿车，然而这个需要目标可能是他力所不能及的奢求，这就属于欲望。尽管人们的需要有限，但欲望却很多。人类欲望的不断形成和再形成受社会环境的影响，例如，受教育、家庭、企业和宗教等的影响。

需求是指针对特定商品的欲望。这种欲望必须有两个条件：有支付能力而且愿意购买。也就是说，当有购买力支持时，欲望即可变为需求。许多人都想得到更高级的商品，但只有少数人才有能力支付并愿意购买。因此，企业不仅要预测有多少人喜欢自己的产品，更重要的是了解到底有多少人愿意并有能力购买自己的产品。

（二）产品和服务

在营销学中，产品包括能够满足人们需要和欲望的任何事物。人们购买轿车不是为了得到一种机械，而是需要它提供的交通服务。产品实际上是获得利益或服务的一种载体，这种载体可以是有形物品，也可以是不可触摸的、无形的服务，例如人员、地点、活动、组织、知识、技术和观念等。例如，为了满足轻松、愉悦的需要，人们可以选择参加音乐会，听歌手演唱（人员）；到景区旅游、观光（地点）；参加亲朋好友的聚会（活动）；参加航海俱乐部（组织）；或者参加一场研讨会，接受一些新的思想（观念）等。市场营销者必须清醒地认识到，其所创造的产品不论形态如何，不能满足人们的某种需要和欲望就必然会失败。

（三）效用、费用和满足

效用是买方或消费者对产品满足其需要的整体能力的评价。人们通常根据这种对产品价值的主观评价和支付的费用，作出是否值得购买的判断。例如，某人为解决每天上下班交通的需要，会对可能满足其需要的产品组合（如自行车、摩托车、汽车、地铁等），与他的需要组合（如速度、安全、方便、舒适、节约等）进行综合评价，以找出哪种产品能够为他提供最大的总满足。假如消费者主要对速度和舒适感兴趣，也许会考虑购买汽车。但是，汽车购买与使用的费用要比自行车高许多。倘若购买汽车，消费者就必须放弃其有限的收入可购置的一些其他的产品或服务。因此，消费者将全面衡量产品的费用和效用，选择能使其花费实现最大效用的产品。

（四）交换、交易和关系

交换是指从他人处取得所需之物，并以自己的某种东西作为回报的行为。人们获得满足需要或欲望之物可有多种方式，例如自产自用、强取豪夺、乞讨和交换等。其中，只有交换的方式才能产生市场营销。因此，交换是市场营销的核心概念，市场营销的全部内容都包含在交换的概念之中。

交易是交换的基本组成单位，是交换双方之间进行的价值交换。交换是一种过程，在这个过程中，如果双方达成了一项协议，就可称为发生了交易。交易通常有两种形式：一是货币交易，例如，甲支付 500 元给商店从而得到一台微波炉；二是非货币交易，包括以物易物、以服务易服务的交易等。建立在交易基础上的营销，可称为交易营销。为使企业获得较之交易营销所得到的更多，就需要关系营销。

关系营销是营销者与有价值的顾客、分销商、零售商、供应商以及广告代理、科研机构等建立、保持并加强长期的合作关系，通过互利交换及共同履行诺言，使各方实现各自目的的营销方式。与顾客建立长期的合作关系，是关系营销的核心内容。同各方保持良好的关系，要靠长期承诺和提供优质产品、良好服务和公平价格，以及加强经济、技术和社会各方面联系来实现。关系营销可以节约交易的时间和成本，其市场营销宗旨从追求每一次交易利润的最大化，转向与顾客和其他关联方共同的长期利益最大化，实现双赢或多赢。企业建立起这种以战略结盟为特征的高效营销网络，也就使得竞争方式由原来的单个公司之间的竞争，转变为整个网络团队之间的竞争。

（五）市场营销者

在交换双方中，如果一方比另一方更主动、更积极地寻求交换，我们就将前者称为市场营销者或营销者，将后者称为潜在顾客。换句话说，所谓市场营销者是指希望从别人那里取得资源，并愿意以某种有价值的东西作为交换的一方。市场营销者可以是卖方，也可以是买方。当买卖双方都表现得积极时，我们就把双方都称为市场营销者，并将这种情况称为相互营销。

第三节　营销管理哲学

市场营销管理哲学是指企业开展营销活动及管理的基本指导思想，它是一种观念，一种态度，或一种思维方式。确立正确的营销管理哲学，对企业经营成败具有决定性作用。

营销管理哲学是指导企业开展经营的态度、观点和思想方法，其核心是正确地处理企业、顾客和社会三者之间的利益关系。随着生产和交换日益向纵深发展，社会、经济与市场环境的变迁，以及企业经营经验的积累，企业的营销管理哲学发生了深刻的变化。这种变化的基本轨迹是由企业利益导向转变为顾客利益导向，再发展到社会利益导向。图 1-3 显示了西方企业在处理三者利益关系时，营销管理观念的变化趋势。

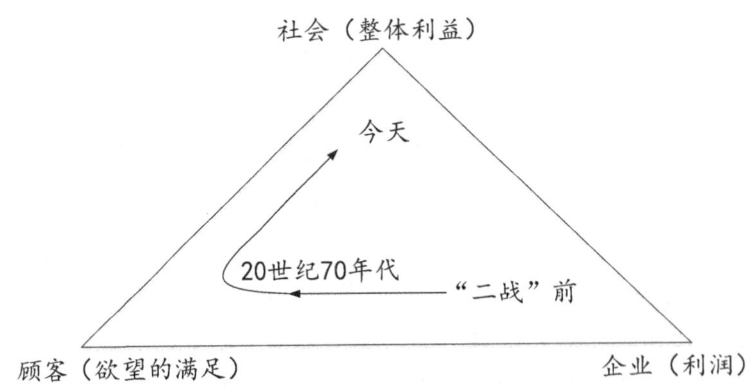

图 1-3　企业营销管理观念的变化趋势

企业市场营销管理哲学的演变，可划分为生产观念、产品观念、推销观念、市场营销观念和社会营销观念等五个阶段。前三个阶段的观念一般称为旧观念，是以企业为中心的观念；后两个阶段的观念是新观念，分别是以顾客为中心的观念和以社会整体利益为中心的观念。接下来将阐述一百多年来，企业市场营销管理观念的演变及背景。

一、生产观念

约在19世纪末到20世纪初，资本主义国家处于卖方市场状态，产品供不应求，市场选择甚少，只要价格合理，消费者就会购买。市场营销的重心在于大量生产，企业的中心问题是如何利用新技术扩大生产，提高生产效率并降低成本，即大量生产物美价廉的产品以解决供不应求的问题，消费者的需要和欲望并不受重视，具体表现为“我们生产什么，就卖什么”。

案例　福特T型车的传奇

图1-4　亨利·福特

汽车出现之初，还只是少数人才可以享用的一种奢侈品。美国人亨利·福特（见图1-4）在看到汽车市场的广阔前景后，1899年在底特律开办汽车公司，并发誓要让人人都拥有一辆汽车。

1908年10月，福特造出第一辆T型经济车。起初售价为850美元，此后，福特不断进行T型车的生产技术改革，建立了全新的流水装配线，努力提高T型车的产量，降低成本。市场上,T型车的售价从一开始的850美元降为360美元，销量持续攀升。

在1908—1927年的19年间，福特T型车（见图1-5）一共生产了1500万辆，创造了辉煌的销售业绩。福特T型车的出现几乎使所有的美国人学会了驾驶技术，并使美国的公路遍布全国。

在T型车的巨大成功面前，福特显然被冲昏了头脑，他拒绝改进建议，曾对建议其生产彩色汽车的人说过这样的话：“不管顾客需要什么，我们生产的汽车就是黑色的。”因为他认为福特公司的汽车价廉物美，不愁没有销路。然而当其他公司所生产的彩色汽车开始风靡市场之后，福特才省悟到自己决策的错误。

图1-5　黑色福特T型车

由于缺乏持续的创新，T型车逐渐失去优势，1927年其销量被雪佛兰汽车超过，T型车只得淡出历史舞台。

二、产品观念

在生产观念阶段的末期，供不应求的市场现象在西方社会得到缓和，产品观念应运而生。产品观念认为，在市场产品有选择的情况下，消费者会喜欢高质量、多功能和具有某些有创新、有特色的产品。因此，企业应致力于制造优良产品，并不断改进其性能和特色。此时，企业容易患上“营销近视症”，即不适当地把注意力放在产品而不是市场需要上，在市场营销中缺乏远见，只看到自己的产品好，却看不到需求在变化。

三、推销观念

推销观念产生于资本主义国家由卖方市场向买方市场过渡的阶段。大量生产使得供给趋于饱和，需求却增长缓慢，市场问题十分尖锐。推销观念在此背景下盛行开来，具体表现为“我们卖什么，就让消费者买什么”。推销观念认定消费者不会因自身的需要和欲望主动购买，必须经由推销刺激才能促使其采取购买行动，认为产品是“卖出去的”，而不是“被买走的”。在推销观念的指导下，企业致力于产品的推广与广告活动，以期获得高销售量和利润。

推销观念的可取之处是企业重视发现潜在顾客，通过加强促销活动，使消费者对产品有所了解或产生兴趣，进而实现交换。这里所谓的潜在顾客是指因不了解产品或其他原因，尚未产生购买意愿的顾客。但从广义上说，推销观念仍然建立在“我们能生产什么，就卖什么”的基础上，同属于“以产定销”的范畴，着眼于对现有产品的推销，只希望通过促销手段促使消费者购买，至于顾客满意与否以及是否会重复购买，则较为忽视。

四、市场营销观念

市场营销观念形成于20世纪50年代。第二次世界大战以后，随着第三次科学技术革命的兴起，西方各国企业更加重视研发，同时大量企业转向民用产品生产，新产品竞相上市，社会产品供应量迅速增加，竞争更加激烈。西方各国政府相继推行高福利、高工资、高消费政策，社会经济环境也快速变化。消费者有较多的可支配收入和闲暇时间，对生活质量的要求提高，需要变得更加多样化，购买选择更为精明，要求也更为苛刻。这种形势迫使企业改变以卖方为中心的指导思想，将重心转向认真研究需求、正确选择目标市场，以满足顾客，即从以企业为中心转到以消费者为中心。

市场营销观念认为，实现企业各个目标的关键在于正确确定目标市场的需要和欲望，并且比竞争对手更有效、更有力地传送目标市场所期望获得的东西。执行市场营销观念的企业表现为“顾客需要什么，我们就生产什么”。许多大公司提出了“哪里有消费者需要，哪里就有我们的机会”等口号。

市场营销观念认为，必须将旧观念下企业“由内向外”的思维逻辑转向“由外向内”。它要求企业贯彻顾客至上的原则，将营销管理的重心放在首先发现和了解“外部”目标顾客的需要和欲望，然后协调企业的活动，千方百计地满足他们，通过顾客满意实现企业的目标。因此，企业开展生产、经营活动必须首先进行市场调查，根据需求及企业自身的条件选择目标市场，组织和开展业务活动。产品设计、制造、定价、分销和促销等，都要以消费者的需求为出发点。市场营销观念将过去“一切从企业出发”的旧观念转变为“一切从顾客出发”的新观念，即企业的一切活动都围绕满足消费者的需要进行。

推销观念与市场营销观念的区别如表 1-1 所示。

表 1-1　推销观念与市场营销观念的区别

	起点	中心	手段	终点
推销观念	企业	现有产品	推销与促销	通过销售获利
市场营销观念	市场	顾客需求	整体营销	通过满足顾客获利

五、社会市场营销观念

20 世纪 70 年代，在西方国家出现能源短缺、通货膨胀、失业增加、环境污染严重等问题，在消费者保护运动盛行的新形势下，传统的市场营销观念却回避了消费者需要、消费者利益与长期的社会福利之间隐含着冲突的现实。1971 年，杰拉德·蔡尔曼和菲利普·科特勒提出了“社会市场营销”概念。

社会市场营销观念认为，企业的任务是确定目标市场的需要和利益，并以保护或提高消费者社会福利的方式，比竞争者更有效、更有利地向目标市场提供满足其需要和欲望的产品或服务。社会市场营销观念要求，提供产品和服务不仅要以顾客为中心，以满足顾客的需要和欲望为出发点，而且要兼顾顾客、社会和企业自身三方面的利益，在满足顾客、增加社会福利的进程中获得收益。这就要求企业承担社会责任，协调企业与社会的关系，求得企业的健康成长和可持续发展。

社会市场营销观念是对传统市场营销观念的补充。市场营销观念的中心是满足消费者的需求，进而实现企业的利润目标。社会市场营销观念强调，要以实现消费者满意以及社会、公众的长期福利为企业的根本目的和责任。

上述五种营销观念的产生和存在，有其历史背景和必然性，是与一定的社会条件相联系、相适应的。企业为了生存和发展，必须树立具有现代意识的市场营销观念、社会市场营销观念。必须指出的是，由于受诸多因素的制约，即使是当今市场经济发达的国家的企业，也并不全都树立了市场营销观念和社会市场营销观念，还有许多企业仍然以生产观念、产品观念以及推销观念为导向。

第四节　顾客价值和顾客满意

实现顾客价值最大化是科学的营销观念所倡导的核心。企业如何为顾客创造价值、实现顾客价值最大化、提升顾客的满意度、增强顾客忠诚度，是企业长期发展所需要面对的问题。

一、顾客价值

“顾客价值”这一术语在营销学文献中常常被用来表述两方面的意思：一方面来自消费者，表示他们能从企业那里得到些什么；另一方面来自企业，表示他们能从顾客那里得到什么。对于后者，人们往往称之为“顾客生命周期价值”。但对于前者，营销学界并没有统一的术语来表示，有学者采用“顾客感知价值”这一名词，在本书中仍采用“顾客价值”这一概念代表消费者角度的价值。

20 世纪 80 年代，菲利普·科特勒在《营销管理：分析、计划、执行和控制》一书中提出了经典的顾客价值理论，他认为在现代竞争激烈的市场中，企业要想生存和发展并立于不败之地，就必须使顾客在购买产品与服务时能够满意，从而吸引并维系顾客。对于企业营销人员而言，建立起吸引并维系顾客的营销观念，是其首要任务。企业必须以顾客为导向，通过提供高顾客价值的产品与服务以达到这一目标。现在，吸引与维系顾客已不再是单个营销部门的任务，而成了整个企业的任务。

科特勒认为，顾客购买产品的过程，是一个运用其知识、能力与经验进行判断的过程，顾客会选购自己认为最具有价值、最令其满意的产品。什么时候顾客才会感觉到所选择的产品最具价值也最使自己满意呢？这就涉及顾客价值与顾客让渡价值的概念。所谓顾客价值，是指顾客期望从某一特定产品或服务中获取的一系列由利益所构成的总价值；所谓顾客成本，是指顾客为获取这些价值所付出的成本；顾客让渡价值，指顾客所获得的总价值与其为获取这些价值所付出的成本的差额（见图 1-6）。

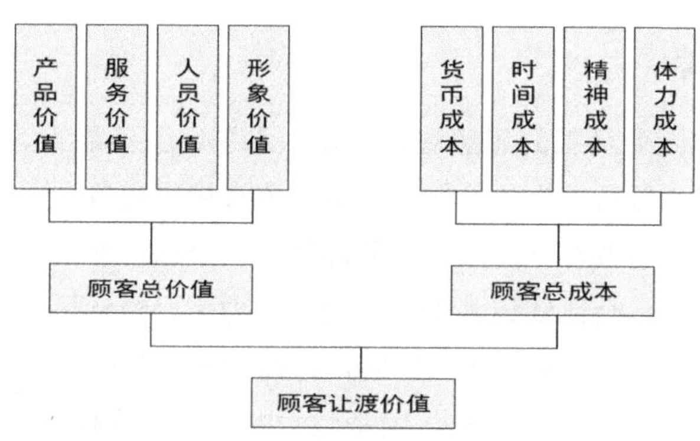

图 1-6　顾客让渡价值

其中，顾客价值包含四个方面的价值，即产品价值、服务价值、人员价值和形象价值。

（一）产品价值

产品价值是由产品的功能、特性、品质、品种与式样等所产生的价值，是顾客需要的中心内容和选购产品的首要因素。一般情况下，产品价值是决定顾客购买总价值大小的关键和主要因素。产品价值是由顾客需要决定的，分析产品价值时应注意：在经济发展的不同时期，顾客对产品的需要有不同的要求，构成产品价值的因素以及各种要素的相对重要程度会有所不同。在经济发展的同一时期，不同类型的顾客对产品价值也会有不同的要求，在购买行为上显示出极强的个性特点以及明显的需求差异性。

因此，企业必须认真分析不同发展时期顾客需求的特点，以及同一时期不同类型顾客需求的个性特征，并据此进行产品设计和开发，增强产品的适应性。

（二）服务价值

服务价值是指伴随产品实体的出售，企业向顾客提供的各种附加服务，包括产品介绍、送货、安装、调试、维修、技术培训、产品保证等所产生的价值。

服务价值是构成顾客购买总价值的重要因素。在营销实践中，随着消费者收入水平的提高和消费观念的变化，消费者选购产品不仅注意产品本身价值的高低，而且重视产品附加价值的高低。特别是在同类产品质量大体相同或类似的情况下，企业向顾客提供的附加服务越完备，产品的附加价值越高，顾客获得的实际利益就越多，从而购买的总价值越高，反之则越低。因此在提供优质产品的同时，向消费者提供完善的服务，已成为现代企业竞争的新焦点。

（三）人员价值

人员价值是指企业员工的思想观念、知识水平、业务能力、工作效率与质量、经营作风、应变能力等所产生的价值。人员价值直接决定着企业为顾客提供的产品与服务的质量，决定着顾客购买总价值的高低。一个综合素质较高又具有顾客导向指导思想的工作人员，会比知识水平低、业务能力差、经营思想不正的工作人员为顾客创造的价值更高，从而获得更多顾客，进而为企业创造收益。

人员价值对企业、顾客的影响作用是巨大的，并且这种作用也往往是隐性的、不易度量的。因此，高度重视企业人员综合素质与能力的培养，加强对员工日常工作的激励、监督与管理，使其始终保持较高的工作质量与水平至关重要。

（四）形象价值

形象价值是指企业及其产品在社会和公众中形成的总体形象所产生的价值，包括企业的产品、品牌、技术、质量、包装、工作场所等所构成的有形形象所产生的价值。如公司及其员工的职业道德行为、经营行为、服务态度、作风等行为形象所产生的价值，以及企业的价值观念、管理哲学等理念形象所产生的价值等。形象价值与产品价值、服务价值、人员价值密切相关，在很大程度上是上述三个方面价值的综合反映。良好的形象价值会对企业的产品产生巨大的支持作用，带给顾客精神上和心理上的满足感、信任感，使顾客获得更高层次和最大限度的满足，从而增加顾客购买的总价值。因此，企业高度重视自身形象的塑造，以为顾客和企业带来更高的价值。

二、顾客总成本

一般为获得上述价值所付出的部分为顾客总成本，顾客总成本不仅包括货币成本，还包括时间成本、精力成本等非货币成本。一般情况下，顾客购买时首先要考虑货币成本的大小，因此货币成本是构成顾客购买总成本的主要因素和基本因素。在货币成本相同的情况下，顾客购买还要考虑所花费的时间、精神、体力等，这些支出也是构成顾客总成本的重要因素。

（一）时间成本

在顾客购买总价值与其他成本一定的情况下，时间成本越低，顾客购买的总成本越低，从而顾客的感知价值越高。以服务业为例，顾客为获得餐馆、旅馆、银行等提供的服务，常常需要等一段时间才能进入正式的购买或消费阶段，在营业高峰期更是如此。在服务质量相同的情况下，顾客等候购买服务的时间越长，所花费的时间成本越高，购买的总成本就会越高。同时，等候时间越长，越容易引起顾客的不满，中途放弃购买的可能性亦会增大。因此，努力提高工作效率，在保证产品与服务质量的前提下，尽可能减少顾客的等待时间，也是创造更高的顾客感知价值、增强企业竞争力的重要途径。

（二）精力成本

精力成本是指顾客在购买时，在精神、体力方面的耗费与支出。在顾客购买总价值与其他成本一定的情况下，精神与体力耗费越小，顾客为购买所支出的总成本就越低，从而顾客的感知价值就越高。因为消费者的购买过程是一个从产生需要、寻找信息、判断选择到决定和实施购买，以及购后感受的全过程，各个阶段均需付出一定精神与体力。消费者对某种产品产生了购买意愿，需要搜集与该产品有关的信息。消费者为搜集信息付出的精神与体力的多少，会因购买情况的复杂程度而有所差异。在复杂的购买行为中，消费者需要广泛搜集信息，付出较多的精神与体力。对于这类产品，如果企业能通过多种渠道向潜在顾客提供全面详尽的信息和相关服务，可以减少顾客花费的精神与体力，从而降低顾客购买的总成本。

三、顾客满意

通过满足需求达到顾客满意，最终实现包括利润在内的企业目标，是现代市场营销的基本精神。这一观念的变革及其在管理中的运用，曾带来美国等西方国家20世纪50年代后期的商业繁荣和一批跨国公司的成长。

然而实践表明，现代市场营销管理哲学的真正贯彻和全面实施并不是轻而易举的。对许多企业来说，尽管以顾客为中心的基本思想是无可争辩的，但是“利润是对创造出满意的顾客的回报”这个观点，似乎只是建立在信念上而不是建立在营销实践中。因此20世纪90年代以来，许多学者和管理人员围绕营销观念的真正贯彻问题，将注意力逐渐集中到通过质量、服务和价格的优化组合实现顾客满意，以及通过市场导向的战略奠定竞争基础，吸引、保持顾客和培育客户关系。

所谓顾客满意，是指顾客将产品和服务满足其需要的绩效与期望进行比较所形成的感觉状态。顾客是否满意，取决于其购买后实际感受到的绩效与期望（顾客认为应当达到的绩效）的差异：若绩效小于期望，顾客会不满意；若绩效与期望相当，顾客会满意；若绩效大于期望，顾客会十分满意。

顾客期望的形成，取决于顾客以往的购买经验、朋友和同事的影响，以及营销者和竞争者的信息与承诺。一个企业如果将期望定得过高，容易引起购买者的失望，降低顾客满意程度。但是，如果把期望定得过低，虽然能使顾客感到满意，却难以吸引大量的购买者。

满足顾客需要的绩效是企业通过营销努力，供给消费者的产品（服务）价值或实际利益。它既是企业的预期，也是顾客购买和使用产品的一种感受。顾客将这种感受（评价）同期望进行比较，就会形成自己对某种产品、品牌的满意、不满意或十分满意等感觉。

尽管顾客满意是顾客的一种主观感觉状态，但这种状态的形成是建立在“满足需要”的基础上的，是从顾客角度对企业、产品和服务价值的综合评估。研究表明，顾客满意既是顾客再次购买的基础，也是影响其他顾客购买的要素。对企业来说，前者关系到能否维系老顾客，后者关系到能否吸引新顾客。因此，使顾客满意是企业赢得顾客、占有和扩大市场、提高效益的关键。

有关研究还进一步表明，吸引新顾客要比维系老顾客花费更高的成本。因此在竞争激烈的市场上，维系老顾客，培养和提高顾客忠诚度具有重大意义。要想有效地维系老顾客，不仅要使其满意，而且要使其高度满意。高度满意能培养顾客对品牌的情感吸引力，而不仅仅只是一种理性上的偏好。企业必须十分重视保持和提升顾客满意度，努力争取更多高度满意的顾客，建立起高度的顾客忠诚。

全面贯彻市场营销管理哲学，关键是要与顾客及其他利益方建立持久关系，亦即做好关系营销。为此，企业必须创造卓越的顾客感知价值，建立持久的顾客关系，通过全面质量管理和价值链管理，形成系统的顾客满意良性机制，努力使自己成为真正面向市场的企业。

第五节　市场营销的流程与职业方向

一、市场营销流程

市场营销的流程是指营销者在开展市场营销及其管理工作时，需要逐步完成的工作。为了实现企业营销目标，企业需要在树立科学的营销观念的基础上，对市场环境和营销活动进行分析、计划、执行和控制，开展一系列营销管理工作。

市场营销的实务流程可分为五个模块。

模块一：树立科学的营销观念。树立科学的营销观念，是开展高质量市场营销活动的前提。市场营销观念的核心是发现并满足顾客需求。企业所有的市场营销资源与活动都要围绕顾客价值的创造、提供、交付与传播展开。发现并满足顾客需求需渗入环境分析、战略与策略的制定和实施营销管理的每个环节中。营销者必须从消费者的角度思考：如何创造、提供、交付与传播更大的顾客价值，以吸引顾客购买，从而建立顾客关系并使顾客满意？如何通过关系营销及关系管理以巩固与发展顾客关系，从而获得忠诚的顾客？

模块二：分析营销环境。落实营销观念的第一步是分析营销环境。企业开展市场营销时需要立足于内部的资源和条件来思考如何妥当地应对外部环境的变化，以在此基础上制定战略、策略与工作计划，为顾客价值的创造和顾客关系的发展而努力。对营销外部环境的分析能够发现并评估市场机会和威胁，对营销内部环境的分析能够明了营销资源的约束和优劣，从而为战略、策略及计划的制定提供依据。在营销微观环境中，买方最为重要，因此需要重点分析顾客的购买行为与特征。

模块三：制定营销战略。在对企业营销内外部环境进行分析之后，就需要制定营销战略。由于营销战略是企业的职能战略，需要在明了企业总体战略与业务战略的基础上制定。制定营销战略的主要任务是明确把怎样的产品和服务以怎样的价值主张卖给怎样的顾客。这样的营销战略是以顾客价值和顾客关系为导向的营销战略，其制定的步骤是“市场细分—目标市场选择—市场定位”，取它们英文单词的第一个字母，简称为STP营销。

模块四：制定营销策略。在确定营销战略的基础上，需要对营销策略进行具体可实施性的设计。营销策略，又常称为营销组合策略，是指对与目标市场需求有影响的各种可控因素的组合运用，以实现营销目标。美国市场营销学教授麦卡锡（E. J. McCarthy）于20世纪60年代提出了著名的4P营销组合策略——产品（Product）、价格（Price）、渠道（Place）、促销（Promotion），如图1-7所示。

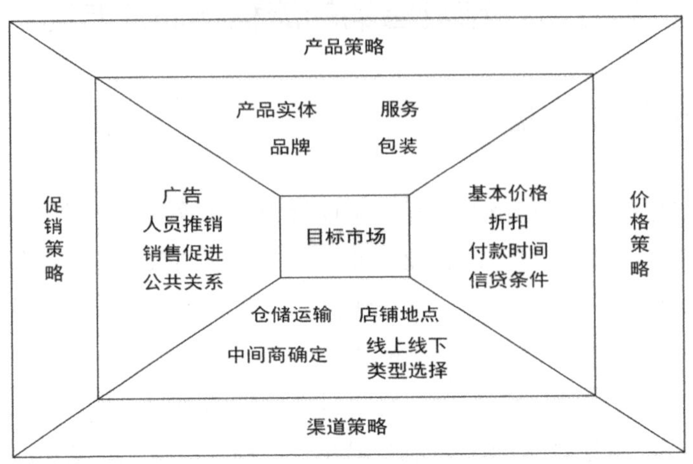

图 1-7　市场营销 4P 组合

在 4P 组合中，每个“P”包含若干特定的子因素，从而在 4P 组合下，又形成每个“P”的次组合。企业为了满足目标市场的顾客需求，实现预期的营销目标，就必须综合运用产品、价格、渠道、促销要素，将这些要素有机整合，使其互相配合协同，力求实现最佳效益。

（1）产品策略。产品策略是指企业向目标市场提供各种满足消费者需求的有形和无形产品的要素内容，以帮助企业实现营销目标。产品要素主要包括产品的质量、性能、品种、规格、设计、包装、品牌以及服务等，这些子因素的组合，构成了产品组合要素。

（2）价格策略。价格策略是指企业恰当地进行价格的制定和调整，以影响目标市场的需求，从而利于营销目标的实现。价格要素包括基本价格、折扣、付款时间、信贷条件等，这些子因素的组合构成了价格组合要素。

（3）渠道策略。渠道策略是指企业合理地设计并管理分销渠道，以便利目标市场的购买，从而利于营销目标的实现。渠道要素包括线上与线下的选择、直销还是中间商分销、中间商的确定、渠道覆盖面、店铺地点的选择、仓储运输的管理等。这些子因素的组合构成了分销渠道组合要素。

（4）促销策略。促销策略是指企业利用各种信息沟通刺激消费者的购买欲望，以促进产品的销售，从而利于营销目标的实现。促销要素包括人员推销、广告、公共关系、销售促进等，这些子因素的组合构成了促销组合要素。

需要强调的是，营销组合的 4P 各要素都必须紧紧围绕目标市场的需求、竞争态势与营销目标来选取搭配。若顾客需求发生变化或要对营销目标进行调整，营销策略各要素的组合就要随之动态调整。当站在目标市场的需求角度来思考企业应当如何在4P各要素上作出努力以更好地满足需求时，此时的4P实质上就是4C。4C组合理论是美国学者舒尔茨（Schultz）提出的，即顾客（Customer）、成本（Cost）、便利（Convenience）、沟通（Communication）。围绕顾客需求行动，这是营销组合的应有之义，也是科学营销观念所要求的。

不过，纳入企业营销组合进行管理的可控要素，并不是仅有4P。例如，布姆斯和比特纳提出服务营销还要增加新3P，即人员（People）、有形展示（Physical Evidence）、流程（Process）。由于服务的无形性、不可分性、异质性、易逝性，增加新3P对作好服务营销很有必要。

在对目标市场需求有影响的因素中，当放松“可控性”要求而仅强调企业可以施加的影响时，可纳入营销组合的因素就较多了。例如，在国际营销面对贸易保护时，美国著名市场营销学家菲利普·科特勒教授强调，要增加运用政治权力（Political power）、公共关系（Public relation）这两个要素。

在营销组合丛林理论中，还有4R理论、4V理论等，这些营销组合理论为营销4P组合策略提供了有益思路。

模块五：实施营销管理。好的战略与策略，贵在组织，重在执行，赢在细节。营销者制定了营销战略与营销策略，还要对营销过程进行精心的组织、执行与控制。营销环境的分析、战略和策略的设计过程都是营销计划的管理职能。营销组织结构设计的合理性、科学性关系到营销组织的战斗力。不断提升营销组织的执行力是企业营销战略成功的关键和实现高绩效的必要条件，而营销控制是保证营销计划顺利实施的重要环节。因此，探讨营销执行和控制问题也应是营销管理的主要内容之一。

二、市场营销的职业方向

许多人在学习完市场营销的课程之后，对它产生了浓厚的兴趣，并立志以营销为职业。为此，本节介绍市场营销的职业方向和职位，便于营销人明晰自己的职业方向，并进行规划。对于不做营销工作的学习者来说，能够借此更深入地理解市场营销，可以在企业的市场部、销售部等相关部门从事企业产品销售、销售管理、顾客服务、市场调研、营销策划、产品品牌设计、广告与公关策划、网络营销等工作；或者还可以直接到管理咨询公司、营销策划公司、广告公司、市场调查公司、公关公司等专业的营销服务公司去工作，专业技能会得到更快的提高。

市场营销的职位多样多种，从企业实际来看，可分为营销职位和销售职位。表

1-2 列出了营销职位，表 1-3 列出了销售职位。

表 1-2　市场营销中的营销职位

<table>
<tr><th colspan="2">职位</th><th>工作描述</th></tr>
<tr><td colspan="2">营销主管 / 总监</td><td>管理所有与市场营销相关的活动</td></tr>
<tr><td rowspan="5">品牌职位</td><td>品牌经理 / 产品经理</td><td>负责一个产品或产品线的所有营销和相关管理活动：进行顾客需求调查研究、参与产品的开发与设计、制订产品生产线的经营计划及营销战略、管理产品的分销、发布产品信息、协调售后服务与销售</td></tr>
<tr><td>品牌 / 销售助理</td><td>进行市场分析、追踪产品的销售情况、进行销售额及市场份额分析、监控促销活动等</td></tr>
<tr><td>市场研究员 / 分析员</td><td>搜集并分析相关信息以判定消费者是否存在对特殊产品或服务的需求。其中一些工作包括设计问卷，搜集所有相关的信息，并分析、提交、展示报告结果，提出一些建议等</td></tr>
<tr><td>市场沟通经理</td><td>管理组织的市场传播活动，包括广告、公共关系、赞助及直复营销</td></tr>
<tr><td>客户服务经理 / 专员</td><td>管理服务交付以及客户与组织的沟通。不同行业的客服经理扮演的角色不同</td></tr>
<tr><td rowspan="2">广告职位</td><td>客户主管</td><td>设计并协调广告活动：设法与受托方（广告公司或媒体）取得联系；获取产品与公司详情、预算以及营销研究的相关信息；向受托方中的专家（如创意团队、媒体策划和研究员）提供简要的顾客需求信息；制定活动的细节；向企业提供广告创意和广告方案，并附上费用明细表；就有疑问的地方与受托方进行讨论并修改</td></tr>
<tr><td>媒体策划 / 媒体采购员</td><td>计划并协调在网站、社交媒体、电视台、电台、杂志、报纸等各种媒体上的广告活动；与广告版面的销售商达成协议；参与广告创意和内容的设计，确保广告可以到达预期的目标</td></tr>
<tr><td rowspan="2">公共关系职位</td><td>公共关系主管</td><td>帮助组织建立并维持一种热情友好的公关环境；与专业的公关公司或公关对象取得联系，并就特殊情况进行协商；管理危机、媒体关系，撰写并编辑印刷材料</td></tr>
<tr><td>媒体关系 / 公司事务部</td><td>与媒体建立并维持一种友好的工作关系，撰写新闻发布稿或者回应媒体职员的质疑</td></tr>
</table>

表 1-3　市场营销中的销售职位

<table>
<tr><th colspan="2">职位</th><th>工作描述</th></tr>
<tr><td colspan="2">销售主管 / 总监</td><td>与现有的以及潜在的客户建立良好的商业关系，使公司产品具有良好的销售前景</td></tr>
<tr><td rowspan="6">销售职位</td><td>销售经理</td><td>计划并协调销售队伍的销售活动，监控产品的分销及预算达成率，培训并激励员工</td></tr>
<tr><td>大客户经理</td><td>管理大客户的销售及市场运作；与大客户就产品、数量、价格、促销以及特别优惠等方面进行沟通；与能够影响大客户作购买决定的关键人员建立良好关系；在销售过程中，负责与所有部门内部及相关同事进行沟通；监测针对大客户的销售业绩</td></tr>
<tr><td>销售支持经理</td><td>通过对顾客实地访问或电话、邮件沟通提供销售支持，参与商品展销与促销活动；为产品宣传册、销售小册子的制作准备材料，购买市场调查公司提供的主要数据</td></tr>
<tr><td>跟单员</td><td>及时跟踪和汇报对客户的销售情况，确保交易顺利进行并维护客户关系</td></tr>
<tr><td>促销主管</td><td>直接拜访部分重要客户，并在客户所在地将产品的特性及优点直接介绍给客户；对所有的促销活动进行说明与管理</td></tr>
<tr><td>电话营销代表</td><td>记录与销售相关的呼入与呼出电话</td></tr>
</table>

（续表）

<table>
<tr><th colspan="2">职位</th><th>工作描述</th></tr>
<tr><td>销售职位</td><td>广告营销专员</td><td>向潜在客户展示公司的宣传册、网络广告、电视广告、视频广告等</td></tr>
<tr><td rowspan="2">零售职位</td><td>零售主管</td><td>制订计划并与零售商进行协调，监督人员招聘、培训的过程，保持高质量的客户服务，管理存货水平</td></tr>
<tr><td>零售采购员</td><td>采购原材料或半成品，管理并分析存货水平，进行供货商关系管理</td></tr>
</table>

三、如何学好市场营销

看看各地人才市场的招聘岗位需求排行榜，查查企业高管的专业背景统计，问问从事市场营销的专业人士，可以得知市场营销的职业发展前景是很光明的。如何通过学好市场营销来把握职业机会呢？本书从市场营销工作和市场营销学科的特点出发，结合社会用人单位对市场营销人才的需求，给出学好市场营销的四点建议。

（一）转变角色：以市场营销者的角色来学习

要把自己扮演成某企业高管、某营销岗位的决策者，努力联系现实市场、联系营销现象，思考如何用所学的营销理论知识来帮助我们分析和解决实际的营销问题。由于市场营销是应用性很强的学科，如果不从营销者的角度出发，那只能浮光掠影地知晓些营销名词与理论，是不可能真正学通学深弄懂悟透的，也就谈不上学以致用了。

（二）打好基础：理解并掌握好营销学的基本理论知识

市场营销学是一门建立在经济学、行为科学、现代管理理论之上的综合性应用科学。经济学告诉我们，市场营销是用有限的资源，通过仔细分配来更好地满足顾客的需要；行为科学告诉我们，市场营销学涉及谁购买、为何买、为谁买等问题，必须在洞察消费者的需求、动机、态度的基础上理解行为；管理理论告诉我们，只有作好计划、组织、执行与控制，才能更好地开展营销活动，以便为顾客、社会及自己创造效用。正是因为市场营销是经济学、行为科学、现代管理理论的综合，不太容易学通学深弄懂悟透，当然也就更不容易在此基础上很好地应用了。这需要在学习时认真对待、多多钻研，力求打好基础。

（三）研讨案例：多阅读案例，多研讨案例

营销的精彩，就在生活中，就在市场中，就在实践中，就在案例中。案例是展

示营销精彩世界的一个很好的浓缩窗口。通过阅读与研讨案例，感悟营销，思考营销的观念，熟悉营销的流程，分析营销的战略与策略，运用营销的方法与工具，总结营销的组织与管理，从阅读和研讨成功与失败的营销案例中得到启发，对现实的营销问题进行思考。在研讨争论中运用营销理论知识，在探索中提升分析和解决营销问题的能力。

（四）积极实践：投身营销实践，锻炼营销能力，加深理解

作为实践性和应用性很强的学科，如果光说不练，那学到的营销是不够接地气的，易虚易空易假。因此，在学习时，一方面要有意识地多开展些每章后的实训项目；另一方面要多利用课余时间或假期做一些兼职，尤其是营销方面的工作，在实践中锻炼提升自己的营销能力，也要多向企业的营销精英请教学习。通过积极投身营销实践，不断总结思考，从而不断地消化与升华对营销理论知识的理解。

案例　Costco 顾客满意

好市多（Costco）是美国最大的连锁会员制仓储量贩店，在 2009 年是美国第三大、世界第九大零售商；2020 年 7 月，福布斯 2020 全球品牌价值 100 强发布，Costco 排名第 79 位。

Costco 的客户单价是 Walmart 的 2 倍以上，库存周转率是 Walmart 的 1.5 倍，运营费用率是 Walmart 的一半。Costco 做了两件事情，让自己不是超市，而变成了中介。

第一件事是通过一系列措施，主动将销售商品的纯利润压缩至几乎为 0。所有的超市和便利店，从国际巨头 Walmart、家乐福，到遍布东亚的 711，再到把红旗插满四川的红旗连锁，都在追求毛利润率的不断增长。只有 Costco 整天在想，如何可以少赚一点？今年毛利 10%，明年能不能 9.5%？后年能不能进一步降低到 9%？在能够打平运营费用税费的条件下，毛利润率越低越好。在全球的 Costco 里，都藏着一个神秘数字“14”，意思是任何商品定价后的毛利润率最高不得超过 14%。Costco 接近个位数的毛利润率，除去费用、税款等之后，纯利润就几乎为 0 了。而且关键是，这不是被动行为，不是因为竞争激烈导致毛利润率下降，而是主动行为，主动把毛利润率降到根本不赚钱的水平。也就是说，Costco“完全不打算靠卖东西赚钱”。

第二件事是 Costco 向顾客按人头每年收取刚性的会员费，成为其几乎全部利润的来源。Costco 的会员分为非执行会员和执行会员，在美国和加拿大，非执行会员的年费为 55 美元 / 年，执行会员的年费为 110 美元 / 年。相比于非执行会员，执行会员还可以享受一年内销售金额 2% 的返利，以及其他一些优惠。超市的利润，一般来说直接与商品进货价、销售价和销量相关。一般的中介，哪怕不赚差价，收取的服务费也是其中介商品的售价和销量的函数。例如，房产中介爱屋吉屋收取房价 1% 的房产中介服务费，二手车中介人收取车价 3% 的二手车交易服务费，而 Costco 比他们纯粹得多。它的利润额，不直接与商品进货价、销售价和销售量相关，而是只与会员人数直接相关。会员费就是 Costco 向每位客户每年收取的定额中介服务费。Costco 每年收取的会员费，几乎就等于它全年的纯利润额。

思考与练习

1. 市场营销学科有什么特点？
2. 何谓“市场”？何谓“市场营销”？
3. 常见的市场营销观念有哪些？能否在现实生活中找到相关的例子？
4. 如何理解需求、顾客让渡价值、顾客满意？

第二章　市场营销环境分析

本章要点

市场营销活动必须在一定的外部条件下进行。因此，制定市场营销策略要与市场营销环境相适应。通过本章的学习，不仅应该认识环境对企业开展市场营销活动的制约作用，还要掌握市场营销环境的构成因素，了解分析、评价机会和环境威胁的基本方法，并熟悉企业面对环境变化应该考虑和可以采取的对策。

学习目标

1. 概述营销环境的特征及其与企业经营的关系。
2. 讨论营销环境的主要内容及其对企业营销活动的影响。
3. 阐述营销环境分析的经典方法。

第一节　市场营销环境的含义及特点

企业开展市场营销活动，既要受到自身条件的制约，也会受到外部条件的影响。关注并研究企业所处的市场营销环境的变化，把握其发展和变化趋势，识别环境变动形成的机会和威胁，是营销人员的一项主要工作。市场营销环境及其要素既是企业不可控制的，又是不可超越的。企业必须根据环境的实际状况与变化，考虑、制定并调整营销策略，自觉利用机会，防范可能的威胁，扬长避短，以确保在市场上立于不败之地。

企业是在一定的环境中运行的，环境的变化既能给企业带来机会也可能带来威胁，因此企业在开展营销活动时必须密切关注环境变化，趋利避害、因势利导地调整营销策略。

一、市场营销环境

现代系统论的观点认为，环境是指系统边界以外所有因素的集合。市场营销环境是存在于企业营销系统外不可控或难以控制的力量，是影响企业营销活动和目标实现的外部因素。

任何企业都如同生物有机体一样，总是生存于一定的环境中，企业活动也不可能脱离周围环境而孤立地进行。企业要想顺利地开展营销活动，不仅要主动适应环境，还要在了解、把握环境状况及其发展趋势的基础上，影响外部环境，使其有利于企业的生存与发展。

菲利普・科特勒对市场营销环境进行了界定，营销环境是影响企业市场营销活动不可控制的参与者和影响力。具体来讲，市场营销环境就是企业能否有效地发展和维持与目标顾客交易的外在参与者和影响力。因此，市场营销环境是指作用于企业市场营销活动，和营销目标实现有潜在关系的一切外界因素和条件的集合。

市场营销环境的内容比较广泛，可根据不同标准加以分类。基于不同的观点，营销学者也提出了不同的分析环境的方法。目前采用得最多的方法是将营销环境划分为微观环境和宏观环境。微观环境与宏观环境之间是主从关系，微观环境中的所有因素都要受到宏观环境中各因素的影响。

微观环境是企业中紧密相连、直接影响和制约企业营销能力的外部因素。微观环境包括企业内部条件、供应商、营销中介、公众、企业的顾客和有关公众等因素。这些因素直接影响企业的营销能力和效率，对企业的营销活动产生直接影响。

宏观环境指影响微观环境以及企业营销活动的一系列巨大的社会力量和自然环境因素，包括政治、法律、人口、经济、科学技术、社会文化和自然生态等因素。这些因素是企业无法直接控制的因素，并且以微观环境为媒介对企业的营销活动产生影响。宏观环境因素与微观环境因素共同构成了多层次、多因素、多变化的企业市场营销环境，如图 2-1 所示。

图 2-1　企业市场营销环境

依据市场营销环境对企业营销活动的影响，环境可以分为有利环境和不利环境两类，即能给企业带来机会和威胁的环境。前者是对企业营销活动有利的各种因素的总和，后者是对企业营销活动不利的因素的总和。除此之外，根据营销环境对企业营销活动影响时间的长短，可以将环境分为长期环境和短期环境两类。前者对企业营销活动影响的持续时间较长，后者较短。

二、市场营销环境的特点

市场营销环境的发展变化，既可以给企业带来市场机会，也可能对企业造成严重的威胁。如何适应、创造与之相适应的外部环境，对企业开展营销活动来说至关重要。市场营销环境是一个多因素、多层次且不断变化的综合体，对市场营销环境的研究是一项很复杂的工作。要作好对市场营销环境的研究，首先必须了解它的特点。企业的市场营销环境具有以下几个特点。

（1）客观性。企业总是在特定的社会经济和其他外界环境中生存与发展的，这种环境不受营销者意志的影响，以自己特定的运行规律和发展趋势进行。一般来说，企业无法摆脱和控制市场营销环境，特别是宏观环境，难以按企业自身的要求和意愿随意改变。例如，企业不能改变人口、政治法律和社会文化等因素，但企业可主动适应环境变化和要求，制定和调整营销策略。

（2）动态性。营销环境作为企业营销活动的基础，并非静止和一成不变的，反而总是处于不断的变化过程中。例如，外界环境利益主体的行为变化和人均收入的提高均会引起购买行为的变化，从而影响企业的营销活动；外部环境各种因素不同的结合方式也会影响和制约企业营销活动的内容和方式。因此，企业要根据市场营销环境的变化适时地调整营销策略，否则将会使其丧失市场机会。

（3）不可控性。营销环境的动态性决定了其不可控的特点。在开展营销活动的过程中，企业一般不可能控制市场营销环境及其变化。例如，少数企业不可能改变国家的方针政策和社会风俗习惯。市场的不可控性就要求企业去适应不断变化的外部环境，当然，这种适应并不仅仅是被动适应，企业可以发挥主观能动性去寻求新的市场发展机会。

（4）复杂性。企业的营销环境并非由单一因素决定的，而是受到一系列相关因素的共同影响。这些因素可以分为宏观因素和微观因素，它们彼此相互联系、相互作用，共同影响企业的营销决策。

三、企业与营销环境的关系

企业作为社会经济组织或社会细胞，它总是在一定的外界环境条件下开展市场营销活动，而这些外界环境条件是不断变化的，它既给企业带来新的市场机会，又给企业带来某种威胁。因此，市场营销环境对企业的生存和发展具有重要意义。企业必须重视对市场营销环境的分析和研究，并根据市场营销环境的变化制定有效的市场营销战略，扬长避短，趋利避害，适应变化，抓住机会，从而实现自己的市场营销目标。

（一）营销环境对企业的影响

市场营销环境可以细分为宏观环境和微观环境两方面。其中，宏观环境对企业的影响包括正反两方面。它既能为企业创造新的市场机会，促进企业进一步发展，也会给企业带来某种威胁，限制或者阻碍企业的生存发展。而微观环境虽然不能给企业带来市场机会和某种威胁，但是企业的生存发展依赖于市场参与者共同建立的网络，而这些市场参与者正是微观环境的构成要素。因此，微观环境会对企业的营销能力和经济效益产生影响。

（二）企业对营销环境的影响

“物竞天择，适者生存”，这一自然界的生存法则同样适用于企业。面对不可控的外部环境，企业必须要使其营销活动适应环境的要求，但这种适应不是被动地适应，相反，企业应该主动采取措施去适应外部环境的变化，避免外部环境带来的威胁，把握住市场发展的机遇。就宏观环境而言，企业要不断地调整与创新营销策略，在动态变化的环境中寻找突破点，从价格、服务、质量等方面进行创新，以保证企业能够适应环境变化，从而提高企业的市场竞争力。就微观环境而言，企业在开展营销活动时还要兼顾利益相关者，这样企业不仅能够赢利，也能为顾客、供应商、中间商以及其他利益相关者创造利益，从而实现共赢。

四、市场营销活动与市场营销环境

市场营销环境的内容和自身各因素都处于动态变化中，这必然会影响企业的市场营销活动。随着市场经济的发展，营销环境的内容也在不断发生改变。20世纪初，西方国家的企业认为市场营销环境就是销售市场；到20世纪30年代，企业逐渐将政府、工会、竞争者等利益相关者等也看作环境因素；20 世纪 60 年代后，企业又把自然生态、科学技术、社会文化等视为重要的环境因素；20 世纪 90 年代以来，随着政府加强对经济的干预，企业对政治和法律等环境因素越来越重视。国外学者将这种环境因素由内向外扩展的变化称为“环境外界化”。

企业的营销活动必须在市场营销环境各因素的影响下才能正常进行，主要表现在以下几点：虽然大部分营销活动是可控的，但管理者在决策时必须考虑环境因素，不得超越环境的限制。虽然管理者能分析、识别环境提供的机会，但无法控制因素的变化，更无法有效地控制竞争对手。由于环境变化的复杂性，管理者也无法准确预测决策实施的最终结果。此外，企业营销活动所需的各种资源要在环境许可的条件下获得，企业生产与经营的各种产品和服务也要获得消费者或用户的认可与接纳。

企业的营销活动必须与其所处的营销环境相适应，这就要求营销者应采取措施主动适应营销环境的变化。从宏观环境来看，企业应增强适应环境变化的能力，避免外部环境的威胁，有效地把握市场机会。除此之外，企业也要积极地运用自身资源，影响和改变外部环境，创造更有利于企业开展营销活动的营销环境。菲利普·科特勒的“大市场营销”理论认为，企业为成功地进入特定的市场，在策略上应合理地使用经济的、心理的、政治的和公共关系的手段，以取得有关方面的合作与支持，消除封闭型或保护型市场存在的障碍，为企业从事营销活动创造一个宽松的外部环境。从微观环境来看，对企业营销活动产生直接影响的是企业的利益相关者。按照市场营销的双赢原则，成功的企业营销活动应为顾客、供应商和中间商等带来利益，并造福于社会、公众。即使是竞争者也会相互学习与促进，甚至在竞争中成为合作者。

第二节　宏观环境分析

宏观环境分析是市场营销环境分析的一个重要方面。宏观环境分析的目的：一是要找出宏观环境中影响营销的主要因素和这些因素的趋势；二是确定宏观环境对营销活动的影响机理；三是发现宏观环境中的机会与威胁。

宏观环境主要是指政治法律环境、经济环境、技术环境、社会文化环境、人口环境和自然环境等。其中，对政治环境（Politics）、经济环境（Economy）、社会环境（Society）、技术环境（Technology）进行分析，称为 PEST 分析。宏观力量及其发展趋势能够给企业提供机会或者产生威胁，企业只有不断加强对宏观环境变化的分析和研究，才能制定有效的市场营销策略，从而实现企业的营销目标。

一、政治与法律环境

政治和法律是影响企业宏观环境的重要因素。国家的政策方针指引着企业营销活动的方向，法律则是约束企业营销活动的准绳，二者共同对企业的营销活动产生影响。

（一）政治环境

政治环境是指影响企业营销活动的各种政治因素的总和，包括国家的政治制度、经济管理制度、货币政策、政府与企业的关系等。现代社会中，政府通常扮演着十分重要的角色，其一举一动对企业的影响巨大，因此企业应当时刻注意政治形势的变化。当前国际政治环境复杂多变，这些变化对国内外市场都会产生影响并起到制约作用。政局的稳定是经济活动的重要保障。一个国家的政局是否稳定以及其稳定程度如何，都会影响到国家的经济发展和人民的生活水平，从而为企业营销带来影响。

（二）政府的经济政策

经济政策是政府为了达到充分就业、价格水平稳定、经济快速增长、国际收支平衡等宏观经济政策的目标，为增进经济福利而制定的解决经济问题的指导原则和措施。一个重视经济发展的政府能为企业提供良好的外部政策环境，从而帮助企业快速地适应当地环境，为企业在该地区的进一步发展打下良好的基础。那政府是如何做到的呢？从宏观上来说，政府主要依靠财政政策和货币政策来达到目的。财政政策包括税收政策、财政补贴等。税收对企业的生产经营具有极其重要的影响。企业在试图进入一个新的国家或地区时，应仔细分析当地的税收政策，避免发生赢利困难的情况。财政补贴会对企业的生存产生重要影响，例如，近年来我国采取的新能源汽车补贴政策，促使一批企业投身于新能源汽车的研发开发中。

（三）法律规定

法律规定是指国家或地方政府所颁布的各项法规、法令和条例等。法律规定所形成的法律环境是企业营销活动的准则，主要包括国家的立法、司法和执法机构，国家法律、法规、法令等。法律规定的强制性、严肃性、变动性，将直接影响企业的营销机会、生产成本，且对产品、价格、分销渠道、促销等方面均有影响。当企业进入某一国家或地区时，必须全面了解与企业生产经营有关的法律法规，除了常见的涉及合同、专利、商标、消费者权利、环境保护等方面的法律法规外，还应注意当地关于垄断与不正当竞争方面的法规，以避免遭受反垄断方面的法律制裁。例如，我国的《反垄断法》《反不正当竞争法》等各项法律逐渐完善。

二、经济环境

经济环境是指企业开展市场营销活动所处的外部经济条件，是影响企业营销活动的又一重要因素。本书将从国别性指标、产业性指标和个人性指标这三大方面进行阐述。

（一）国别性指标

国别性指标主要是指国内生产总值、人均国内生产总值、消费价格指数等指标。

国内生产总值是指在一定时期内，一个国家或地区最终产品和劳务的总值，反映的是经济活跃的程度。企业可以根据国内生产总值来判断国家经济的总体态势和居民的消费能力。一般来说，国内生产总值与工业品营销活动关系更大。例如，一个国家的国民生产总值增长幅度越大，那么对工业品的需求和购买力就越大；反之，则越小。

人均国内生产总值是人们了解和把握一个国家或地区的宏观经济运行状况的有效工具，常作为发展经济学中衡量经济发展状况的指标，是最重要的宏观经济指标之一。人均国内生产总值代表的是一个国家的发展情况，人均国内生产总值高的国家是发达国家，相反则是欠发达国家。企业应结合所在国家的发达程度来制定合适的市场营销策略。人均国内生产总值低的国家，其居民的消费主要是生存型，而人均国内生产总值高的国家，其居民的消费逐渐向享受型、发展型转化。

消费价格指数是反映一定时期内城乡居民所购买的生活消费品和服务项目价格变动趋势和程度的相对数，是对城市居民消费价格指数和农村居民消费价格指数进行综合汇总计算的结果。该指数的上升代表着通货膨胀的程度，通常情况下，适度的通胀有利于经济增长。如果该指数下降，则说明经济发生衰退。

通货膨胀是指流通中货币量超过实际需要量所引起的货币贬值、物价上涨的经济现象，或是流通中用于交换的产品（服务）随着时间的变化，在转移的过程中不断升值的过程。通货紧缩则是社会价格总水平即商品和服务价格水平持续下降、货币持续升值的过程。二者都是宏观经济不平衡和不协调的反映。前者表现为“需求过大、供给不足”，物价上涨使价格信号失真，导致盲目生产，造成国民经济的非正常运行，使产业结构和经济结构发生畸形化，引发国民经济的比例失调。后者表现为“供给过剩、需求不足”，其持续发展会导致消费者消极消费，企业投资收益下降，社会经济可能陷入价格下降与经济衰退相互影响、恶性循环的严峻局面。因此，通货膨胀与通货紧缩既是令经济政策制定者头痛的问题，也是与所有企业和个人息息相关的问题。

（二）产业性指标

产业性指标主要是指三种产业所占的比重以及三种产业的增长率。我国的产业基本划分为三大类：第一产业、第二产业和第三产业，分别是农业、加工制造业和现代服务业。根据国家统计局的数据，2020 年我国第一产业增加值占国内生产总值的比重为 7.7%，第二产业增加值占国内生产总值的比重为 37.8%，第三产业增加值占国内生产总值的比重为 54.5%。产业性指标代表一国或者地区的生产要素、生产模式和消费模式的整体情况，也反映其产业竞争力的情况。近 20 年来，我国第一产业所占比重呈下降趋势，而第三产业所占比重则持续上升。这说明了中国劳动生产率和居民消费水平的不断提高，并且有着广阔的消费市场。但与发达经济体相比，第一产业、第二产业在整个经济中所占的比重依然偏高，服务业所占比重仍有较大的提升空间。相较于农业、工业来说，服务业所需的资源少、附加值高，对于中国这样一个人均资源匮乏的国家来说，大力发展服务业十分必要。

（三）个人性指标

个人性指标主要是指人均可支配收入、储蓄、消费、支出等。

个人可支配收入是指可用于个人开支或储蓄的那一部分，即个人所得薪资、奖金、补贴、投资收益等所有收入，在此基础上扣除税款和非税性负担后所获得的余额。个人可支配收入可以构成个人的实际购买力。

恩格尔系数是衡量一个国家、一个地区、一个城市、一个家庭生活水平高低的标准，反映了人们支出变化的规律和趋势，说明消费者收入的变化影响消费者支出模式的变化。恩格尔系数常被用来表示收入与消费的关系，恩格尔系数越高，居民消费中食品消费所占的比重越大。随着人们生活水平的提高，恩格尔系数会逐渐降低，消费的方向从食品向娱乐、服饰等享受型产品和服务转移。

储蓄是将当前的购买力推迟到未来的某一时刻。在一定时期内，如果消费者的收入不变，储蓄量增加，消费支出就减少；反之，如果储蓄减少，消费支出就增加，给企业提供的市场机会就越多。但从长期来看，储蓄是购买力的继续，可称为一种待实现的购买力，其影响因素主要有收入水平、通货膨胀、市场供给状况以及对未来和当前消费的偏好程度。

消费信贷是指金融或商业机构向有一定支付能力者融通资金的行为，主要形式有短期赊销、分期付款、信用卡信贷。消费信贷使消费者可用贷款先取得商品使用权，再按约定期限归还贷款。消费信贷是一个经济杠杆，可以调节积累与消费、供给与需求之间的矛盾。当市场供大于求时，可以发放消费信贷，刺激需求。当市场供不应求时，可以收缩消费信贷，适当抑制、减少需求。

支出主要是指消费者的支出模式和消费结构。消费结构一般是指以货币表示的，人们所消费的各种不同类型的消费资料（包括服务）在消费总体中所占的比例。收入水平在很大程度上影响消费者的支出模式与消费结构。统计学家恩斯特·恩格尔曾对比利时不同收入水平的家庭进行调查，分析了收入增加对消费支出结构的影响。他将消费支出项目按食物、衣服、房租、燃料、教育、卫生、娱乐进行分类，当收入增加时，食物支出所占比例趋向减少，教育、卫生与休闲支出比例迅速上升。由此总结出恩格尔定律，即一个家庭收入越少，食品支出占总支出比重越大。

除此之外，家庭生命周期所处的阶段，家庭所在地址，消费品生产、供应状况，城市化水平，商品化水平，劳务社会化水平等，也会影响消费者的支出模式与结构。

三、技术环境

（一）技术发展趋势

新技术变革正在对企业产生深远影响，计算机、人工智能、通信与网络、生物技术和新材料等新技术仍不断涌现。而这些新技术的应用也深刻地影响着营销实践。随着互联网技术的深入发展，微博营销、微信营销、短视频营销等新的营销手段层出不穷。相比于传统营销，新型营销覆盖范围更广，成本更低，更有利于企业把握市场的发展动向、抓住机遇。现阶段，我国重点培育和发展的战略新兴技术和产业有：低碳经济、新一代信息技术、新能源、新材料、新能源汽车、生物技术、高端制造业等。新一代信息技术仍将是科技发展的主要方向，主要包括“互联网 +”、大数据和人工智能等。在低碳经济的大环境下，新技术的开发更注重环保，新技术的应用除了带来可以看得见的经济效益外，还有重要的社会效益。例如，新的节能环保技术在固废处理过程中大大降低了“三废”的产生量，甚至可以不产生“三废”，这就大大减少了环境污染。新技术变革不仅给企业带来了发展机遇，还有可能带来威胁。因此，企业要时刻把握技术发展的趋势，紧跟时代潮流，抓住发展机遇。

案例　华为 5G 持续领先

华为 5G 技术代表了第五代移动通信技术，可以提供商用 5G CPE 的 5G 端到端产品的解决方案，技术成熟度领先于同行。5G 技术的应用包括以下几个方面：远程医疗、自动驾驶、智能电网，智能城市、增强现实、虚拟现实。5G 传输速度快，延时低。在模式频段上，手机需要支持 NR/TD - LTE/LTE FDD/WCDMA/GSM 才能使用 5G 网络。

华为 5G 技术的领先主要体现在专利数量遥遥领先，芯片、5G 基站数量多，5G 商用性价比高以及领先的基站设备等方面。

技术作为社会生产中最活跃的因素，其发展程度会影响企业的产品设计、开发、制造和营销过程，涉及国家、地区、行业的科学技术发展速度与水平，以及科技政策、基础研究、应用研究、技术开发的投入、科技人才、科技发展趋势、技术创造能力等。

（二）研发费用投入

企业研发费用就是技术开发费，指企业在产品、技术、材料、工艺、标准的研究、开发过程中发生的各项费用。《2020 年全国科技经费投入统计公报》显示，2020 年我国研究与试验发展经费投入总量超 2.4 万亿元，比上年增长 10.2%。企业研发费用投入保持较快增长，投入强度提升幅度创近 11 年来新高。市场主体在创新上敢投入、愿投入，离不开创新政策的支持。随着研发费用加计扣除政策的进一步完善，2020 年，规模以上企业享受研发费用加计扣除减免税金额为 2421.9 亿元，比上年增长 29.4%。相关调查显示，企业对该政策的认可度高达 87.7%，比上年提高 2.7 个百分点。

（三）产品生命周期

产品生命周期是指产品从投入市场到更新换代和退出市场所经历的全过程，是产品或商品在市场运动中的经济寿命，主要由消费者的消费方式、消费水平、消费结构和消费心理的变化决定。一般分为导入期、成长期、成熟期、饱和期、衰退期五个阶段。随着技术的发展越来越快，企业产品的生命周期不断缩短。英特尔公认的创始人之一戈登·摩尔研究发现：当价格不变时，集成电路上可容纳的晶体管数目，每隔约 18 个月便会增加 1 倍，性能也将提升 1 倍。换言之，每 1 美元所能买到的电脑性能，将每隔 18 个月翻 2 倍以上，这便是著名的摩尔定律。基于该定律，企业开发的软件产品要不断地更新换代，例如智能手机，一年甚至半年就可能出现新一代产品。对消费者而言，产品的使用寿命不再是其物理寿命，即便手机可以正常使用，随着软件的不断升级，原有手机的硬件难以支持软件运行，消费者会为了更好的使用体验而购买新手机。

四、社会文化环境

社会文化环境主要是指在一种社会形态下已经形成的价值观念、宗教信仰、风俗习惯、消费时尚等营销环境因素。文化对企业的影响是深层次和久远的，企业应该研究和分析目标市场所在地的社会文化环境，从而制定与之相适应的营销策略。

（一）价值观念

价值观念是指人们对社会生活中各类事物的态度和看法。不同文化背景下的人群，价值观念有很大不同，这些不同的价值观念直接影响消费者的心理、行为和购买欲望。例如，持有勤俭节约观念的消费者在购买产品或服务时，更注重实用性，对价格因素较敏感；相反，有些消费者在购买产品或服务时更追求享受，对价格因素不敏感。这就需要企业在制定营销策略时把产品与目标市场的传统文化和价值观念相结合。

（二）宗教信仰

不同的宗教信仰有不同的文化倾向，具有很强的行为约束力。宗教信仰影响人们的价值观念和行为准则，进而影响人们的消费行为，带来特殊的市场需求。某些国家或地区的宗教组织在教徒作购买决策时有重大影响。当一种新产品出现，宗教组织有时会提出限制和禁止使用，认为该商品与该宗教信仰相冲突。相反，有的新产品出现，宗教组织赞同和支持使用，就会号召教徒购买、使用，起到特殊的推广作用。因此，企业应充分了解不同地区、不同民族、不同消费者的宗教信仰，生产满足其需求的产品，制定适合其特点的营销策略。这说明，了解和尊重消费者的宗教信仰，对企业营销活动具有重要意义。

（三）风俗习惯

风俗习惯是指特定社会文化区域内历代人们共同遵守的行为模式或规范，主要包括人们的衣食住行、婚丧嫁娶、节日、礼仪、娱乐等方面呈现出的不同的生活习惯和消费习惯。不同民族和区域的风俗习惯在相关活动和规范上都存在差异，而这些差异对企业产品研发、渠道选择、促销安排都有直接的影响。因此，企业在开展营销活动时，从产品设计、包装、广告宣传到公共关系处理等各个环节都要充分考虑目标市场的风俗习惯。

（四）消费时尚

消费时尚是指一定时期内在相当多的消费者或者某些群体中普遍流行的消费趣味、消费观念和行为模式。某种产品或某种消费活动在某个区域范围内成为大多数人使用或追求的对象，这种带有明显特征的消费方式逐渐演变成为一种风行一时的流行趋势，这种商品就会成为流行商品。这种现象在服饰领域表现得尤为突出。由于消费时尚具有明显的时间特征和地域特征，即同一时间不同地域或不同时间同一地域流行的商品款式具有差异性。除此之外，不同群体对时尚的理解也不同。例如，年轻人追求产品新潮，律师、教师追求产品优雅大方，普通劳务人员追求简单舒适。随着互联网技术的深入发展，时尚信息的影响力愈发强大，企业应及时把握流行趋势，抓住发展机遇。

五、人口环境

市场是由具有购买能力与购买欲望的人组成的，营销活动的最终对象也是人。没有人口，就没有市场需求。人口数量直接决定着市场规模和潜在容量。人口总量及增长率、人口结构、性别结构、地理分布、家庭状况对市场营销产生深刻的影响。

（一）人口总量及增长率

人口总量是指一个地区在一定时间内的人口总和，一般以人口普查的统计结果为依据。

2021 年第七次全国人口普查主要数据公布，中国人口共 141178 万人，中国人口 10 年来继续保持低速增长态势。人口总量是决定市场规模和市场潜力的一个重要因素。人是产品和服务的最终购买者和享用者。人口增长，对食品、服装、交通、住房等方面的需求都会增加，企业也就获得了更大的市场。但我们应该注意到，人口的增长不一定是越快越好，过快的增长会带来就业压力、资源匮乏、政局不稳等多种问题，从而影响企业的长久发展。

人口增长率是一定时期内（通常为 1 年内）由人口自然变动和迁移变动而引起的人口增长的比率。人口增长率也可以称为人口增长速度。人口迁移是否会引起人口总量规模发生变动，是有一定地域条件的。例如，对于一个省，当不考虑省际迁移时，尽管省内各市、县间存在着频繁迁移，但这种迁移并没有引起全省人口发生变动，此时的人口增长率与人口自然增长率相等。近年来，随着人口老龄化的加剧，人口红利逐渐减少。企业在进行人口环境分析时，要注意我国人口众多、老龄化速度加快等特点，还应注意国家实施的一些新政策。

（二）人口结构

人口结构主要包括年龄结构、性别结构等因素，这些因素也会对市场结构产生重要影响。不同年龄的消费者在可支配收入、消费偏好、消费心理、购买行为等方面都有较大差异。目前我国人口老龄化严重，这一变化所带来的影响会导致对青少年用品的需求下降，对医疗保健、康养服务的需求增加，因此企业应多关注老年人市场，考虑老年人的特殊需求。相较于“70 后”“80 后”而言，“90 后”“00 后”更加追求产品与服务的个性化。

家庭规模和结构也会对消费者的消费习惯产生重要影响。目前，中国城市家庭的规模普遍偏小，常见的是父母和 1 ～ 2 名未成年子女构成一个家庭单元。中国的城市家庭多居住于公寓、单元楼等小面积居室，企业面向中国市场设计产品时，应充分考虑小型化、小包装的用户需求。

（三）性别结构

不同性别的消费者在商品或服务的需求、购买习惯与购买行为等方面都有较大差异。即使对具有相同可支配收入的个人来讲，男性与女性间的购买意向也会不同；而对于同一产品而言，男性比女性更容易作出购买决策。随着社会发展与技术的进步，男性与女性对不同产品的认知与态度也会发生变化，这也导致市场上更多企业针对不同性别提供不同的产品与服务。

（四）地理分布

地理分布是指不同地区的人口的密集程度。一个国家的人口地理分布和消费习惯等都会影响市场大小、消费需求及其支出构成。对于零售企业来说，选择合理的位置至关重要，在人口密集的区域设立营业网点能够有效地吸引消费者前来购物，但同时会产生高昂的租金与停车困难等问题。如果选择远离市中心的郊区，虽然降低了租金，但对于不会开车的消费者来说，交通成了一大难题。企业在对城市进行选择时也面临同样的难题，一方面，设立在人口较少的城市，各项成本会降低，但小城市人力资本较为贫乏，不利于吸引人才。另一方面，设立在中心城市，人力资源较为丰富，便于企业进一步发展，但与此同时，企业的各项成本又会大幅上升。小城市的竞争环境相对宽松，有利于企业快速占领市场，但市场规模较小。而大城市市场潜力大，但竞争激烈。因此，人口地理分布是影响企业制定营销策略的重要因素。随着社会分工和商品经济的发展以及城市化与工业化进程的不断推进，我国人口开始由农村向城市转移，导致农村的老龄化现象比城市还要严重。

六、自然环境

自然环境是人类生存活动的空间和物质资源的主要来源，自然环境主要指资源和生态环境。

（一）资源状况

自然资源分为可再生资源和不可再生资源。可再生资源包括水、木材等资源，不可再生资源包括矿产、石油、煤炭等资源。自然资源的短缺必然会制约企业的生存与发展，这就迫使企业不得不寻找其他可以替代的资源或者转向新的经营方向，而新能源就非常值得我们关注。所谓新能源就是指传统能源以外的各种能源，如太阳能、风能、核能、地热能等，这些能源的特点是污染小、资源丰富。

（二）生态环境

人类的一些生产活动不可避免地对环境产生一定的影响，主要是指对环境的污染破坏。工业化和城市化的快速发展导致环境污染日益严重。近几年，随着国家和社会对环境污染的重视程度越来越高，加强了企业在生产制造和营销活动中对环境污染的管控。例如，造纸、化工、钢铁等行业的企业搬迁至郊区或其他地区，或者安装先进的环保设备，以减少对环境的破坏。

资源短缺、环境恶化是企业在营销活动过程中不可避免会发生的现实问题，这也已经引起了全球的关注。许多国家和国际组织都已通过立法来加强对这一现象的治理，对环境的保护。2015 年，巴黎气候变化大会通过了全球气候变化的新协议——《巴黎协定》，对 2020 年后全球应对气候变化的行动作出了安排。企业作为社会的重要组成部分，必然会受到协议内容的影响。企业在发展的同时要兼顾社会效益，尽量减少对环境造成的不良影响是每个企业应当承担的社会责任。因此，企业也需要在营销过程中履行好自己的社会责任和职责，重视相关法律法规，切实起到保护环境的带头作用。

第三节　微观环境分析

微观环境是由参与和影响企业营销活动并且具有不同性质的利益相关者组成的，在一定程度上，企业可以对其进行控制和施加影响。微观环境主要包括企业自身及其竞争者、供应商、营销中介、顾客、公众等，其中，最核心的是顾客与竞争者。具体如图 2-2 所示。

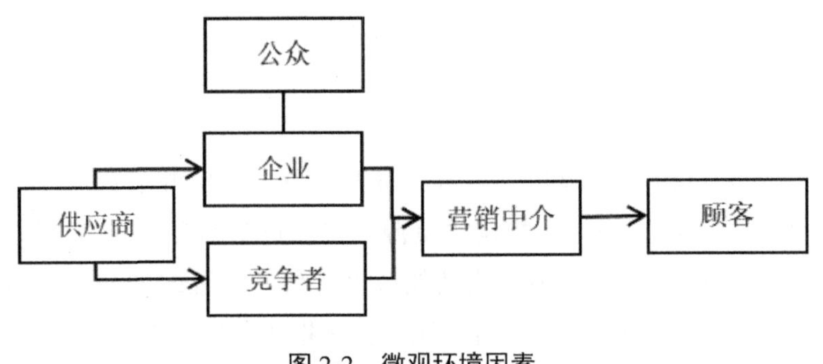

图 2-2　微观环境因素

一、企业

企业是由多个职能部门或多个管理层次构成的，为了开展营销业务，设立了营销部门。为使企业的营销业务顺利高效地开展，不仅营销部门内各类专职人员需要尽职尽力通力合作，而且更重要的是取得企业内部的协调一致。所有这些企业的内部组织，构成了企业内部的微观环境。

企业内部的微观环境分为两个层次：第一个层次是企业的高层管理部门。高层管理者确定企业的使命、目标、总体战略和政策。营销经理必须根据高层管理者确定的目标制定决策，有些决策也必须通过高层管理者的批准才能执行。第二层次是企业的其他职能部门，包括营销部门、财务部门、研究与开发部门、采购部门、制造部门和会计部门等。

企业的营销部门并不是孤立存在的，其业务活动与其他部门的业务活动息息相关，既存在多方面合作，也存在企业内部的资源竞争。其他部门的业务活动状况以及与营销部门的合作状况对营销的决策和实施有较大影响，例如，营销计划受到生产状况的影响，市场调查、预测和新产品开发需要营销部门与研发部门进行合作才能完成。营销部门在制订和执行营销计划的过程中，必须与企业的其他职能部门相互配合，这样才能取得预期的良好效果。

二、供应商

供应商是为企业提供生产经营所需资源的企业或个人，提供的资源包括原材料、零配件、能源、劳务及其他用品。供应商所提供的原材料的数量和质量将直接影响产成品的数量和质量，所提供的资源的价格则会直接影响产品的成本、价格和利润。企业与供应商紧密联系在一起，那么它们必然互相影响、互相制约。

供应商对企业营销活动的影响包括以下几个方面。

（1）供货的稳定性与及时性。企业要想顺利地开展营销活动，离不开充足的原料、零件、能源以及设备等物资。为了保证能够获得这些充足的物资，企业必须与供应商密切联系并充分了解供应商的生产经营状况，避免因供货不及时而发生损失。电动汽车特斯拉 Model 3 车型的预约购买数量巨大，但实际产量总达不到预期产量，原因就在于其供应商供货不足。

（2）供货的价格变动。供应商供货的价格直接影响最终产品或服务的定价。企业应时刻关注其使用的原材料、设备、劳务等资源的成本，并保持适当的与供应商讨价还价的能力，以免陷入被动的局面。尤其是在终端产品定价难以变动时，企业应更加重视供应商的供货价格。例如，我国成品油的价格受政策调控影响，汽油生产企业往往采取提前约定价格订立供货合同的方式来锁定其原油的成本，从而规避供货价格的风险。

（3）供货的质量水平。产品或服务的质量与企业能否生存息息相关。供应商提供的产品质量会影响企业提供的最终产品的质量。供应商供货的质量水平包括产品本身的质量和供应商售前、售后服务的水平两个方面。

企业在选择和确定供应商时应考虑两个方面：一方面，企业要重点关注供应商的资质、信誉、能力，从而能够及时从供应商处以合理的价格取得足够数量的质量优良的产品；另一方面，企业要使供应商多样化，在提高对供应商讨价还价能力的同时，避免由于供应商的突发问题导致企业生产停滞的情况发生。

三、营销中介

营销中介是指直接或间接协助企业产品促销、销售的组织和个人，包括中间商、实体分配公司、营销服务机构和服务中介机构。营销中介协助企业解决产品的集中生产与分散消费之间存在的现实矛盾，通过促销和分销的方式将产品出售给最终购买者。随着社会分工越来越细，在营销活动中，营销中介的专业优势越来越突出。企业应集中资源与精力在核心竞争力上，将非擅长领域外包给其他有专业特长的企业，从而使效益最大化。这类具有专业特长的企业就是营销中介。

（一）中间商

中间商帮助企业寻找顾客并开展促销和销售工作，寻找合适的中间商是企业渠道管理的重要工作。中间商分为商人中间商和代理中间商。商人中间商从事商品的购销活动并对商品拥有所有权，例如批发商和零售商。代理中间商推销产品，协助达成交易但对产品没有所有权，例如经纪人和制造商代表等。

（二）实体分配公司

实体分配公司是指协助厂商储存，并把货物运送至目的地的仓储物流企业。实体分配的具体流程包括包装、运输、仓储、装卸、搬运、库存控制和订单处理等方面，其基本功能是解决生产与消费之间的矛盾，使产销有效衔接，保证企业能适时、适地和适量地把商品供给消费者。

（三）营销服务机构

营销服务机构是指为企业营销活动提供信息、策划、设计和执行的组织和个人，如广告公司、营销策划公司、市场营销调研公司等。企业可以自设此类部门，也可以通过外购而获得较高水平的相关服务。此外，现代市场经济中离不开的会计服务、审计服务、法律服务等方面的专业服务组织亦属于此类机构。

（四）财务中介机构

财务中介机构主要是指银行、保险公司、信用公司等协助融资或保障交易进行的公司。这类中介机构的存在大大提高了交易的可能性，降低了交易结算的复杂性。企业与金融机构之间的联系离不开财务中介机构，例如，财务往来要通过银行，财产和货物需要保险公司进行承保，因此银行的存贷款利率、保险公司的保费水平都会影响企业的生产经营活动。

四、公众

公众是指对企业营销目标的实现有现实或潜在影响的群体和个人。一个企业所面对的公众有以下几类。

媒介公众：报纸、杂志、广播、电视等有广泛影响的大众传播媒体。

政府公众：负责管理企业业务经营活动的有关政府机构，例如工商管理局等。

社团公众：学校、医院、科研机构等。

金融公众：影响企业取得资金能力的任何集团，例如银行、投资公司等。

一般公众：与企业无直接利害关系，但其舆论对企业市场营销有潜在影响的公众。

市民行动公众：各种保护消费者权益的组织、环境保护组织、少数民族组织等。

内部公众：包括管理人员、普通员工等。

公众对企业的生存和发展有巨大的影响，可能帮助企业实现其目标，也可能阻碍企业实现其目标。企业必须采取恰当的措施，积极主动地处理同公众的关系，树立并维护企业的良好形象，这些是企业进行成功的市场营销活动的保证。

五、顾客

顾客就是市场，是企业进行营销活动的出发点和归宿。企业对市场掌握的程度，是企业营销成败的关键。企业要花费时间精力去研究顾客的真正需求，否则就会出现“对牛弹琴”的局面。市场是企业营销系统中极为重要的组成部分，按照购买者和购买目的可以划分为以下几个市场。

（1）消费者市场：由购买产品和服务供自己消费的个人和家庭所构成的市场。

（2）生产者市场：由为进一步加工或在生产过程中使用而购买所需要的产品和服务的组织所构成的市场。

（3）中间商市场：由为转售牟利而购买商品及服务的批发商和零售商所构成的市场。

（4）政府市场：由为提供公共服务或者转赠需要者而购买产品和服务的政府机构所构成的市场。

（5）国际市场：由国外购买者所构成的市场，包括国外的消费者、生产者、中间商和政府机构。

六、竞争者

有商品生产和商品销售的地方，就存在竞争。因此企业在对目标市场进行营销活动的过程中，就会不可避免地遇到竞争者的挑战，要想在市场竞争中取得胜利，企业在满足消费者需要和欲望方面，就必须比竞争对手做得更好。公司不仅要满足目标市场消费者的需求，还要考虑在同一目标市场中竞争对手的战略。因此，营销人员不仅必须适应顾客需要，还必须在消费者心目中树立比竞争对手更优的形象，以获得战略优势。

企业的竞争者除了本行业现有的竞争者之外，还有替代品生产者、潜在进入者、买方、卖方等多种竞争力量。企业通过对竞争对手竞争能力的分析以及与本企业竞争能力的比较，可以发现自己的优势和劣势。与此同时，还要及时了解市场竞争态势的变化，以便掌握竞争的主动权，取得企业自身应有的竞争地位。

第四节　营销环境分析工具

根据系统论与生态学的观点，企业与其所处外部环境构成一个系统，在该系统内，企业与外部环境作为子系统，相互影响，相互适应。外部环境作为一种客观存在，不受企业的控制，因此企业应实时调整内部系统，以适应外部环境的变化，实现长远发展。

外部环境变化对企业的影响主要从三个方面进行分析：一是环境机会，即对企业营销活动有利的因素；二是环境威胁，即对企业营销活动不利的因素；三是中性因素，即对企业营销活动无影响或影响甚微的因素。企业应当采取恰当的措施抓住机会、应对威胁，从而取得长远的发展。

常用的环境综合分析方法是SWOT分析法。该方法的核心是分析企业内外部条件，确定企业可利用的机会与所面临的威胁，再将其与企业的优势和劣势相结合，形成不同的战略。

一、外部机会与威胁分析

（一）环境机会分析

环境机会是指由于环境变化形成的对企业营销管理富有吸引力的领域，并且企业在这些领域比竞争对手更有优势，成功的可能性更大。从本质上来说，环境机会源于市场上消费者尚未满足且有可能满足的需求，甚至是还未被发现的潜在需求。例如，很多受肥胖或糖尿病困扰的消费者希望可口可乐推出一款与传统可乐一样美味的低卡可乐，基于此需求，可口可乐公司使用代糖生产了无糖可乐。虽然无糖可乐满足了低卡的需求，但是企业受资源能力的限制，其口感与传统可乐有较大的差异，目前仍没有办法解决这个问题。不过随着技术的发展，在未来，这一需求有可能得到满足。

环境机会既可来源于宏观环境也可来源于微观环境。由于企业自身的资源能力不同，环境对不同企业的影响也不同。相同的环境对有些企业来说是环境机会，但对有的企业来说就有可能是环境威胁。例如，消费者对天然绿色食物的需求大幅度增加，这对于绿色种植企业来说是环境机会，但对于那些追求产量坚持使用化肥的企业来说是环境威胁。

（二）环境威胁分析

环境威胁，是指由于环境的变化形成或可能形成的对企业现有经营的冲击和挑战。这种威胁并不一定会对企业造成损害，如果企业采取恰当的措施，就有可能会转危为安，但如果应对不当，就会危及企业的生存与发展。具体来说，环境威胁包括两方面：一方面是直接威胁企业营销活动的因素，例如，政府颁布的政策法规；另一方面是企业的目标、资源和能力与环境机会相矛盾，例如，在低碳经济的背景下，电动汽车的需求大大增加，那么传统汽车厂商所拥有的资源与产能就会与这一需求相矛盾，这对传统汽车厂商来说就是环境威胁。

企业面对环境威胁要善于分析环境发展趋势，识别环境威胁或潜在的环境威胁，并正确地认识和评估威胁的可能性和严重性，以采取相应的对策措施，避免企业陷入困境。对于越有可能发生、影响越大的威胁，企业要制定更加详细完善的应对方案。

二、内部优势和劣势分析

（一）内部优势分析

企业内部优势，是指企业在某一方面的能力超过竞争对手和拥有竞争对手所不具备的资源，一般企业的竞争优势体现在优势资源、先进的运作模式、更适合市场需求的产品和服务等方面。其中优势资源包括社会资源、人力资源、自然资源、财力资源等，运作模式包括管理、商业模式、创新力等，产品和服务包括高价值、优势价格、独特性等。而这些优势共同构成了企业的核心竞争力。

（二）内部劣势分析

内部劣势是指企业在能力和资源方面匮乏的东西，使企业创造的顾客价值和利润率比竞争对手少。内部劣势一般表现为缺乏有竞争力的社会资源、人力资源、自然资源，缺乏核心技术等。

三、SWOT 分析法

SWOT 分析法是一种企业市场营销竞争态势分析的方法，是市场营销的基础分析方法之一，即通过评价企业市场营销的优势（Strengths）、劣势（Weaknesses）、竞争市场营销中的机会（Opportunities）和威胁（Threats），用以在制定企业市场营销的发展战略前对企业市场营销进行深入全面的分析以及竞争优势的定位。

SWOT 分析法是一种常见的企业内外部环境条件战略因素综合分析的方法。分析过程是把企业的内部优势和内部劣势集中到一起，利用外部的环境机会和环境威胁来进行评估。具体可以按以下步骤完成 SWOT 分析，如表 2-1 所示。

第一步，将企业内部优势按与环境机会和潜在威胁的关联度分为两组。

第二步，同样地将内部劣势也分为两组。

第三步，绘制一个 3×3 的表格。

第四步，将企业的优势和劣势与机会或者威胁配对。

表 2-1　SWOT 分析法

内外部因素	优势（S）	劣势（W）
机会（O）	SO 战略：增长战略	WO 战略：转型战略
威胁（T）	ST 战略：多样化战略	WT 战略：防御战略

通过 SWOT 分析法可以得出以下四种可供选择的战略：SO 战略——利用内部优势抓住外部机会；WO 战略——利用外部机会弥补内部劣势；ST 战略——利用内部优势避免外部威胁；WT 战略——减少内部劣势和克服外部威胁。

1.SO **战略（优势 + 机会）**

SO 战略又称作增长战略，是指企业充分发挥内部优势来利用外部机会。在这种情形下，企业市场营销可以用自身内部优势撬起外部机会，使机会与优势充分结合并发挥出来。机会的易逝性也要求企业市场营销必须敏锐地捕捉机会、把握时机，以寻求更大的发展。

2.WO **战略（劣势 + 机会）**

WO 战略又称作扭转战略，是指企业利用外部环境机会来弥补内部的劣势。当企业的内部优势与外部环境提供的机会不相适应或不能结合起来发挥企业的竞争优势时，企业就需要提供更多的资源来促进内部资源劣势向优势方面转化，从而更好地把握外部机会。

3.ST **战略（优势 + 威胁）**

ST 战略又称作多样化战略，是指企业利用内部优势来规避外部威胁。当环境状况对公司优势构成威胁时，企业无法发挥内部优势。在这种情形下，企业市场营销必须克服威胁，以发挥优势。

4.WT **战略（劣势 + 威胁）**

WT 战略是指企业减少内部劣势来克服外部威胁。当企业在市场营销中同时面临着内部劣势与外部威胁时，企业市场营销就面临着严峻挑战，如果处理不当，可能影响到企业市场营销的生死存亡。

四、根据环境制定营销对策

（一）企业利用市场机会的对策

对于企业所面临的市场机会，企业的最高领导层首先必须慎重地评价其质量，小心地评估其市场价值。企业利用市场机会可选择的对策有以下几种。

先入为主策略，即先于竞争对手的时间策略。一般来讲，在市场经济条件下，竞争越是激烈，企业可进入的市场空间越小，空间提供给企业的机会时间也越短促。企业应抢先一步进入市场，抓住市场机会，取得主动权。但采用先入为主策略的企业，必须要对市场进行深入的调查研究并掌握大量的信息，这样才能发掘消费者的新需求，紧跟科技发展的新形势，力争在竞争者尚未察觉之前，抢先进入市场。

准备条件，适时利用对策。对在一定时间内不会发生变化的市场机会，而企业目前各种条件又暂不完全具备时，应积极准备条件，待各方面条件成熟后再利用。

放弃机会策略。当企业面对通过自身努力无法取得理想效果的市场机会时，就应放弃这种机会。如不放弃，这种市场机会就有可能转变为企业的威胁。

（二）企业应对环境威胁的对策

企业对所面临的主要威胁有三种可以选择的对策。

反抗策略：也称抗争策略，即试图通过自己的努力限制或扭转环境中的不利因素的发展，通常被认为是一种积极、主动的策略。例如，通过各种方式促使（或阻止）政府通过某种法令或有关权威组织达成某种协议，或努力促使某项政策或协议的形成，以抵消不利因素的影响。

减轻策略：也称削弱策略，即企业力图通过改变自己的某些策略，达到降低环境变化威胁对企业的负面影响程度的目的。

转移策略：也称转变或回避策略，即企业通过改变已受到威胁的主要产品的现有市场或转移投资方向来避免环境变化对企业的威胁。这实际上包含两种不同的“转移”：第一种转移是企业原有销售市场的转移；第二种转移策略是从总体上分析，在转移的程度上与第一种做法相比要高得多。

案例　“双减”政策下新东方该何去何从?

新东方教育科技（集团）有限公司（下称“新东方”）于2006年9月在纽交所上市，2020年11月回归港股，是教培机构的领军企业以及少有的“长寿”机构之一。作为教育培训行业的巨头，新东方的主要业务包括外语培训、中小学基础教育、学前教体育、出国咨询以及在线教育等。2021年半年报显示，新东方50%的营收来自在线的K12业务。

2021年7月24日，中共中央办公厅、国务院办公厅印发《关于进一步减轻义务教育阶段学生作业负担和校外培训负担的意见》（下称《意见》），持续规范校外培训（包括线上培训和线下培训），有效减轻义务教育阶段学生过重的作业负担和校外培训负担（下称“双减”）。

“双减”政策发布后，新东方表示，公司将在今后的工作中严格执行相关规定，坚守教育本质和育人初心，遵循教育规律和青少年的成长规律，落实立德树人根本任务；依法合规经营，不断提升教育质量和服务水平，促进学生的全面发展，满足社会多样化的教育需求。

2021年10月25日，由新东方持股55%的新东方在线科技控股有限公司（01797.HK，下称“新东方在线”）发布了一条公告。公告称，根据“双减”政策新规定以及为使公司营运适用监管要求，董事会决定，将停止经营中国内地义务教育阶段学科类校外培训服务（下称“K9业务”），终止时间为11月底。随后，11月4日，俞敏洪在朋友圈宣布“教培时代结束”，并透露了新东方此前教培业务时期部分资产的处置方法：把崭新的课桌椅捐给了乡村学校，已经捐献近8万套。此举也被外界视作俞敏洪和新东方的“体面退场”。

10月26日，2021胡润品牌榜单公布，上年排名第41位的新东方遗憾落榜，一起跌出榜单的还有学而思、猿辅导等其他5个教育品牌。同时，俞敏洪在胡润百富榜的排名也急剧下滑了776位，跌至第973位，财富由260亿元缩水至75亿元。

10月27日，俞敏洪更新了一条微博，视频画面里溪水潺潺、幽谷回响，并配了一句：“听听这水声，心就静了。”而在这一年里，整个教育培训行业，包括新东方在内，饱受“双减”政策冲击的经历显然称不上“风平浪静”。先是旗下的在线教育品牌新东方在线率先公告终止K9业务，随后在外界的一番热议中，俞敏洪宣布“教培时代结束”。

“双减”政策对K9教育业务的去资本化要求，给一众教育产业巨头出了一个难题，而在题目的最优解尚未构思出来之前，商业价值评价体系似乎先下降了对这些产业的评分。与新东方相比，新东方在线的动作显得更加机动敏捷。9月16日，新东方在线在其年报中就已对未来的业务发展作出了转变，在原本的学前教育、K12教育和大学教育三大板块中，只有大学教育得以保留，学前教育和K12教育被海外备考、产品业务创新、技术等取代。

作为新东方的“掌门人”，俞敏洪的想法则更加多元化。据他透露，自“双减”政策出台后，他将最多的时间投入新东方转型、未来发展、业务前途的思考和内部各种问题的处理上面。俞敏洪称，新东方未来的业务一定要能帮助别人。但令外界颇感意外的是，俞敏洪竟宣称新东方未来计划成立一个大型农业平台，将通过直播带货的方式帮助农产品销售。对此，他解释为，此举并非为了卖货，而是为了帮助农业产业升级以及乡村振兴，也是为了帮助农民提升职业水平。

思考与练习

1. 什么是企业的营销环境？影响外部宏观营销环境的因素有哪些？
2. 试举例说明企业内部营销环境如何影响企业的营销活动。
3. 结合你所熟悉的企业，运用 SWOT 分析法对企业的经营情况进行分析。

第三章　行业竞争分析与竞争战略选择

本章要点

竞争是市场经济的基本特征之一，也是企业营销活动面对基本环境压力所要解决的基本问题。企业要想在激烈的竞争中立于不败之地，有效地分析竞争对手和行业环境至关重要。通过本章的学习，要了解行业竞争模型以及竞争者类型，从而制定有效的竞争战略。

学习目标

1. 掌握如何辨别行业中的竞争者，运用模型分析竞争者。
2. 掌握根据市场地位不同而采取不同的竞争战略。

第一节　竞争者分析

行业是指一个提供一种产品或一类相互替代产品的公司群。在一个行业中存在着各种竞争力量，如现有厂商、替代品、潜在进入者等。最具有代表性的分析方法是 20 世纪 80 年代初由迈克尔·波特提出的“五力分析模型”。该模型指出了影响行业竞争的五种基本力量，即现有竞争者之间的竞争、潜在进入者的威胁、供应商议价能力、消费者议价能力和替代品威胁，如图 3-1 所示。该模型往往被用来分析行业结构。从模型中可以看出，企业的竞争对手除了直接参与竞争的其他企业之外，还有潜在进入者、供应商、消费者和替代品。通过分析这五种基本力量，可以帮助企业把握行业结构和竞争现状，从而选择恰当的竞争战略。

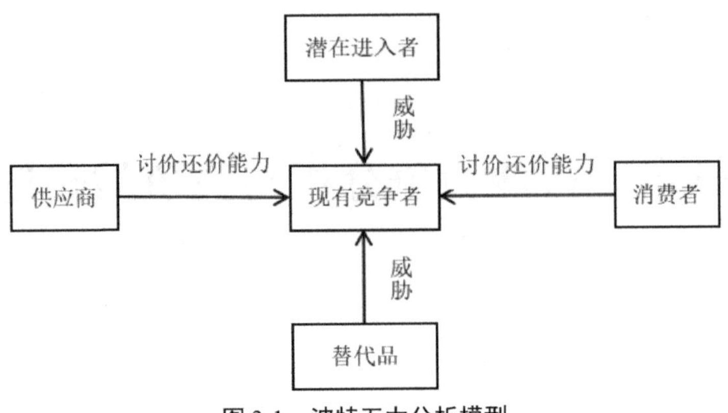

图 3-1　波特五力分析模型

一、现有竞争者分析

大部分行业中的企业，相互之间的利益都是紧密联系在一起的，作为企业整体战略一部分的各企业竞争战略，其目标都在于使得自己的企业获得相对于竞争对手更大的优势，所以，在实施中就必然会产生冲突与对抗现象，这些冲突与对抗就构成了现有企业之间的竞争。现有企业之间的竞争常常表现在价格、广告、产品介绍、售后服务等方面，其竞争强度与许多因素有关。

一般来说，出现下列情况将意味着行业中现有企业之间的竞争加剧：

（1）行业进入障碍较低，势均力敌的竞争对手较多，竞争参与者范围广泛。

（2）市场趋于成熟，产品需求增长缓慢，竞争者企图采用降价等手段促销。

（3）竞争者提供几乎相同的产品或服务，用户转换成本很低。

（4）一个战略行动如果取得成功，其收入相当可观。

（5）行业外部实力强大的公司在接收了行业中实力薄弱的企业后，发起进攻性行动，结果使得刚被接收的企业成为市场的主要竞争者。

（6）退出障碍较高，即退出竞争要比继续参与竞争代价更高。退出障碍主要受经济、战略、感情以及社会政治关系等方面的影响，具体包括：资产的专用性、退出的固定费用、战略上的相互牵制、情绪上的难以接受、政府和社会的各种限制等。

二、潜在进入者的威胁

新进入者在给行业带来新生产能力、新资源的同时，希望在已被现有企业瓜分完毕的市场中赢得一席之地，这就有可能会与现有企业发生原材料与市场份额的竞争，最终导致行业中现有企业赢利水平降低，严重的还有可能危及这些企业的生存。竞争性进入威胁的严重程度取决于两方面的因素，即进入新领域的障碍大小与预期现有企业对于进入者的反应情况。

1. 进入障碍

进入障碍的大小直接决定了行业里面的竞争者是多还是少，进而影响了企业的价格和利润空间。如果一个行业的进入障碍大，那么新进入者进入该行业的概率就小，新进入者的威胁就小。进入障碍的大小主要由以下因素决定：规模经济、产品差异性、资金需求、转换成本、销售渠道、与规模无关的成本劣势、政策和法律。

2. 预期的反应

新进入者除了克服进入壁垒之外，还要考虑现有企业如何作出反应。如果现有企业的反应迅速且激烈，使新进入者处于十分困难的境地，那么新进入者可能会放弃进入该行业。例如，通用电气为了实现“数一数二”的战略目标，对新进入者实施强烈的报复措施。

三、供应商的议价能力

供方主要通过提高投入要素的价格与降低单位价值质量的能力，来影响行业中现有企业的赢利能力与产品竞争力。供方力量的强弱主要取决于他们所提供给买主的是什么投入要素，当供方所提供的投入要素其价值构成了买主产品总成本的较大比例，或者对买主产品生产过程非常重要，或者严重影响买主产品的质量时，供方对于买主的潜在讨价还价力量就大大增强。一般来说，满足如下条件的供应商会具有比较强大的讨价还价能力：

（1）供应商无须与替代品竞争。

（2）供应商的产品是买方的重要投入要素，这种投入要素对购买者的生产起至关重要的作用。

（3）供方各企业的产品各具有一定特色，以至于买主难以转换或转换成本太高，或者很难找到可与供方企业产品竞争的替代品。

（4）供方能够方便地实行前向一体化（产业链纵向延伸的能力），而买主难以进行后向联合或一体化。

对于供应商的议价能力，影响最大的主要是产品的成本。主要是看供应商的集中程度和原材料的稀缺程度，如果供应商非常集中，一个行业也就只有几家的话，那么公司对于供应商其实不会有太强的话语权，供应商拥有较强的涨价能力，相对地成本就比较难以控制。

四、购买者的议价能力

购买者主要通过压价与要求提供较高的产品或服务质量的能力，来影响行业中现有企业的赢利能力。一般来说，满足如下条件的购买者可能具有较强的讨价还价能力：

（1）购买者的总数较少，而每个购买者的购买量较大，占了卖方销售量的很大比例。

（2）卖方行业由大量相对来说规模较小的企业组成。

（3）购买者所购买的基本上是一种标准化产品，同时向多个卖方购买产品在经济上也完全可行。

（4）购买者的利润低，对价格比较敏感，因此会尽可能地压低成本。利润高的购买者可能会考虑长远利益，维护与供应商的良好关系。

（5）购买者有能力实现后向一体化，而卖方不可能实行前向一体化。

购买者的议价能力将会直接影响产品的价格。举个现实中的例子，苹果手机的供应链上有非常多个中小供应商，因为苹果手机的采购量非常大，很多供应商公司销售苹果手机的收入能够占到其总收入的 80% 以上。而苹果手机原材料的价格可以说压到了最低，基本上会要求供应商告诉自己具体的成本是怎样核算的，需要多少工人等，然后苹果公司知道成本后，会加上一个自己认为合适的微薄利润给供应商。

五、替代品的威胁

两个处于同行业或不同行业中的企业，可能会由于所生产的产品是互为替代品，从而在它们之间产生相互竞争行为，这种源自替代品的竞争会以各种形式影响行业中现有企业的竞争战略。第一，现有企业产品售价以及获利潜力的提高，将由于存在着能被用户接受的替代品而受到限制；第二，由于替代品生产者的侵入，使得现有企业必须或者提高产品质量，或者通过降低成本来降低售价，或者使其产品具有特色，否则其销量与利润增长的目标就有可能达不到；第三，源自替代品生产者的竞争强度，受产品买主转换成本高低的影响。总之，替代品的价格越低、质量越好，用户转换成本越低，其所能产生的竞争压力越就强；而这种来自替代品生产者的竞争压力的强度，可以具体通过替代品销售增长率、替代品厂家生产能力与赢利扩张情况来加以描述。

第二节　识别竞争者

一、从市场角度识别竞争者

除了从行业角度，还可以从市场的角度来识别竞争者。竞争者是一些力求满足相同顾客需求或服务同一顾客群体的公司。从这一角度来看，竞争者有以下几类。

（一）愿望竞争者

愿望竞争者，是指提供不同产品以满足不同需求的竞争者。实际上，企业对市场竞争的关注不能只放在与本企业在生产经营方面高度类似的直接竞争对手身上。从本质上讲，竞争是不同企业对有限的客户购买力的争夺；从消费者的角度看，则是不同的需求满足方式的选择。例如，图书的出版商与旅行社之间的竞争。再如，消费者要选择一种万元消费品，他所面临的选择可能有电脑、电视机、摄像机、出国旅游等，这时，电脑、电视机、摄像机以及出国旅游之间就存在竞争关系，互为愿望竞争者。

（二）一般竞争者

一般竞争者又称属类竞争者，是指以不同的方法满足消费者的同一需求的竞争者。这些企业虽然提供的产品或者服务有所不同，但是有相互替代的作用，可以满足顾客某种同样的需求，即所谓的替代产品，例如矿泉水和果汁饮料。也正因如此，企业之间就在这一部分形成竞争关系。

（三）产品形式竞争者

产品形式竞争者，是指向同一目标市场提供包装、质量、规格、性能等方面不同的同类产品，以满足具有同一需求的竞争者。具体来说，就是指产品种类相同而形式不同，并且在满足形式上有较大差异，从而使得购买者有着不同的偏好和选择，因此不同企业之间也就形成了竞争关系。

（四）品牌竞争者

品牌竞争者向目标市场提供产品规格、型号、款式基本相同但品牌不同的产品。由于消费者对品牌感知和信赖程度的不同，消费者在购买同类产品时会产生不同的偏好和选择，因而生产同类产品的企业之间便形成竞争关系。这类企业之间的市场竞争主要依靠各自的品牌竞争力。

二、判断竞争者的目标和动机

竞争对手会如何行动和作出反应，在很大程度上取决于它们的战略目标以及它们从事某种业务的动机。因此，判断竞争者的目标和动机是竞争者分析的基础，这有助于更好地掌握竞争者的行动。每个竞争者都有一组目标。我们应该了解竞争者对赢利的可能性、市场占有率的增长、资金流动、技术服务和其他目标给予的重要性权重。要确定竞争者的目标和动机，应当获取并审查以下信息源：产品或者新闻发布会、年度财务报告、企业分析报告、重大新闻、主管的报告和演说。了解了竞争者的目标，就能够知道竞争者对当前状况是否满意，以及对不同的竞争性行为作出的反应。例如，一个追求成本领先的企业对于竞争者在已削减成本的生产技术上取得的突破比广告费用的增加反应更强烈。

企业还必须关注竞争者在不同细分市场的目标。如果企业发现某些竞争者正在开拓一个新的细分市场，这可能就是一个机会。如果发现竞争者有意进军目前由本企业提供服务的细分市场，就必须警觉，提前作好“战斗”准备。

三、评估竞争者的优势和劣势

分析竞争者时，必不可少的一个环节就是评估竞争者的优势和劣势，做到知己知彼，以实现企业的营销目标。分析竞争者优势和劣势的关键在于收集竞争者的数据。企业一般通过数据、个人经历和口碑进行了解，或者是通过顾客、供应商和经销商进行原始数据的营销调研。

收集到数据后，企业需要从产品、渠道、研发能力、资金实力、管理能力、市场营销和品牌形象等方面对本企业和竞争对手进行分析，根据需要对每个因素赋予权重，从而确定竞争者的优势和劣势。

四、判断竞争者的反应模式

完成前三个步骤后，企业对竞争者的大致情况有了初步的了解，在掌握基本情况的基础上，企业要进一步分析竞争者将要做什么，判断竞争者的反应模式。根据不同的反应，将竞争者分为以下四类。

（一）迟钝型竞争者

迟钝型竞争者行动迟缓，反应不强烈。竞争者由于受到资金、技术、规模等资源或自身能力的限制，无法及时作出反应；竞争者可能对自身实力过于自信，不屑于采取行动；也有可能是竞争者的竞争意识不强，采取措施不及时，未能准确地把握市场动态。例如，诺基亚公司面对竞争过于自信，忽视了竞争者的包围，最终失去了行业领导者的地位。

（二）选择型竞争者

选择型竞争者是指对不同的市场竞争措施有不同反应的企业，对于某些竞争措施反应强烈，而对有些竞争措施行动表现迟钝。通常情况下，企业对竞争者的价格变动较为敏感，一旦竞争者的价格发生变化，企业会迅速作出反应，而对改进产品、改善服务、强化促销、增加广告等非价格竞争措施则不是特别重视，认为这类措施对自身不构成直接威胁。

（三）强烈反应型竞争者

强烈反应型竞争者是指对市场竞争因素的变化十分敏感的企业，一旦受到挑战就会迅速作出强烈的反应，并且不计后果地打压、报复其他竞争者。这类反应强烈的竞争者往往是市场上的领先者，一般不会有小企业来挑战其权威，与其直接竞争。例如，大多数快消品行业的小企业都避免与宝洁正面交锋，因为一旦宝洁受到挑战，必定会猛烈还击。

（四）不规则型竞争者

不规则型竞争者是指对市场竞争随机作出反应的企业，这类企业往往不按规则出牌。这类企业可能会对市场竞争的变化作出反应，也可能不作出反应；它们有可能反应迅速，也可能反应迟缓；反应可能是剧烈的，也可能是柔和的。不规则型竞争者较难判断，只能根据其以往在市场上的表现来估计可能的反应。

第三节 竞争战略的选择

一、基本竞争战略

作为市场上的竞争者，要想在激烈的市场竞争中占据优势，就需要制定适合本企业的经营战略，结合自身现有资源，不断地去争取市场份额、提高占有率、树立品牌形象，以获得持久的竞争优势。竞争性战略主要有三种：成本领先战略、差异化战略、集中战略。

（一）成本领先战略

成本领先战略主要指依靠追求规模经济、专利技术和低成本的原材料等因素，以低于行业平均水平或低于竞争对手的价格为消费者提供产品或服务，以此来获取更多的市场份额和经营利润。成本领先战略要求企业具有一定的规模，对于生产过程、物资使用等方面有着较为全面的管理措施，能够最大限度地控制成本，同时保证产品质量。尽管质量、服务等方面不容忽视，但实施这一战略的核心依然是成本低于竞争对手。

即便处于激烈的市场竞争中，低成本的企业仍然可以获得高于行业平均水平的收益。成本优势可以使企业在激烈的市场竞争环境中获得竞争优势。低成本也就意味着当市场内其他企业难以获得利润时，低成本企业依然可以获取一定的利润，维持企业的生存发展。低成本也有利于企业抵御外来者的竞争，当竞争者进入本行业时，由于其规模有限，难以达到和现有企业同等水平的生产规模，导致难以和现有企业发生竞争，提高了进入壁垒。低成本企业可以采取降低价格的方法，保持、维护现有消费者，提高消费者使用其他产品的使用成本。因此，成本领先战略可以使企业在面临竞争威胁的时候得到保护，处于安全的市场地位。

为了实施成本领先战略，企业一般需要在生产设备、厂地扩建、技术投入等方面花费较多的时间和精力。当市场上出现一种新兴技术对以往的技术产生冲击之时，企业现有技术难以保证低成本的优势，那么之前投入的时间和资金将不再对企业的低成本优势有所帮助，这会造成企业的经营风险。所以，企业要时刻注意市场上发生的各种变化，尤其是技术的革新，提高对技术的认识和了解，强化对其他企业的警惕性。此外，由于部分企业过分注重实施低成本的战略，忽视消费者的需求，不能及时地适应市场需求的变化，最终被本行业市场淘汰。

1. 实现规模经济

根据经济学原理，在一定规模条件下，产品的产量越大，单位平均成本越低。因此，要想实现成本领先战略，产品选择通常为同质化程度高、技术成熟、标准化的产品。

2. 稳定的供应商合作关系

企业要与上游供应商保持良好的合作关系，在原材料、能源等方面要建立稳定的供货渠道，保证企业大规模生产所必需的资源条件。同时，通过稳定的供货商渠道，可以获取价格低廉、质量有保证的原材料等生产所必需的各种物资，有助于企业建立起竞争壁垒，防止竞争者进入。

3. 塑造企业文化

一般来说，追求成本领先的企业要塑造一种精打细算、节约为荣、严格管理的组织文化，从思想的角度督促企业全体成员、各个生产环节落实好成本领先战略，重视内部成本、战略性成本，同时也要兼顾短期成本以及长期成本。

4. 生产技术创新

降低成本最有效的办法就是技术创新。一场技术革命会大幅度地降低企业的生产成本，形成有利于企业的竞争优势；组织生产效率的提高也可以使得企业的生产成本有所降低。

（二）差异化战略

差异化战略是企业在某一行业领域内其产品或服务具有明显的特色，与众不同。通过实施差异化战略，企业可以获得溢价收益。通过在产品或者服务上的不同，使得企业以与竞争企业不同的方式满足消费者的需求，使得企业在市场上获得稳定的竞争优势。实现差异化战略的形式有很多种，如产品特色、服务方案、售后维修、品牌形象等。企业需要注意的是，实施差异化战略，并不意味着可以忽略成本，只是不将控制成本放在首要位置，而是将差异化放在战略的首要位置。

差异化战略的优势主要在于利用顾客对产品特色的偏爱，让消费者不那么重视价格的影响，从而使得企业可以避开价格竞争，在其所提供产品或服务的特定领域，获得稳定的、长期的竞争优势。顾客对产品差异性的注意，提高了其他企业的进入壁垒，使其很难进入这一市场。

差异化的劣势主要体现在企业实施差异化战略的时候，企业的战略目标可能会出现自相矛盾的情况，例如差异化战略和扩大市场份额的矛盾。差异化战略的实施需要在某一细分市场内实现，若要扩大市场份额，很有可能导致无法实施差异化战略，为客户提供有针对性的产品或服务。它往往要求企业有专注于这一战略的思想准备。为实施差异化战略，可能要求企业以高成本为代价，进行深入的市场调研，准确地了解市场需求，才能有助于差异化战略的实施。

实施差异化战略要想取得预期效果，就需要企业创造、设计出有意义、有价值的差异，找准消费者的需求痛点，制定具体的差异化战略。它一般包括产品差异化、服务差异化、形象差异化、营销渠道差异化等。

1. **产品差异化**

产品差异化主要体现在产品形式、产品特色、产品性能、产品质量、耐用性、可靠性、可维修性、风格等方面。通过了解人们的审美以及实际需要，设计不同的产品尺寸、大小、形状、结构等，满足不同的人群需求。通过设计产品的不同特色，创造不同的竞争优势。此外，产品质量和利润回报之间存在着很强的正相关性。

2. **服务差异化**

当产品差异化不明显时，可通过服务差异化来弥补，具体体现在订货、交货、安装、培训、咨询、保养等方面。通过在具体的服务环节上创新、创造，设计出与其他企业不同的服务项目，为顾客提供更加周到、细致的服务，以此来强化本企业与其他企业的差异性，为企业创造更多的竞争优势。

3. **形象差异化**

企业或品牌形象往往也会导致消费者不同的消费偏好。形象的树立对企业的营销效果也有着重要的影响。企业形象或品牌形象更加有利于消费者识别出不同的差异化，具体包括个性与形象、logo、宣传渠道、公共关系等方面。个性主要指企业期望向消费者展现的特征，而形象是消费者对企业的外在感受。企业设计个性是为了在消费者心中树立形象，以引起在消费者心中强烈的情感震撼。企业设计出与众不同的标志也是企业实现差异化的有效途径。此外，宣传渠道的选择、公关活动的策划也会对企业实施形象差异化策略有所影响。

4. **营销渠道差异化**

企业可以通过选择不同的营销渠道实施企业差异化策略，提高其自身的竞争力。形象能够体现企业的个性，以便消费者识别。

（三）集中战略

集中战略是企业在对外部环境和内部条件进行详细的评估以后，针对某一细分市场、某一特定的客户群体开展的经营活动。调动企业自身资源，针对某一细分市场，提供个性化的产品或服务。其形式主要有两种：一种是企业寻求目标市场上的成本领先优势，称为成本集中战略；一种是企业寻求目标市场的个性化优势，称为差异化集中战略。

实施集中战略，是企业在选择特定细分市场以后确定的，在该市场内不易与其他企业产生竞争关系，所以市场份额相对稳定，可以获得稳定的收入。通过目标细分市场的战略优化，企业围绕一个特定的目标进行密集型生产经营活动，可以不断地了解市场需求，从而比竞争者更好地为顾客提供个性化的产品或服务。

在企业实施集中战略时，通常需要企业放弃规模较大的目标市场，否则竞争对手可以从企业目标市场中划分出更为细化的目标市场，并在此市场内实施集中战略，使得本企业的竞争优势逐渐消失。假如本企业选择的目标市场十分具有吸引力，导致有竞争企业不断地涌入该市场中，则会使得企业付出高昂的代价。所以细分市场之间的差异性的高低，决定着该细分市场的进入壁垒——差异性越低，进入壁垒越高；差异性越高，进入壁垒越低。

不同的竞争策略都有其各自的适用条件，企业要根据企业自身条件、技术水平、规模大小、外部环境等因素综合决定实施哪一种策略，只有选择合适的竞争策略，才可以带领企业走向成功。

二、根据市场地位划分的竞争战略

企业作为市场经济中的微观个体，根据自身在市场上的地位，为实施竞争战略和适应竞争形势而采取具体行动。不同市场地位者所占的市场份额不同，40%的市场份额掌握在市场领导者手中；30% 的市场份额掌握在市场挑战者手中，这些挑战者正在努力增加自己的市场份额；还有 20% 的市场份额由市场追随者占有，追随者们试图在现有行业中维持自己的市场份额；剩下 10% 的市场份额在市场补缺者手中，他们服务于那些被大多数企业忽视的小型细分市场。因此，市场竞争战略可相应地划分为市场领导者战略、市场挑战者战略、市场追随者战略和市场补缺者战略。

（一）市场领导者战略

市场领导者在各个行业内都存在，他们的地位是在市场竞争中慢慢积累下来的，但也随着市场需求的变化或其他企业的发展壮大而有所变化。因此市场的领导者也需要采取策略去面对可能发生或正在发生的市场竞争。市场领导者一般面临三种挑战：开发整个市场、保持市场份额以及扩大整个市场。领导者总是试图去开发、扩大整个市场，因为一旦市场扩大，获利的将是领导者企业。为了扩大市场规模，领导者要发掘产品的新用户、新用途和新价值。市场领导者主要有三种策略：全面开发市场、保持市场占有率、提高市场占有率。

1. 全面开发市场

一般情况下，当市场逐渐扩大时，获利更多的主要是市场的领导者。因此，市场领导者需要不断开发新的市场，提高营业利润。全面开发市场主要有以下几种方式。

（1）寻找新用户。每一种产品都有其自身的特点和适用范围，也可能是不同的价格对消费者的购买欲望产生了影响。例如，某公司采取熟水战略，将饮用水行业由原来的生水市场扩大为熟水市场。

（2）增加新功能。通过开发和扩大现有产品的新用途扩大市场。每项新用途都使产品开始了一个新的生命周期，为企业获取更多的经营利润提供了有利条件。例如，每当尼龙进入产品生命周期的成熟阶段，美国杜邦公司就会挖掘其新的用途。

（3）扩大使用量。该种策略主要是说服消费者在每次使用产品时增加使用量，从而增加该产品的销量。例如，牙膏生产企业借助医疗数据，提醒消费者早晚各刷一次牙，对牙齿更有好处。

2. 保持市场占有率

处于市场领先地位的企业，必须时刻防备竞争者的挑战。企业在努力扩大市场份额时，必须保护好自己的市场份额。市场领导者不能满足一时的现状，必须在产品创新、技术升级等方面不断提高自身实力。市场领导者必须认真了解哪些市场应该防守，必须将其资源集中用在关键的市场。

（1）阵地防御。阵地防御是指企业在现有阵地周围建立防线，具体来说就是企业根据竞争对手在产品、价格、渠道和促销方面可能采取的进攻策略而采取防御措施，这是一种静态的防御，是防御的基本形式，但不能作为企业唯一的防御形式。实践证明，受到攻击的市场领导者如果只采用阵地防御的策略，是不明智的。

（2）侧翼防御。侧翼防御是指市场领导者除保卫自己的阵地以外，还应建立一些侧翼阵地，防止竞争对手乘虚而入，并在必要的时候作为企业的反攻基地。企业要努力填充相关产品或服务的空缺，不给其他进攻者可乘之机。

（3）以攻为守。以攻为守是市场领导者在竞争对手尚未行动之前，抢先发动攻击，将其削弱。这种战略主要以“预防胜于治疗”为指导思想，具体做法为当察觉竞争者的市场份额有可能对企业的生存和发展产生威胁时，就对其发动攻击。

（4）反击防御。当市场领导者遭到对手发动降价等促销攻势，或改进产品、占领市场份额时，主动反击对手。领导者可选择如下策略：对竞争企业正面进攻、侧翼进攻。当市场领导者在他的主要市场上遭遇进攻时，比较有效的办法就是进攻对方的主要市场，以迫使其减少进攻的力量去防守自己的阵地。

（5）机动防御。机动防御是指在防守自己阵地的同时，也要开拓其他新的市场，这些市场在未来可能作为防御或进攻的阵地。在发展新的领域时，可以采取两种方式实现，即市场扩大化和多角化经营。市场扩大化是指企业将其注意力从目前的产品转移到有关该产品的基本需要上，并全面研究与开发有关该项需要的技术。

（6）收缩防御。当企业资源过于分散时，竞争者可能趁机蚕食某些市场份额，在这种情况下，最好的策略就是收缩防御，即放弃某些市场，集中资源重新分配到优势较强的市场。

3. 提高市场占有率

市场领导者应想办法提高市场占有率，不断扩大市场份额。随着市场份额的增加，企业的经营利润也会随之增加。但企业不能将提高市场份额与增加收益等同看待，这还要看企业是采取何种策略获得的市场份额的增加。提高市场占有率应注意以下几点。

（1）激起反垄断行为的可能性。为了保护自由竞争，很多国家都有反垄断行为保护法，当市场份额达到一定程度时，有可能被认为是市场垄断，会受到制裁。

（2）经营成本。当市场份额达到一定程度时，再继续扩大市场份额，将会付出很大的代价。有些居于领导地位的企业甚至通过减少其在薄弱领域的市场份额来增加企业的总收益。

（3）营销组合策略。企业在努力扩大市场份额时，有可能导致实施错误的营销组合策略，而不能给企业带来利润上的回报。以下两种情况下，市场占有率和收益成正比：一是单位成本随着市场份额的提高而降低；二是提供优质高价的产品，同时价格的升高要超过高质量所带来的成本支出的增加额。

（二）市场挑战者战略

市场挑战者主要指在行业排名中居于第二或第三位的企业，或排名虽比较靠后，但自身规模比较大的企业。这类企业的竞争策略主要有两个：一是向市场领导者和其他竞争者发起进攻，争取更大的市场份额；二是维持自身市场份额，避免竞争的发生。

1. 确定战略挑战对象

（1）攻击市场领导者。这种进攻策略风险很大，但与此同时，如果企业能够成功，收益也将是很可观的。在发起进攻之前，企业需要先对领导者企业进行充分的了解、分析，发现领导者企业的不足和缺陷，有针对性地发起进攻。

（2）攻击与自己实力相当者。对于一些经营不善、财力不足的中小企业，可以选择其作为攻击的对象，夺取他们的顾客。在发动进攻之前，要了解顾客在多大程度上需要他们的产品，了解他们对于产品的创新能力是怎样的，方可发动进攻。

（3）攻击小企业。这种策略适用于有实力、规模较大、有能力在多地开展营销活动的企业。将地方性小企业中经营不善、财务困难者作为攻击对象，占领其市场份额。

2. 选择进攻战略

确定了进攻对象以后，企业还需要选择合适的进攻战略，有以下几种战略可供选择。

（1）正面进攻。正面进攻是指企业集中所有资源与竞争企业正面交战，进攻对手的强项而不是弱项。在这种情况下，企业需要在广告、渠道、产品等方面较竞争对手有更强的竞争优势，如果企业自身相比于竞争对手几乎没有优势，那么要想取得胜利是基本不可能的。正面进攻的另一种措施是投入大量的研究与开发经费，使得产品的成本大幅度降低，利用价格的优势向对手发起进攻。

（2）侧翼进攻。在对手的正面发起进攻，一般对手具有很强的防御措施，很难取得成效。但对手的侧翼和后方，力量就会稍显薄弱，有利于组织本企业的资源发动进攻。有时可采取佯攻的策略，假装从正面发起进攻，实则从侧翼进攻。这种迂回战术声东击西、出奇制胜，使对手防不胜防。

（3）包围进攻。包围进攻是一种全方位、大规模的进攻战略，挑战者拥有胜于对手的多种资源，在几条或多条战线上发动全面攻击，使对手腹背受敌，防不胜防。这一进攻要求进攻企业能调动所有的资源，而且要有足够的把握战胜对手。

（4）迂回进攻。迂回进攻是指避开对手的现有阵地，从其他方向发起进攻，剑锋直指其经营薄弱的环节。具体办法有三种：一是实施产品多样化策略；二是以现有产品进攻新市场；三是采取跳跃式策略进入新技术领域以替代现有产品。

（5）游击进攻。这种策略适用于资金较少、规模一般的企业。这种策略以小型的、间断的进攻干扰对手的士气，以占据长久的立足点，目的在于干扰对方，使其疲乏，然后伺机夺取对手企业的市场份额。

（三）市场追随者战略

作为行业的领导企业，总是要投入巨额的资金在产品创新、市场调研、信息搜集等方面，从而加重了企业的经营成本。但是对于市场内的其他企业来说，可以紧跟领导者企业、模仿领导者企业或改进领导者企业的相关产品，在市场上开展销售，获取利润。市场追随者与挑战者不同，他不是向市场领导者发动进攻以取代领导者，而是跟随领导者的脚步，自觉维持现有的市场格局。尽管这些跟随者很少有取代领导者企业的，但是由于其在产品研发、创新设计等方面投入较少，也会获得不错的利润回报。市场追随者主要有以下几种战略。

1. 紧密跟随

紧密跟随主要是指在细分市场与营销策略等方面，最大限度地去效仿领导者企业。他们并不进行任何创新，只是一味地利用市场领导者开发出来的各种机会获取利润，甚至有些紧密跟随者正是利用这一特点专门制造赝品，这给领导者企业带来了很多困扰。

2. 距离跟随

距离跟随主要集中在企业经营的主要方面，例如目标市场、产品创新、价格设计、推销渠道等方面的跟随，而包装、广告和定价等方面又与领导者保持一定的差异。如果不对领导者企业发起攻击的话，领导者企业是不会对其发起攻击的。

3. 选择跟随

选择跟随主要是指企业根据自身情况在某些方面紧跟领导者企业，而在其他方面又有自己的想法和策略，在跟随的同时还会发挥自己的独创性。例如，企业有选择地改进领导者企业的产品和营销策略，选择其他市场销售产品。这样不仅可以避免与领导者企业正面交锋，还有可能在发展壮大后成为潜在竞争者。

（四）市场补缺者战略

市场补缺者是指选择某一特定的较小的细分市场为目标，为该市场提供专业化的产品或服务，并以此为经营战略的企业。在一个行业中，某些大企业往往会忽略一些较小的细分市场，这些市场便给小企业提供了生存空间。小企业通过专业化经营来获得最大收益，这种有利的市场位置称为利基，占据这种位置的企业就是市场补缺者。市场补缺者虽然占据的市场份额较小，但与其他企业相比，能够更充分地了解某一细分市场的需求，因此能提供高附加值，获得高利润，从而快速增长。

专业化是市场补缺的关键，具体方式包括垂直专业化、顾客规模专业化、地理市场专业化、产品或产品线专业化等。例如，罗莱家纺的成功就归功于补缺战略的专业化定位。罗莱的定位是专业家纺，并且致力于成为一个从消费者需求和感受出发追求生活艺术和时尚的家纺品牌。罗莱家纺以专卖店的销售渠道为主，该渠道能够充分地了解消费者的需求和感受，根据不同喜好、家居风格来帮助其选购窗帘、床上用品等一整套家纺产品。

实施市场补缺战略的企业往往能获得较大收益，这是因为进行市场补缺的企业已经充分了解了目标顾客群，相较于其他企业能更好地满足消费者的需求。除此之外，市场补缺者根据其提供的附加价值可以得到更多的利润。总而言之，市场补缺者获得的是高边际收益，而密集市场的企业获得的只是高总量收益。

案例 百事可乐挑战可口可乐

百事可乐成立之初，其市场份额连可口可乐的十分之一都不到。

20 世纪 30 年代，百事可乐在美国经济不景气的背景下推出广告："同样的价格，双倍享受。"相比可口可乐的流线弧形瓶的小包装，百事可乐推出更大容量的差异化包装，因此销量猛增。自此，两家可乐巨头的战争正式打响。

1960 年，百事请 BBDD 广告公司策划了一场新一代的可乐广告运动。当可口可乐计划采取反击时，可口与百事的市场占有率已经从 5 ∶ 1 缩小到了 2 ∶ 1。

1965 年，百事与当时世界休闲食品最大的制造商菲多利公司合并，成立全新的百事公司。百事可乐与可口可乐拉开了持久战。

1975 年，百事在达拉斯展开了一场品尝实验，活动发起人在活动之前撕掉可口可乐与百事可乐的商标，让参与者品尝哪瓶可乐更好喝，最终发现，百事可乐比可口可乐更受欢迎。这场精心策划的公关推广，被百事可乐大肆宣传推广，虽被可口可乐指责无道德，但此时可口可乐与百事可乐的市场占有率已经达到了 3 ∶ 2。

20 世纪 80 年代，迈克尔·杰克逊凭借着个人魅力红遍美国，百事可乐不惜耗资 500 万美元邀请迈克尔·杰克逊为其代言，让百事可乐"收割"了一代年轻的消费者，百事可乐的销量直线上升。此时，可口可乐与百事可乐的市场占有率大约为 1.15 ∶ 1。

2017 年，百事公司总营业额为 578 亿美元，超越可口可乐公司的 352 亿美元。

思考与练习

1. 运用波特五力模型分析你所熟悉的行业竞争结构。
2. 举例说明市场领导者战略。
3. 举例说明市场追随者战略。

第四章　消费者行为分析

本章要点

消费者市场是分析和研究一切市场的基础，消费者市场上的消费行为是市场管理学研究的主要对象之一。不仅如此，消费者市场的交易行为关乎每一位消费者的切身利益，是最能够直接体现人民对美好生活的追求与向往的。然而，消费者市场也是最为复杂多变的，消费行为由于受到文化、社会、个人及心理等因素的影响，表现出一定的差异性。因此，市场营销管理需要对消费者的心理和行为进行分析、理解和引导，以最大化地实现顾客价值和提高顾客满意度，同时促进经济稳定、健康、有序发展。本书将消费者购买决策视为一个系统过程，主要包括问题认知、信息收集、方案评价、购买决策及购后行为五个阶段。

学习目标

1. 了解消费者市场的需求特点。
2. 熟悉和掌握影响消费者购买行为的因素。
3. 熟悉和掌握消费者购买决策的具体过程。

第一节　消费者市场与购买行为模式

一、消费者市场及特点

消费者市场亦称消费品市场，是由消费者构成的市场。消费品就是用于个人消费和家庭消费的商品，消费者就是为满足自己的物质和精神需要而购买商品的个体和家庭。因此，消费者市场可理解为为满足个人和家庭的消费需求而提供商品或服务的市场。消费者市场的购买主要具有以下特点。

（1）消费者市场的购买具有多样性。消费者人数众多，差异性大。由于在年龄、性别、职业、收入、受教育程度、居住区域、民族、宗教等方面存在不同，消费者有各式各样的需要、欲望、兴趣、爱好和习惯，对不同的商品和同种商品的不同规格、质量、外观、款式、服务、价格等会产生多种多样的要求。

（2）从交易的规模和方式看，消费者市场的购买人数多，市场分散，交易次数频繁，但每次交易数量不大。

（3）购买“不在行”，容易形成冲动性购买。消费者市场的购买更多地掺杂情感性的、冲动性的购买；消费品花色、品种繁多，质量、性能各异，消费者很难掌握各种商品知识，属于非专家购买；他们在购买许多商品特别是复杂的耐用消费品或新产品时，更需要卖方的宣传、介绍和帮助，容易受卖方促销活动或社会潮流的影响。

（4）购买力指向流动性大。由于收入相对于欲望总是有限的，人们对需要的满足以及满足欲望的产品或服务，往往也会不断地进行比较。因此，也就使得消费者的购买选择经常会在不同品牌或企业、产品之间转移，顾客忠诚度相对较低。

二、消费者购买行为模式

消费者购买行为表现为一个投入产出的过程。一方面接受各种外部刺激，另一方面他们作出相应的反应，如图4-1所示。外部刺激和消费者的反应，可能看得见、摸得着，但他们如何“消化”这些外部刺激，进而形成某种反应，则常常难以揣摩，这似乎是一种“黑箱”作业的结果。

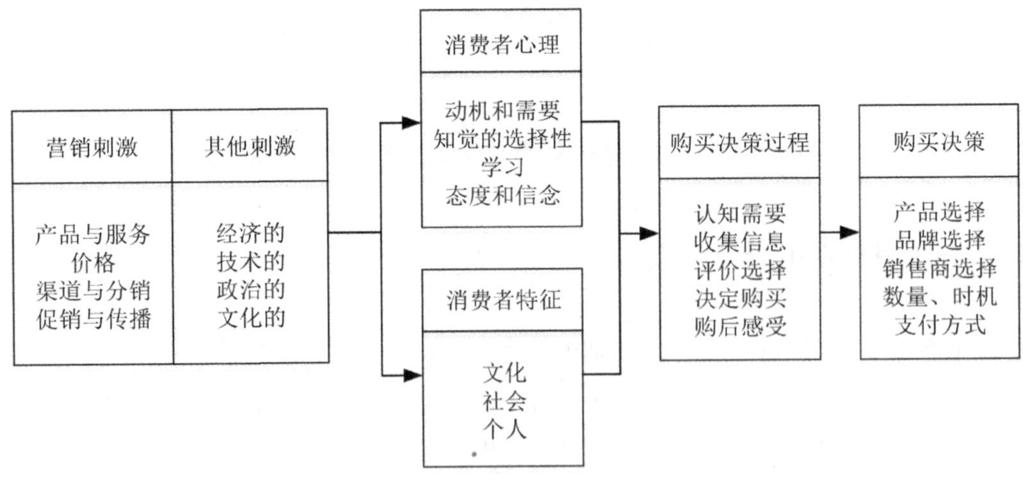

图4-1 消费者行为模式

（一）刺激

消费者购买行为中的投入因素，首先是相关的营销刺激，它们以企业可控制因素即各种市场营销手段为基础，并受制于宏观环境因素。这些可控制因素的变化和不同的组合形式，成为影响消费者行为的“黑箱”中具体、直接的“小环境”。各种不可控制因素形成的宏观环境刺激，构成笼罩整个市场的“大气候”，制约着消费发展动向和需求变化趋势，并对消费者“黑箱”产生显著影响。

（二）黑箱

消费者购买行为中的“黑箱”，虽然难以一窥完整内幕，但可重点研究两大方面。

（1）消费者心理。从接受外部的市场营销刺激，到最终作出购买决策之间，在人们的意识中究竟发生了什么？可以确认的是，动机、知觉（感知）、学习和态度等，是其中几个关键性的心理过程，从根本上影响着消费者的反应。

（2）消费者特征。购买决策不仅受到反映消费者特征的心理过程的制约，也被“大气候”“小环境”等外部刺激所影响。文化的、社会的和个人因素等外部刺激，会影响人们在购买过程中对不同事物的认识和情绪、意志等心理活动，制约他们的反应倾向。

（三）反应

诸多因素的共同作用，促使消费者最终作出一定的反应——认识或否定需要，收集信息、评价选择以决定购买与否，直到购后使用、消费完毕方告一段落。这个过程也是循环往复的，并且不断发生新的变化。其间，消费者要作出一系列的判断和选择，以决定是否以及如何满足需要和欲望。

（1）购买什么，即购买对象，受制于具体需求，是人们满足欲望的实质性内容。通常分为便利品、选择品和特殊品，耐用品与非耐用品（快速消费品），物品（有形产品）和服务（无形产品）等，以便企业考虑不同的营销方式和措施。

（2）为何购买，即购买的目的，与购买动机有关，受制于具体需要及人们怎么认识需要。

（3）由谁购买，构成“购买组织”。消费者市场人多面广，人人都是“消费者”，但未必都是购买的决定者、执行者。在一项具体的购买决策中，家庭成员和有关人员可能扮演不同的角色，发挥不同的作用。无论是以家庭还是以个人为基本消费单位，这些角色及其影响力不仅客观存在，而且经常发生变化。

（4）何时购买，即对于购买时机的选择。因此，也导致了一些产品购买、服务消费的时节差异，出现淡旺季等。

（5）何地购买，即购买的地点与场合。过去消费者购买多以实体店铺为基本场所，日常必需的一般生活用品就近购买；选择性较强的或贵重物品，喜欢在商业街、购物中心等进行比较后再购买；对于某些特殊商品的购买，习惯于找到专业商店；一些地方特色或专用产品，更愿意在产地或厂家购买。随着互联网的普及和电子商务、物流快递行业的发展，网上商品日渐繁多，在线购物的便利性大大提高。人们可随时上网寻找所需并下单购买，对网络购物的依赖性越来越强。实体店铺当今只是"何地购买"的一种选择，有的只是以为提供顾客体验为主。对许多网络使用者来说，在线购物甚至成了一种生活方式。

（6）如何购买，即购买方式，包括具体购买类型、付款方式等。如在线支付方式，通过第三方提供的与银行之间的支付接口进行，直接把款项从用户银行卡转账到网站账户，款项即刻到账；也可使用数字人民币支付。

企业和营销人员要善于利用"大气候"，构建起有利于推动市场营销的"小环境"，还要擅长分析消费者"消化"外部刺激和产生购买反应的规律，尤其是面对互联网带来的变化和影响，采取行之有效的市场营销战略和方式、措施。

第二节　影响消费者行为的主要因素

消费者购买行为受到多种因素的影响，概括起来主要有文化因素、社会因素、个人因素和心理因素四种，如图 4-2 所示。其中，社会因素和文化因素属于外在因素，个人因素和心理因素属于内在因素。

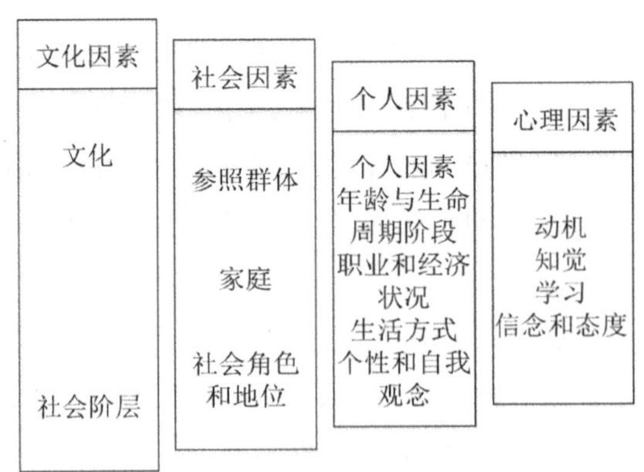

图 4-2　影响消费者行为的主要因素

一、文化因素

（一）文化

文化是决定人的欲望和行为的最基本的因素。文化是在一定的物质、社会、历史传统基础上形成的价值观念、道德、信仰、思维和行为方式的综合体。文化是决定人类欲望和行为的基本因素，一个人的成长过程受到家庭和社会潜移默化的影响，习得基本价值观、风俗习惯和审美情趣等。其中，价值观是人们认定事物、辨明是非的一种观念取向，表现为对社会、生活的态度和看法，不同文化背景下的价值观可能差异很大；风俗习惯是人们根据自己的生活内容、生活方式和所处的自然环境，在一定的社会物质生产条件下长期形成的，继而世代传承的某种约束或行为规范；审美情趣通常表现为人对事物好坏、美丑、善恶等的评价与喜恶。

每种文化之间都存在差异，文化的差异会引起消费者购买行为的差异。人们在价值观、风俗习惯和审美情趣等方面表现出不同的特征，构成不同的亚文化，包括民族亚文化、宗教亚文化、种族亚文化和地理亚文化。

民族亚文化。不同民族的信仰、节日、禁忌和生活习惯等的差异，会对人的消费习惯等产生深刻影响。

宗教亚文化。不同宗教的文化倾向和戒律等，影响人们认识事物的方式，包括对客观生活的态度、行为准则和观念等，从而影响消费和购买行为。

种族亚文化。不同种族的人具有不同的生活习惯和文化传统，多种族人群构成了不同的细分市场。

地理亚文化。不同区域有不同的风土人情、历史传统和习俗、爱好等，使得消费者行为带有明显的地方色彩。

（二）社会阶层

社会阶层是社会中按层次排列的、具有同质性和持久性的群体。社会阶层是由人们的职业、收入、教育和价值观等因素共同作用产生的结果，并具有相对的同质性和持久性，依等级排列。同一阶层的成员，有着更为相似的价值观、兴趣爱好和行为方式，因而也常常成为影响消费和购买的重要因素。

根据中国社会科学院《当代中国社会阶层研究报告》，目前中国已形成了十大社会阶层：国家与社会管理者阶层、经理人员阶层、私营企业主阶层、专业技术人员阶层、办事人员阶层、个体工商户阶层、商业服务人员阶层、产业工人阶层、农业劳动者阶层和城乡无业失业半失业者阶层。

二、社会因素

社会因素包括消费者所处的群体、家庭、社会角色和地位等。

（一）参照群体

成员群体是个人从属且受到直接影响的群体。参照群体是个人态度或行为形成过程中直接或间接对比或参照的对象。成员群体和参照群体会对消费者行为产生显著影响。其中，参照群体展示了新的行为和生活方式，影响着人们的态度和自我观念，进而影响人们对产品和品牌的选择。其中，参照群体中具有影响力的人物被称为“意见领袖”，他们可能在某个领域拥有专长，可能是名人，也可能是拥有良好声誉的人。总之，“意见领袖”会引起群体内追随者、崇拜者的效仿。营销人员应努力识别目标顾客的相关群体，并针对他们实施相应的营销策略。

（二）家庭

家庭是消费者购买商品的基本决策单位和使用单位。家庭成员对购买者的行为会有很大的影响，作为社会中最重要的消费者购买组织，市场营销者对家庭各成员在不同产品和服务的选择和购买过程中所扮演的角色非常感兴趣，例如，以家庭为购买决策单位，可划分为丈夫支配型、妻子支配型、共同孩子支配型或各自为主型。

家庭生命周期对于市场细分和制定营销策略来说是一个非常有效的工具，反映一个家庭从形成到解体的循环运动过程。使用家庭生命周期进行分析时有一个基本的假定，即大多数家庭都会经历若干阶段，这些阶段各有特点，具有不同的经济状况和购买模式。家庭决策，是指直接或间接由两个及以上家庭成员作出的购买决策。家庭决策具有感情色彩，会影响家庭成员彼此之间的关系，在家庭开支上的意见不一致常常是导致家庭矛盾的主要原因之一。

（三）社会角色和地位

个体在不同环境中扮演着不同的角色身份，而在特定的时间内，某特定的角色则将占据主导地位。人们普遍会选择适合自己角色和地位的产品，而企业在营销中会突出产品和服务的定位，以精准的形象展示给消费者。例如，专业的体育用品品牌迪卡侬、专注大众家居的宜家、关注精致奢华的香奈儿等。

三、个人因素

个人因素是消费者购买决策过程中最直接的影响因素，也是最容易识别的因素，包括消费者的年龄与生命周期阶段、职业和经济状况、生活方式、个性和自我概念等。

（一）年龄与生命周期阶段

年龄不同的消费者，其需要与欲望也有所不同，即使相同，需求量也有较大差别。例如，小孩喜欢吃糖，但老年人对糖则很谨慎。

（二）职业和经济状况

职业对消费的影响显而易见。个人的经济状况体现在消费者可支配收入、储蓄、资产和借贷能力等方面，它是决定购买行为的重要因素，对购买种类、数量、购买商品的档次和品牌都有直接的影响。

（三）生活方式

生活方式是个人生活的形式，它表现为个人在生活中体现出来的活动、兴趣和看法。生活方式是影响个人行为的心理、社会、文化、经济等多种因素的综合反映，它所表现的内容也比社会阶层或个性要多得多。在现实生活中可能会接触到有不同生活方式的群体，例如节俭型、奢华型、守旧型、革新型、高成就型、自我主义型、社会意识型。市场营销者需要根据企业营销对象的特点和营销策略的意向性，有针对性地进行生活方式的划分。

（四）个性和自我观念

个性是个人独特的心理特质，它使人们对环境作出比较一致和持续的反应。个性通常可用自信心、控制欲、自主、顺从、保守、适应、交际等特征来描述。消费者的个性直接或间接地影响其购买行为。消费者对那些符合或者能改善其自我形象的产品或品牌更感兴趣。

四、心理因素

对消费者购买行为产生影响的心理因素有很多，主要包括消费者的需要、动机、认知、学习、信念和态度等，心理因素对消费者的购买决策有较大影响。

（一）动机

人类的行为是由动机支配的，动机则由需要引发，需要是人们由于缺乏满足而导致的一种不平衡状态，当它达到一定程度时，便成为一种驱策力。当这种驱策力被引向一种可以减弱或消除它的刺激物时，便成为一种动机。因此，动机是一种推动人们为达到特定目的而采取行动的迫切需要，动机是行为的直接原因。

马斯洛把人的需要分成五个层次，依次是生理需要、安全需要、社交需要、尊重需要和自我实现需要。生理需要是人为了生存而对基本生活条件产生的需要，例如吃、穿、住等；安全需要是为维护人身安全、健康和财产安全而产生的需要，例如医疗保健、个人和财产保险；社交需要是参与社会交往、取得社会的认可和归属感的需要，例如得体的服装、礼品等；尊重需要是在社交活动中受人尊重，取得一定的社会地位、荣誉和权力的需要，例如显示自己社会地位的高档消费品等；自我实现需要是发挥个人的最大能力、实现理想和抱负的需要，例如教育、知识等。人类的需要由低向高排列，低层次的需要基本满足以后，才会产生高层次的需要。需要层次理论可用于指导企业的营销活动，据此有的放矢地开发产品和服务。

（二）知觉

知觉是人们通过收集、整理并解释信息，形成有意义的世界观的过程。按照心理学的说法，当客观事物作用于人的感官时，大脑就产生了反应。这种反应如果只针对事物的个别属性，则称为感觉；如果是针对事物各种属性及其相互关系的综合反应，则称为知觉。由于人们感觉到的事物并不都会形成知觉，所以现实中知觉是有选择性的，表现为选择性注意、选择性理解和选择性记忆。

选择性注意。注意是人的心理对一定事物的指向和集中。每天面对大量的消费信息，人们只会注意其中的一部分，他们倾向于注意那些与其当时需求有关的、独特的或反复出现的刺激物，即选择性注意。企业必须善于突破选择性注意屏障，有效地对消费者的行为进行影响。一般说来，那些与最近的需要相关的事物，或者人们正在等待的信息，以及变动大于正常、出乎意料的情况，容易引起注意并形成知觉。

选择性理解。即便人们注意到了刺激物，也不一定会产生预期的作用，因为人们会有选择地将某些信息加以扭曲，使之符合自己的意向，即选择性理解。选择性理解意味着营销人员要了解消费者的想法，以及这些想法是如何影响人们对广告和销售信息的解释的。

选择性记忆。记忆是心理活动中又一重要的现象，是人们在感知过程中形成的对客观事物的反映在其神经组织中留下的某种痕迹。在人们接触的大量信息中，能够保留下来的往往是符合自己态度和信念的信息，即选择性记忆。

（三）学习

学习是指由经验所引起的个人行为的改变。消费者由于内在需要而产生购买某种商品的动机，但这种动机可能在此次购买行为结束后继续产生或从此消亡，这就是后天经验即学习的结果。学习过程是驱策力、刺激物、诱因、反应和强化等诸多因素相互影响和相互作用的结果。

学习对消费者购买行为有着重要影响。消费者购买了一个伪劣产品后，就不会再购买这家企业的产品。重复是促销活动的一个关键因素，可以增加顾客对产品的学习。简单重复或同义重复是广告策略中最常用的方法，最经典的是脑白金通过那句“今年过节不收礼，收礼只收脑白金”的广告语，加上两位卡通老人家“魔性”的舞蹈，一时间火遍全国。

（四）信念和态度

信念与态度是同价值观紧密相关的概念。消费者通过学习形成了信念和态度，从而影响人们的购买行为。信念是人们关于周围事物的知识组织模式。例如，一位消费者认为海尔冰箱质量可靠，价格合理。这种信念可能来自知识、信任或传说。消费者一般会形成关于某一产品特征的一组信念，并通过这一组信念形成关于某一特定品牌的印象。也就是说，品牌印象形成消费者对某一产品的态度。

态度是人们能对所处环境的某些方面的动机、情感、知觉和认识所形成的持久的体系，是一种对给定的事物产生的喜欢或不喜欢的倾向。消费态度分为品牌信念、评估品牌和购买意向三个组成部分。品牌信念是态度的认知成分，评估品牌是态度的情绪或情感成分，购买意向是态度的意动成分或行动成分。一旦消费者形成了对某个产品或品牌的态度，日后他将根据其态度作出重复购买的决定，而不会花更多的时间去比较、分析和判断。

第三节 消费者购买的决策过程

市场营销者不仅必须研究影响购买者的各种因素，而且还必须研究消费者是如何作出购买决策的，所以，必须对购买行为的类型、购买决策的步骤进行研究。

一、购买行为的类型

消费者的购买行为因购买时的介入程度和产品品牌差异的程度分为四种类型，如表 4-1 所示。

表 4-1 购买行为的四种类型

	高度介入	低度介入
品牌间差异大	复杂的购买行为	寻求多样性的购买行为
品牌间差异小	减少失落感的购买行为	习惯性的购买行为

（一）复杂的购买行为

如果消费者属于高度购买介入者，并且了解现有产品各品牌之间存在的显著差异，消费者会产生复杂的购买行为。如果消费者购买的产品属于昂贵的、不经常购买的、冒风险和高度自我表现的，例如，对于电脑、电视、汽车等，消费者就会高度介入。这是由于消费者对这类产品知之甚少且需了解很多东西才能作出购买决策。例如，一个人在购买电脑时可能对产品的属性不了解，在此情况下，购买者必然要经历一个认识性的学习过程，其特征是首先建立对产品的信念，之后转变成态度再作出谨慎的购买决策。因此，对于此类消费者，营销人员必须清楚他们是如何收集和评估信息的，必须制定各种策略以帮助购买者掌握产品的属性、各种属性的相对重要性及品牌的特征等。

（二）减少失落感的购买行为

消费者在购买时的高度介入，是因为看不出各品牌之间的差异，而购买的产品是属于昂贵的、不经常购买的商品。在这种情况下，购买者会四处去了解何处可以买到该产品，但由于品牌差异不明显，购买者可能会因便宜的价格或某时、某地方便而决定购买，故其购买将极为迅速。例如，人们在选购地毯时就会如此。购买地毯属高度介入的决策，因为地毯的价格昂贵而且与个人的自我认同有关，但购买者可能会认为在某一价格范围内的地毯没有什么区别。

这种购买行为往往会造成购买后的失落感，因为产品在买回去之后可能会发现某些缺陷，或听到一些其他品牌同类产品的某些好处。这时，购买者会设法了解更多的信息，去证明自己所作的购买决策的正确性。对这类消费者，营销人员应提供能够有助于购买者消除购后失落感的信息，以增强信念，使其对自己的决策感到心安理得。例如，在购买地毯时，企业可印制产品使用、保护、清洗等方面的说明书以及应当注意的事项，让消费者买得放心。

（三）习惯性的购买行为

许多产品是在消费者低度介入和品牌没有什么差异的情况下购买的。例如食盐，购买这类产品时，消费者很少介入，即使选择某一品牌也是出于习惯，并不是出于对品牌的忠诚。消费者对低价而又经常购买的产品的介入程度往往是比较低的。

这种购买行为没有经过“信念—态度—行为”这一过程，消费者并不是深入地寻找与该品牌有关的信息并评估其特性而作出决定的，只是被动地接受了广告传递的信息。所以，消费者在选购产品时不是因为态度，只是因为对其产品熟悉罢了。在购买之后，也不会产生失落感，因为消费者根本不介意，更不会再去评估。这种购买行为的产生过程是由被动的学习形成品牌信念，然后产生购买行为。

对于消费者低度介入且品牌差异极小的产品，企业采取的定价与促销策略是非常有效的手段。营销人员还可以提高购买者对产品的介入程度，例如，把有关的观点与产品联系起来：把牙齿健康和治疗口腔疾病联系在一起，这样可引起消费者对牙膏产品的关注。

（四）寻求多样性的购买行为

有些产品虽然品牌差异显著，但却不能引起消费者的高度介入，消费者在购买这类产品时总是不断地在转换品牌，例如，饼干就属于此类产品。消费者在购买饼干时不会作出太多的评估，只是在消费时才加以评价，而在下一次购买时会由于想尝试一下新的口味而去寻找其他品牌。

二、消费者的购买决策过程

消费者的购买决策过程，一般由五个阶段构成，即五阶段模型（见图 4-3）。

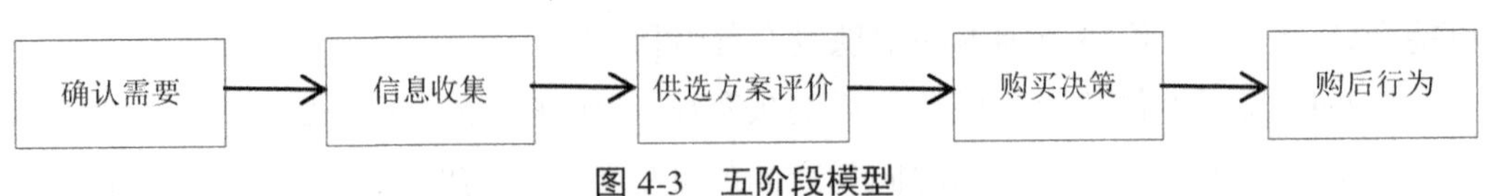

图 4-3　五阶段模型

消费者的购买决策过程由一系列相互关联的活动构成，它们早在实际购买发生以前就已经开始，而且一直延续到实际购买之后。研究消费者购买决策过程的阶段，目的在于使营销者针对决策过程中不同阶段的主要矛盾，采取不同的促销措施。

购买决策过程可划分为以下五个前后相继的阶段。实际上，主要是复杂型购买才会经过这样完整的五个阶段，在其他购买类型中，消费者往往省去其中的某些阶段，有时也会颠倒它们的顺序。

（一）确认需要

购买过程始于购买者对某一问题或需要的确认，这个需要可由内在或外在刺激引发。一个人的正常需要上升到一定程度就可变成一种驱动力，受到一定刺激后就会去寻找能满足这种驱动力的商品。

企业对此应作深入的研究，才会清楚消费者有什么样的需要，什么样的产品可以满足这些需要。企业通过收集消费者的信息，找出可以引发对本企业产品产生兴趣的最有效的刺激，制定能够引发消费者兴趣的营销策略。

（二）信息收集

消费者形成购买某种商品的动机后，如果不熟悉这种商品的情况，往往要先收集信息。这时，他增加了对有关广告、谈话等的注意，比以往更容易接受这种商品的信息，也许还会通过查阅资料、向亲友和熟人询问情况等方式，更积极地收集有关信息。消费者收集多少信息，取决于其驱策力的强度、已知信息的数量和质量以及进一步收集信息的难易程度。

为了向目标市场有效地传递信息，企业需要了解消费者获得信息的主要来源及其作用。消费者一般从以下四种来源获得信息：个人来源，即从家庭、朋友、邻居和其他熟人处得到信息。商业性来源，即从广告、售货员介绍、商品展览与陈列、商品包装、商品说明书处得到信息。公众来源，即从报刊、电视等大众宣传媒介的客观报道和消费者团体的评论中得到信息。经验来源，即通过触摸、试验和使用商品得到信息。从消费者的角度看，由企业控制的商业性来源信息起通知的作用，其他非商业性来源信息起验证和评价的作用。经过信息的收集阶段，消费者逐步缩小了对将要购买的商品进行品牌选择的范围，余下的可供选择的品牌，就是消费者在下个阶段评价的对象。

（三）供选方案评价

消费者对产品的判断大都是建立在自觉和理性的基础之上的。消费者的评价行为一般要涉及以下几个问题。

（1）产品属性，即产品能够满足消费者需要的特性，如计算机的存储能力、图像显示能力、软件的适用性等。但消费者不一定将产品的所有属性都视为同等重要。营销人员应分析本企业产品应具备哪些属性，以及不同类型的消费者分别对哪些属性感兴趣，以便进行市场细分，为有不同需求的消费者提供具有不同属性的产品或服务。

（2）属性权重，即消费者对产品有关属性所赋予的不同的重要性权数。消费者被问及如何考虑某一产品的属性时立刻想到的属性，叫作产品的特色属性。但特色属性不一定是最重要的属性。在非特色属性中，有些可能被消费者遗忘，而一旦被提及，消费者就会认识到它的重要性。市场营销人员应更多地关心属性权重，而不是属性特色。

（3）品牌信念，即消费者对某品牌的优劣程度的总的看法。由于受消费者个人经验、选择性注意、选择性理解以及选择性记忆的影响，其品牌信念可能与产品的真实属性并不一致。

（4）效用函数，即描述消费者所期望的产品满足感随产品属性的不同而有所变化的函数关系。它与品牌信念的联系是品牌信念指消费者对某品牌的某一属性已达到何种水平的评价，而效用函数则表明消费者要求该属性达到何种水平其才会接受。

（5）评价模型，即消费者对不同品牌进行评价和选择的程序和方法。

（四）购买决策

经过对供选品牌的评价，消费者形成了对某种品牌的偏好和购买意向。但是，受以下三个因素的影响，消费者不一定能实现或立即实现其购买意向。

（1）其他人的态度。如果与消费者关系很密切的人坚决反对其购买，消费者很可能会改变购买意向。

（2）一些不可预料的情况。如果出现家庭收入减少、某方面急需用钱或得知准备购买的品牌令人失望等意外情况，消费者也可能改变购买意向。

（3）预期风险的大小。在所购商品比较复杂、价格昂贵因而预期风险较大的情况下，消费者可能采取一些避免或减少风险的习惯做法，包括暂不实现甚至改变购买意向。

因此，根据消费者对品牌的偏好和购买意向来推测购买决定并不十分可靠。决定了购买意向的消费者往往还要作出以下一些具体的购买决策：购买哪种品牌，在哪家商店购买，购买数量，购买时间，在某些情况下还要决定支付方式。

（五）购后行为

消费者购买商品后，往往会通过使用产品和他人的评判对其购买选择进行检验，把他所觉察的产品实际性能与对产品的期望进行比较。消费者若发现产品性能与期望大体相符，就会感到基本满意；若发现产品性能超出了期望，就会感到非常满意；若发现产品性能达不到期望，不能给他以预期的满足，就会感到失望和不满。消费者是否满意，会直接影响他购买后的行为。如果感到满意，他下次就很可能购买同一品牌的产品，并常对其他人称赞这种产品，而这种称赞往往比广告宣传更有效。如果感到不满，他除了可能要求退货或寻找能证实产品优点的信息来减少心理不平衡以外，还常常采取公开投诉或私下的行动发泄不满，例如向生产或经营企业、新闻单位和消费者团体反映意见，向家人、亲友和熟人抱怨，劝说他们不要购买该种产品，甚至不要购买该企业生产的其他产品。这势必会抵消企业为使顾客满意所做的许多工作，并影响企业的整体形象和市场销售。

企业应采取各种措施，尽可能地使顾客购买后感到满意。产品宣传实事求是并适当留有余地是途径之一。另外，企业还应经常征求顾客意见，加强售后服务，同购买者保持联系，为他们发泄不满提供适当的渠道，以便迅速采取补救措施。

案例　尚品宅配：深度个性化定制，引领家居电商 C2B 先锋潮流

尚品宅配是一家集云计算、个性化定制、免费设计等特点于一身的家居企业，它的个性化定制成为行业标杆。

作为定制家具品牌，尚品宅配个性化定制的深度前所未有。尚品宅配根据顾客的身材和喜好，从款式设计到构造尺寸全方位开展个性化定制。而其拥有的高度智能化的生产加工控制系统，能满足消费者个性化定制所产生的特殊尺寸与构造板材的切削加工需求，可以最大限度地减少消费者的家具与家装设计不搭的问题。将用户体验照顾到无微不至，无怪乎尚品宅配能创造辉煌的销售业绩。

尚品宅配的官方网络商城新居网应用了业内最前沿的三维虚拟现实技术，为消

费者提供免费上门量房、免费方案设计服务，并按照消费者的个性化需求打造真实的家具“试用”效果。

随着电商的发展，新居网顺应消费者消费习惯，主动出击，将家居咨询服务前移到网络，在网上为消费者提供家具选购的咨询，提前拦截网络上有家居用品购买需求的客流。现在，尚品宅配通过线上的 SNS、论坛、微博、微信等社交媒体与消费者初步沟通确认后，其线上推广与运营部门便将消费者转交给线下的门店设计师，从而开创了尚品宅配的 O2O 模式。

思考与练习

1. 影响消费者购买行为的文化因素有哪些？企业应该采取怎样的营销策略？
2. 影响消费者购买行为的社会因素有哪些？企业应该采取怎样的营销策略？
3. 影响消费者购买行为的心理因素有哪些？企业应该采取怎样的营销策略？
4. 消费者购买决策的过程具体包括哪五个阶段？

第五章　市场信息收集与市场调查

本章要点

随着移动互联网、大数据、云计算、人工智能等数字技术的快速发展及其在营销管理中的应用，市场信息收集发生了相应的变化，越来越多的企业能够快速精准地收集、分析和运用相关的营销信息，提升企业捕捉和利用市场机会的潜力。市场信息收集作为获得市场信息和准确认识市场的重要手段，在企业中的地位日益提高，并成为企业制定各项市场营销决策的基础和依据。因此，本章重点介绍市场信息收集与市场调查的相关知识。

学习目标

1. 熟悉营销信息系统的构成。
2. 掌握市场调查的实施步骤。
3. 掌握市场调查的方法。

第一节　市场营销信息与大数据

当今世界正在经历一场更大范围、更深层次的科技革命和产业变革，互联网、大数据、人工智能等数字技术的不断突破以及与实体经济的快速融合，促使数字经济蓬勃发展，成为经济发展的新功能。数字技术的发展与应用虽然降低了收集、存储和分享信息等方面的成本，但也带来了信息爆炸或信息泛滥等问题。在市场营销实践中，企业如何在信息的海洋中及时地获取有用的信息，成为管理者必须深入研究的重大问题。为此，许多企业特别强调营销信息系统的建设，以便及时有效地收集、加工和运用各种有用的市场信息。

一、市场营销信息系统

（一）信息与市场营销

信息普遍存在于自然界和人类社会活动中，它的表现形式远比物质和能量复杂。信息是人们在适应外部世界并使这种适应反作用于外部世界的过程中，与外部世界进行交换的内容和名称。信息是一个发展中的动态范畴，它随人类社会的演变而相应地扩大或收缩。总的来看，信息所涵盖的范围是不断扩大的。可以断定，随着人类社会的发展，信息范畴将进一步扩大。对人类社会来说，信息有三个基本功能：一是中介功能；二是联结功能；三是放大功能。从认识论的角度来说，信息是事物运动状态以及运动方式的表象。广义的信息由文本、数据、图像、声音这几种形态组成，主要与视觉和听觉相关。

市场营销已从注重内部管理的时代发展到致力于应对外部环境变化的时代，为此，营销信息至关重要。企业要及时掌握营销信息并建立起营销信息系统。市场营销就是通过了解市场环境的变化和预测未来的状况来应对顾客的需求变化。市场营销信息是在一定的时间和条件下，与企业市场营销有关的各种事物的存在方式、运动状态及其对接收者效用的综合反映。所有的市场营销活动都以信息为基础展开，经营者制定的决策也是基于各种信息。经营决策水平越高，外部信息和用于预测的信息就越重要。其中，市场营销信息是形成企业战略性经营信息系统的基础。

市场营销信息除具有一般信息的特征外，还具有以下特殊性。

（1）社会性。市场营销信息反映的是人类社会的市场经济活动，是营销活动中人与人之间传递的社会信息，是信息传递双方能共同理解的数据、文字和符号。

（2）目的性。在产出大于投入的前提下，市场营销信息为营销决策提供必要的、及时的和准确的信息。

（3）系统性。市场营销信息不是零星的、个别的信息汇集，而是若干具有特定内容的同质信息在一定时间和空间范围内形成的集合。

市场营销信息对企业的重要性不言而喻。市场营销信息是企业经营决策的前提和基础，也是制订企业营销计划的依据。掌握了信息，才能保证决策的科学性和正确性，否则企业采取的战略和策略将会成为无源之水、无本之木。同时，市场营销是实现营销控制的必要条件，管理者只有根据反馈的信息进行调整和协调，才能有效地开展下一轮的经营活动。由于营销信息的重要性及其在企业营销活动中的作用，企业需要及时地处理市场营销信息并采用专业科学的收集系统和分析方法。

（二）营销信息系统

为了作出科学的决策，企业必须及时地收集信息、准确地分析信息、迅速地使用信息。在这个经济飞速发展的时代，营销信息系统对企业的营销有不可忽视的作用。世界上众多成功的大企业都有科学的营销信息系统。在现代营销活动中，营销范围从区域市场辐射至全国乃至国际市场的现实，使营销者与消费者之间的距离变大了；人们的生活水平以及消费理性程度的日益提高，使市场需求更加多样化、复杂化，导致形成日趋激烈的市场竞争。企业的营销决策要以市场需求为核心，就必须保持对市场变化的高度敏感。实践证明，要提高营销决策的正确性，企业必须充分了解市场，确切掌握相关的营销信息。而现代科学技术的发展为企业建立科学的营销信息系统提供了良好的条件。

营销信息系统由人、设备和操作过程组成，用以收集、分析、评估和向营销决策制定者提供所需的及时、准确的信息。它能广泛、迅速地为企业收集相关的营销信息，科学地分析、评估相关的营销信息，并能让这些营销信息为营销活动取得成功发挥最大的作用。

营销信息系统由内部报告系统、营销情报系统、营销调研系统和营销分析系统这四个子系统构成，它们各司其职，共同完成企业内外部环境的沟通，形成完整的营销信息流循环过程。

1. 内部报告系统

内部报告系统及时向营销管理者提供有关交易的信息，它的主要作用是报告企业的订货、库存、销售、费用、现金流量以及应收应付款等方面的数据资料。内部报告系统的核心是“订单—发货—账单”的循环，以企业内部会计系统为主，辅之以销售信息系统。通过对上述信息的处理和分析，企业营销管理者可以发现重要的市场机会，找出营销管理中存在的问题。例如，发现滞销的产品，了解大众的消费偏好，找出企业中成本太高、利润太低的产品，从而使企业作出改进。

2. 营销情报系统

营销情报系统收集有关企业营销环境发展变化的信息，往往由企业的各级营销人员、中间商以及专职的营销信息收集人员负责。内部报告系统提供的是事后数据，而营销情报系统提供的是当前的信息。企业一般通过销售代表、分销商、情报供应商等获取情报信息，并建立内部的市场营销信息中心来收集和传递市场营销情报。市场情报信息不仅来源于市场与销售人员，也可能来自企业中与外部有接触的其他员工。市场随时变化，产品更新飞快，从外部获取市场信息是企业的生存之道。公司决策者通过这一系统，将最新的信息传递给有关的管理人员，使公司与时俱进。现在产品博览会举办频繁，作为情报系统人员，要及时发现其他企业产品的优点与缺点，以促进本企业产品进一步完善。

3. 营销调研系统

营销调研是企业取得市场资料和信息，正确认识市场现状、预测市场趋势，从而编制营销计划、作出经济决策、进行科学管理、提高经济效益的一种有效手段。根据企业营销工作面临的主要问题，对与某项具体营销决策有关的信息进行系统的收集、分析和报告的过程，是营销调研的主要任务。在日益复杂多变的营销环境下，营销调研系统能随时服务企业，帮助营销管理者制定有效的营销决策。企业在营销活动中，还需要对一些特定问题和机会作重点研究，例如进行市场调查、产品偏好测试、区域销售预测、广告效果研究等。

4. 营销分析系统

营销分析系统为营销决策提供分析方案是市场营销信息系统的第四项服务功能，也是最高级的信息服务功能。营销分析系统分析营销数据的统计模型和统计数据，即用一些先进的技术和方法分析市场营销信息，以更好地制定营销决策，所以也可以称作营销决策支持系统。信息公司将收集到的大量数据存储于大型数据库中，使用一些决策工具和技术（例如盈亏平衡分析、回归分析模型和线性规划）对这些数据进行评估，并回答企业“如果这样会如何”的问题。营销分析系统承担着以下职能。

（1）数据资料的收集。包括两种情况：一是作为一种常规工作，收集相关的数据资料，以便需要时调用；二是在特殊需要时收集相关资料。例如，市场营销管理者明确问题后，就要确认信息库是否输入了与问题有关的信息。如果找不到适合的信息，要决定是否需要花费一定的成本去收集。如果认为不值得，则利用现有信息来制定市场营销决策。相反，如果认为有必要花成本去收集信息，就在企业内外收集数据资料，并将其输入数据资料库。

（2）数据资料的处理。收集、输入数据资料库中的都是未加工的原始数据资料，需要对其进行整理、编辑、归档等。

（3）数据资料的分析和评价。数据资料要成为有价值的信息，还必须用科学的方法并结合经验对其进行统计分析和评价。

（4）数据资料的存储和检索。存储和检索至少应包括两个层次：一是原始数据资料的存储和检索；二是经加工，即统计分析和评价后作为某种决策信息的存储和检索，要将这种信息制成报告等形式，以便提供给市场营销管理者和经营者。

（5）信息的传递。作为一项日常工作，将有关市场营销信息及时地提供给市场营销管理者和经营者，或者根据需要随时向市场营销管理者和经营者提供某种特定的信息。

（三）市场营销信息系统的基本框架

市场营销信息系统子系统的有机组合构成了一个有着相对稳定的结构和功能的市场营销信息系统的基本框架。在这个基本框架下，企业对各种内外部营销信息进行收集、综合、分析判断，并最终有效利用它们制定营销决策。在这个基本框架下，各种市场信息流的处理有着一定的流程和规律。

市场营销信息系统处于环境与营销管理人员之间。各种市场营销数据由环境流向企业市场营销信息系统。市场营销信息系统则将数据加以转换，并通过市场营销信息流程传递给管理人员。管理人员依据这些数据制订各种计划、方案，由此形成的各种数据又通过市场营销沟通流程回到环境。具体如图 5-1 所示。

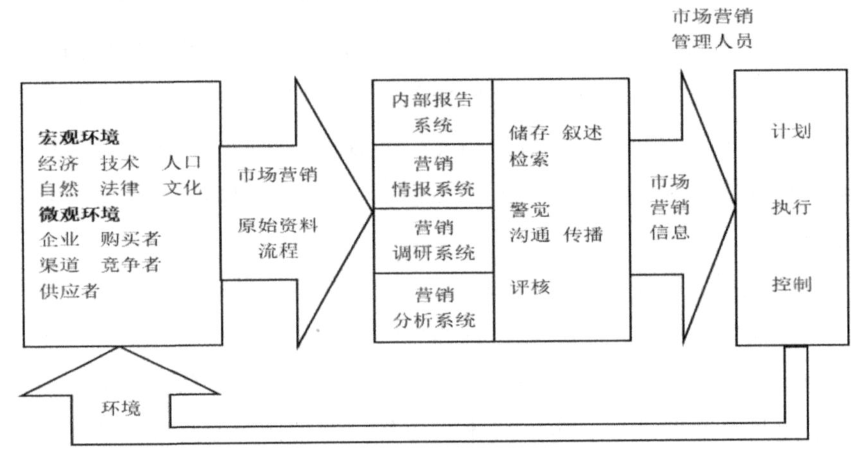

图 5-1 市场营销信息系统

在这一信息流动过程中，大量来自宏观环境和微观环境当中的原始、散乱的营销信息进入市场营销信息系统中，内部报告系统负责对它们进行储存、叙述并提供检索，按照企业的销售工作流程赋予它们秩序和意义。与此同时，营销情报系统负责向外传播企业本身的信息，并对外部信息保持警觉。在适当或必需的时候，营销调研系统负责对特定问题进行调查和研究，起着一种沟通的作用。而这三个子系统收集的信息都要在营销分析系统的辅助下，才能分析和评估出其价值，转化成有意义的报告或建议，成为清晰的市场营销信息，呈送给市场营销管理人员。市场营销管理人员根据营销信息系统提供的及时、准确、全面的营销信息，进行营销计划、执行和控制。最终企业的营销管理活动又会成为营销环境当中的一部分，反作用于营销环境，进而影响市场的变化。面对变化的市场，企业的市场营销信息系统又再次不断地收集和处理信息，继续影响企业的营销活动，形成信息流动的循环。

二、大数据与大数据营销

（一）大数据

大数据是继云计算、物联网之后IT产业又一次颠覆性的技术变革，将对社会管理、国家安全与国家战略决策、企业与组织的管理决策、企业的业务流程以及个人的生活方式产生巨大的影响。麦肯锡曾评估大数据能使欧洲发达国家政府节省至少1000亿欧元的运作成本，使美国医疗保健行业降低8%的成本，使大多数零售商的营业利润率提高60%以上。华尔街的德温特资本市场公司首席执行官保罗·霍廷每天的工作之一，就是利用电脑程序分析全球3.4亿个微博账户的留言，进而判断民众情绪，再以1～50进行打分。根据打分结果，霍廷再决定如何处理手中数百万美元的股票。霍廷的判断原则很简单：如果所有人都高兴，那就买入；如果大家的焦虑情绪上升，那就抛售。这一招收效显著——当年第一季度，霍廷公司获得了7%的收益率。这就是运用大数据的很好的例子。阿里巴巴创办人马云在演讲中提到，未来的时代将不再是IT时代，而是DT时代，DT就是Data Technology（数据科技），显然大数据对于阿里巴巴集团来说举足轻重。

2015年9月，国务院印发《促进大数据发展行动纲要》（以下简称《纲要》），系统部署了大数据发展工作。《纲要》明确提出要推动大数据的发展和应用，在未来5～10年打造精准治理、多方协作的社会治理新模式，建立运行平稳、安全高效的经济运行新机制，培育高端智能、新兴繁荣的产业发展新生态。这代表着从国家层面全面推动数据共享，规划大数据设施建设，形成大数据产品体系。美国管理学家爱德华·戴明的名句："除了上帝，任何人都必须用数据说话。"大数据作为互联网时代的产物，已经成为经济社会升级发展的必然趋势。

大数据是指无法在一定时间范围内用常规软件工具进行捕捉、管理和处理的数据集合，是需要新处理模式才能具有更强的决策力、洞察力和流程优化能力来适应海量、高增长率和多样化的信息资产。自2012年以来，"大数据"一词被越来越多地提及，人们用它来定义和描述信息爆炸时代产生的海量数据，并命名与之相关的技术发展与创新。大数据技术的战略意义不在于掌握庞大的数据信息，而在于对这些有意义的数据进行专业化处理。换言之，如果把大数据比作一种产业，那么这种产业实现赢利的关键就在于提高对数据的加工能力，通过“加工”实现数据的增值。

大数据大致分为三种类型：一是传统企业数据；二是机器和传感器数据；三是社交数据。大数据的特点被概括为5V，即Volume（大量）、Velocity（高速）、Variety（多样）、Value（价值）、Veracity（真实性）。大数据到底有多大？一组名为“互联网上一天”的数据告诉我们，一天之中，互联网产生的全部内容可以刻满1.68亿张DVD；发出的邮件有2940亿封之多（相当于美国两年的纸质信件数量）；发出的社区帖子达200万个（相当于《时代》杂志770年的文字量）；卖出的手机为37.8万部，高于全球每天出生的婴儿数量37.1万……在各行各业均存在大数据，但众多的信息是纷繁复杂的，需要搜索、处理、分析、归纳，总结其深层次的规律。

（二）大数据营销

1. 大数据营销的作用

利用大数据不但可以使大企业实现精准营销，使传统企业实现在互联网时代的转型，更可以让企业发现新市场与新趋势，进行市场预测与决策分析，实现创新发展。大数据营销是基于多平台的大量数据，依托大数据技术，应用于互联网广告行业的营销方式。大数据营销衍生于互联网行业，又作用于互联网行业。依托多平台的大数据采集，以及大数据技术的分析与预测能力，能够使广告更加精准有效，给企业带来更高的投资回报率。大数据营销的核心在于让网络广告在合适的时间，通过合适的载体，以合适的方式投放给合适的人。例如，购物网站可通过分析客户以往购买的商品来判断个人所需产品、购买习惯等，有针对性地推送消息。百事可乐公司为了更加精准地投放广告，购买了社交信息，优化推广公司Social Flow的服务，对数据进行分析，从而知道何种营销活动的传播效果更好。

大数据营销在互联网时代发挥着越来越重要的作用，正确有效地运用大数据可以使企业获得以下竞争优势。

第一，有助于分析用户行为与特征，使产品及营销活动投用户所好。只有收集大量的用户数据，才能了解用户的喜好与习惯，以及他们对产品的期待，从而做到投其所好。大数据营销是建立一个数据模型，让营销更加精准、有效，让企业做到比用户还要了解自己，以此留住用户。

第二，有利于品牌危机监测及管理支持。大数据可以让企业对自己品牌的所有问题提前有所洞悉，避免因为品牌效应给企业造成不必要的麻烦。大数据可以采集相关信息，及时启动危机跟踪和报警，分析人群的社会属性、聚类事件过程中的观点，识别关键人物及传播路径，进而保护企业、产品的声誉，抓住源头和关键节点，快速有效地处理危机。

第三，有助于提升用户体验和提供客户分级管理支持。用户的体验直接反映出对企业的好评程度。要改善用户体验，关键在于真正地了解用户及他们使用产品的状况，并给予适时的提醒。面对新媒体，许多企业对粉丝的公开内容和互动记录进行分析，将粉丝转化为潜在用户，激活社会化资产价值，并对潜在用户进行多个维度的描述。

2. 大数据营销的特点

大数据营销有其独有的特点，企业在进行大数据营销时，应当关注这些特点，以更好地利用海量数据进行营销。

（1）关联性。大众关注的广告与广告之间的关联性是大数据营销的一个重要的关注点。在大数据的采集过程中，企业会快速地了解大众对产品的喜爱程度，以及地域之间的差异，哪些地域的大众喜欢哪种产品更多一点。这些有价值的信息可让广告的投放产生前所未有的关联性。

（2）个性化。网络时代，企业的营销理念从“媒体导向”向“受众导向”转变。以往的营销活动以媒体为导向，企业通常选择知名度高、浏览量大的媒体投放广告。如今，企业完全以受众为导向进行广告营销，因为大数据技术可让它们知晓目标受众身处何方、关注什么位置的屏幕。大数据技术可以做到当不同用户关注同一媒体的相同界面时，广告内容有所不同，实现对网民的个性化营销。

（3）时效性。大众往往会在某一时间内特别喜欢某一种产品，大数据的出现给企业创造了黄金时间。把握住大众的喜好才能获取更多的市场。时效性不仅体现在流行上，还表现为大众接受企业广告的重要时机。通过大数据，企业可以更好地选择合适的时间投放广告，满足各类人群的需求，这大大避免了企业不必要的广告投放。

（4）性价比高。大数据营销是依托海量数据的采集，以及大数据技术的分析与预测能力，实现广告的精准投放。相较于传统营销模式的“广而告之”，大数据营销可以大幅度提高投入转化效果，降低单位成本，提高企业产品的性价比，并根据实时的效果反馈及时地进行调整。

（5）非单一化的数据采集。大数据营销并非“量”的存在而是“智慧的数字生态”。大数据的采集是多样化的、多平台的，这样能更好地满足用户的真实需要。多平台包含互联网、移动互联网、广电网、智能电视，未来还有户外智能屏等。

第二节　市场调查的流程

一、市场调查的价值

在当今激烈的市场竞争中，市场营销者需要基于消费者行为和市场洞察来制定决策。例如，小米公司希望知道，有多少人以及什么样的人会购买红米手机；聚美优品希望知道，消费者的诉求是什么；海底捞希望知道，顾客对新推出的火锅底料有何反应。在这些情况下，管理者需要进行有针对性的市场调查。

市场调查是指系统地设计、搜集、分析并报告与企业有关的数据和研究结果。作为一个复杂的调查活动，市场调查必须运用科学的方法，有目的、有计划地收集、整理和分析有关市场营销方面的信息，获得合乎客观事物发展规律的见解，提出解决问题的建议，让企业决策者制订科学的营销规划，优化营销组合，开拓新的市场。

苹果公司推出新产品之前根本不做市场调查，乔布斯摒弃传统市场营销学的金科玉律，只专心做自己喜欢的东西。他在接受记者采访时说："不用做调查，消费者不知道他们想要什么，而苹果会告诉他们什么才是潮流。"走在公众需求的前面，力争引导市场而不是迎合市场，这就是乔布斯的哲学。乔布斯敢于相信自己的直觉判断，敢于创造自己的市场，这是一种自信和对自身存在意义的追求，但企业也会因此承受非一般的市场风险。那么我们可以模仿苹果的模式吗？答案是否定的。像乔布斯这样的商业天才很少，对于大多数企业来说，需要通过市场调查来了解消费者的现实需求，进而满足顾客需求；依靠直觉和灵感洞察消费者的潜在需求并超越顾客需求，这是十分困难的。因此，"没有调查就没有发言权"仍然是市场的黄金法则，充分深入的市场调查是企业进行营销策划的基础。

二、市场调查的内容

市场调查涉及营销活动过程的各个方面，主要内容有产品调查、顾客调查、销售调查、促销调查等。

产品调查包括对新产品进行设计、开发和试销，对现有产品进行改良，对目标顾客在产品款式、性能、质量、包装等方面的偏好进行预测。

顾客调查包括对消费者心理、消费者行为的特征进行调查分析，研究社会、经济、文化等因素对购买决策的影响以及这些因素的影响作用到底发生在哪个环节。

销售调查包括对购买行为的调查，以及对企业销售活动的审查。产品的市场潜量与销售潜量以及市场占有率的变化情况，也是销售调查的内容。

促销调查主要是对企业在产品或服务的促销活动中所采用的各种促销方法的有效性进行测试和评价。

市场调查最主要的活动：识别潜在的市场，确定市场特性，分析市场占有率、销售、竞争。市场调查技术包括定量研究和定性研究。定量研究一般是为了对特定研究对象的总体得出统计结果而进行的。定性研究具有探索性、诊断性和预测性等特点，它并不追求精确的结论。

三、市场调查的过程

（一）确定调查主题

进行市场调查，首先要明确市场调查的主题。按照企业的不同需要，市场调查的目标有所不同。企业在实施经营战略时，必须调查宏观市场环境的发展变化趋势，尤其要调查所处行业未来的发展状况；企业在制定市场营销策略时，要调查市场需求状况、市场竞争状况、消费者购买行为和营销要素情况；当企业在经营中遇到问题时，应针对存在的问题和产生的原因进行市场调查。

（二）设计调查方案

一个完善的市场调查方案一般包括以下几方面内容。

（1）调查目的。根据市场调查目标，在调查方案中列出本次市场调查的具体目的。例如，本次市场调查的目的是了解某产品的消费者购买行为和消费偏好情况等。

（2）调查对象。市场调查的对象一般为消费者、零售商、批发商，零售商和批发商为经销调查产品的商家，消费者一般为使用该产品的消费群体。在以消费者为调查对象时，要注意有时某一产品的购买者和使用者不一致，例如对婴儿食品的调查，其调查对象应为孩子的母亲。此外，还应注意到一些产品的消费对象主要针对某一特定消费群体或侧重于某一消费群体，这时调查对象应注意选择产品的主要消费群体，例如对于化妆品，其调查对象主要为女性；对于酒类产品，其调查对象主要为男性。

（3）调查内容。调查内容是收集资料的依据，是为实现调查目标服务的，可根据市场调查的目的确定具体的调查内容。例如，调查消费者行为时，可按消费者购买、使用、使用后评价三个方面列出调查的具体内容项目。调查内容的确定要全面、具体，条理清晰、简练，避免面面俱到、内容过多、过于烦琐，避免把与调查目的无关的内容列入其中。

（4）调查表。调查表是市场调查的基本工具，调查表的设计质量直接影响到市场调查的质量。设计调查表要注意以下几点：调查表的设计要与调查主题密切相关，重点突出，避免可有可无的问题；调查表中的问题要容易被调查者接受，避免出现被调查者不愿回答或令被调查者难堪的问题；调查表中的问题次序要条理清楚，顺理成章，符合逻辑顺序，一般可遵循容易回答的问题放在前面，较难回答的问题放在中间，敏感性问题放在最后的顺序；调查表的内容要简明，保证被调查者能在较短的时间内完成。

（5）调查地区范围。调查地区范围应与企业产品销售范围相一致，当在某一城市做市场调查时，调查范围应为整个城市。但由于调查样本数量有限，调查范围不可能遍及城市的每一个地方，一般可根据城市的人口分布情况，主要考虑人口特征中收入、文化程度等因素，在城市中划定若干个小范围调查区域，划分原则是使各区域内的综合情况与城市的总体情况分布一致，将总样本按比例分配到各个区域，在各个区域内实施访问调查。这样可相对缩小调查范围，减少实地访问工作量，提高调查工作效率，减少费用。

（6）样本的抽取。调查样本要在调查对象中抽取，由于调查对象分布范围较广，应制定一个抽样方案，以保证抽取的样本能反映总体的情况。样本的抽取数量可根据对市场调查的准确程度的要求确定。市场调查的结果准确度要求越高，抽取样本数量应越多，调查费用也越高。一般可根据市场调查结果的用途情况确定适宜的样本数量。实际市场调查中，在一个中等以上规模城市进行市场调查的样本数量，按调查项目的要求不同，可选择 200 ～ 1000 个样本，样本的抽取可采用统计学中的抽样方法。

（7）资料的收集和整理方法。市场调查中，常用的资料收集方法有调查法、观察法和实验法。一般来说，前一种方法适用于描述性研究，后两种方法适用于探测性研究。企业做市场调查时，采用调查法较为普遍，调查法又可分为面谈法、电话调查法、邮寄法等。这几种调查方法各有其优缺点，适用于不同的调查场合，企业可根据实际调查项目的要求来选择。资料的整理方法一般可采用统计学中的方法，利用 Excel 工作表格或 SPSS 数据处理软件对调查表进行统计处理，获得大量的统计数据。

市场调查的方法有观察法、实验法、访问法、问卷法、文案法、网络调查法等，在本章第三节有详细介绍。

（三）选择抽样方法

1. 随机抽样

随机抽样方法中总体的每个单位被抽中的概率相等。具体包括四种方法：（1）简单随机抽样，是指以每一个体为抽样单位，并使每一个体被抽中的概率相等；（2）等距抽样，是指将总体中的个体按照某种顺序排列，随机抽出某一位置上的个体，并顺着某个方向间隔地选取其他个体；（3）分层抽样，是指将总体中的个体按某种特征分为若干类，使得每类内部相差不大，类与类之间差异较大，然后在每一类中随机抽取若干个体构成样本；（4）整群抽样，是指将总体按照地域标志或其他标志分成若干个内部差异很大但相互之间差异很小的群体，然后在每一群体中随机抽取若干个体构成样本。

2. 非随机抽样

非随机抽样是指从总体中非随机地选择特定个体，每一个体被选中的机会未知，也不能用概率表示。具体包括四种方法：（1）任意抽样，是指调查人员随机抽取一些个体作为样本；（2）需求抽样，它要求被调查者提供其他可能回答问题的人员名单供调查者使用；（3）判断抽样，是指调查人员根据对总体及个体情况的了解，凭借主观判断选择有代表性的个体构成样本；（4）配额抽样，是指调查人员根据一定的标准确定样本个体数的配额，然后按照配额抽取一定数额的个体构成样本。

3. 设计样本量

选定抽样方法之后就要根据抽样的特点确定样本量。可以使用五种方法：（1）教条式方法，即根据调查人员的经验确定样本量；（2）约定式方法，即认为某一个“约定”或某一数量为正确的样本量；（3）成本基础法，即将成本视为样本量的基础；（4）统计分析法，即为了确保样本可信度或统计结果的正确性而确定最小的样本量；（5）置信区间法，即运用置信区间、抽样分布等概念创建一个有效的样本。

（四）信息搜集与分析

1. 搜集信息

调查方案制定好后，就要开始搜集信息。信息一般分为一手资料和二手资料。一手资料也叫作原始资料，获得的方法很多，也很灵活，具体方法根据调查的目的、性质以及研究经费的多少决定。但是无论采用何种方法，都要紧密围绕调查主题周详安排。二手资料是在某处已经存在的为某种目的搜集的信息。研究人员通常从搜集二手资料开始他们的调查工作，收集这些二手资料比较容易，花费也较少。一般将利用二手资料进行的调查称为案头调查。二手资料为调查提供了一个起点，具有成本较低以及得之迅速的优点。但是，研究人员也必须搜集一手资料，它们是为某种特定目的而收集的原始资料。

在市场调查中，搜集信息是一项艰苦的工作，不仅要求调查人员吃苦耐劳，还需要其掌握科学的收集数据的方法和技术。搜集信息是整个调查中成本最高同时出错率也最高的环节，要求工作人员认真负责、实事求是。随着时代的发展以及互联网的广泛应用，数据的搜集越来越简便快捷。有些公司使用专门的电话调查软件，对一个集中的地点进行随机访问，被调查者只需要按照提示按下选项对应的电话按键，他们的回答就会被存储到远程的数据库中，以供将来分析之用。

2. 分析信息

完成信息的搜集获得想要的数据后，要对所得的信息进行处理与分析。采集的信息大多是分散、零星甚至是不准确的，因此，首先要对所采集的信息进行加工处理，形成系统化、规范化且符合客观规律的资料。具体分为四个步骤：第一步，将数据资料分类，即按数量、时序、地域、质量分组；第二步，编校，即审查、验证数据是否正确，修订或剔除不符合实际的数据；第三步，数据编码及录入，即为每个问题及答案赋予一个数值代码，并将其录入计算机；第四步，编制图表，即列示每一种答案出现的次数，形成所有资料的数据库。在营销分析系统中，研究人员应努力采用一些先进的统计技术和决策模型，以期得到更多的调查结果。对数据的分析包括统计分析和理论分析。统计分析包括两个方面：描述统计和推论统计。描述统计是根据所得的信息，找出这些数据的分布特征，是描述调查观察的结果。推论统计是在描述统计的基础上加以推断。理论分析是分析数据的重要环节，是在资料汇总分析的基础上进行思维加工，进而从感性认识上升到理性认识。分析信息的方法有归纳法、类推法、公理法、演绎法等。

（五）市场调查报告的撰写

在市场调查提出结论后就该撰写市场调查报告了，它是调查活动结论性意见的书面报告。它将调查的结果、结论、建议等信息传递给客户，为客户提供决策基础。市场调查报告通常包括三种形式：数据型报告、分析型报告、咨询型报告。调查报告是市场调查过程中的关键环节，调查者必须花足够的时间和精力认真准备书面报告和口头报告。市场调查报告的内容包括以下几个方面。

1. 前言

（1）封面。封面通常包括以下四个方面的内容：第一，标题，要尽可能提供有关报告的目的和内容的信息；第二，委托单位的名称，即为哪个单位或个人提供的调查服务；第三，调查机构的名称（可以添加地址、电话、传真、电子邮箱等联系方式）；第四，呈送调查报告的日期。

（2）授权书。授权书是指在调查活动开始前委托客户写给调查机构的信函，详细说明了对调查机构的要求。通常由双方订立确定委托代理关系的合同文书，并非所有报告都有授权书。一份授权书通常包括以下内容：调查范围与调查方法、付款条件、预算、人员配备、期限、临时性报告、最终报告的要求。

（3）目录。目录列示整个书面报告的内容，帮助使用者快速找到每一章节在报告中的相应位置。通常包括以下三个方面：章节标题 / 副标题及相应页码，图表、数字清单标题及页码，附录标题及页码（即附录、索引及相关资料）。如果是电子文档，则要添加超级链接，以增强报告的可读性。

（4）执行性摘要。此部分是对调查报告主体部分的高度概括和总结，是整个报告的必读部分，为忙碌的管理者及委托单位提供了预览条件。主要包括：调查目标、调查方法、调查结果、结论及建议、其他有关信息（如背景信息、局限性等）。

2. 主体

（1）引言。此部分介绍实施调查的背景（如项目来历、调查方法的更简单描述等）、参与调查的人员和单位，向相关个人及单位致谢，也可以对报告中的每一部分内容及其联系进行简单介绍。

（2）分析与结果。此部分是调查报告的正文，也是最核心的部分，应按照一定的逻辑顺序进行陈述（通常包括项目的市场背景分析、原因分析、利弊分析和预测分析），并配合文字、表格、图形等展示分析的全过程，得出调查结果。

（3）结论及建议。这是调查报告的关键部分，也是最吸引人之处。其中，结论是以调查分析结果为基础得出的；建议是根据结论提出的工作及行动建议，是今后的行动指南，是调查机构对整个调查项目的总结。

（4）调查方法。此部分主要包括：调查类型及目的；总体及样本的界定；资料收集方法（文案法、访谈法、问卷法等）和调查问卷的一般描述；对特殊问题的考虑，以增强调查的可靠性。通常调查方法的篇幅不宜过长。

（5）局限性。由于任何调查都难免受样本界定误差或随机误差的影响，同时又受时间、预算、资源或其他条件的约束和限制，会使调查结果产生不同程度的误差，因此应以客观的态度对调查项目的局限性进行说明。

3. 附录

（1）调查问卷及说明。将调查问卷原稿附在正文后面，并对调查方法、抽样调查方式以及问卷调查中的相关问题进行详细说明。

（2）数据统计图表及详细计算与说明。报告中涉及的图表及其他资料应详细说明，数据的统计、计算过程也应适当解释。

（3）参考文献及资料来源索引。报告所参考的文献、学术期刊等资料需进行说明，同时需要对一手资料、二手资料的来源及联系方式进行详细说明。

（4）其他支持性材料。除上述资料外的其他资料也应作相应说明。

第三节　市场调查的方法

一、文案法

文案法又称二手资料调查法、间接调查法或文献调查法，是指通过查找或阅读图书、统计资料或研究成果等资料，获得所需信息的过程。它具有成本低、资料较易查找、搜寻耗时较短等优点，同时具有针对性弱、实效性差、可信度低等缺点。

文案调查的资料来源有两个方面：内部资料和外部资料。

（一）内部资料

内部资料是指企业生产经营活动的各种记录，包括以下几个方面。

（1）物资供应资料。包括原材料、零部件、在产品及产成品的库存记录，进出资料记录，以及各种物料管理的规章制度等。

（2）生产资料。包括生产作业的完成情况、工作效率、质量检验、操作规程、工艺流程，以及产品的设计图纸和说明、技术文件、实验数据等资料。

（3）销售资料。包括订单、发票、销售记录、业务员访问报告、业绩总结等文件或资料。

（4）统计资料。包括各类统计报表及统计分析资料。

（5）财务资料。企业的各种财务和会计核算与分析资料、财务制度，包括各种会计账目、利润表、资产负债表、现金流量表等，以及企业产品的成本、销售价格等。

（6）市场环境资料。包括顾客与客户资料，竞争者的产品、服务、规模及优劣势研究，市场潜量、成长速度、发展趋势等。

（二）外部资料

外部资料是指已出版的资料，具体来源如下。

（1）国际组织、国家统计机关及各级政府主管部门公布的有关统计资料，例如联合国每年出版的《联合国统计年鉴》，世贸组织发布的国际贸易统计数据，我国政府每年出版的《中国统计年鉴》，各省市的统计年鉴及《中国经济年鉴》等综合性年鉴资料汇编。

（2）各种专业调研机构、经济信息中心、信息咨询机构、行业协会和联合会等提供的市场信息和有关行业的情报，国内外行业文献，各企业的年度报告、财务报告等。根据 2014 年国家市场调研中心对中国市场调研公司进行的实力排名，前五位分别为央视市场研究股份有限公司、央视－索福瑞媒介研究有限公司、上海尼尔森市场研究有限公司、北京特恩斯市场研究咨询有限公司、北京益普索市场咨询有限公司。这些专业的市场调查机构都拥有大量的数据库，可以提供权威的市场数据。

（3）互联网提供的各种信息。互联网具有便捷、及时的特点，是非常重要的获得二手资料的来源，大有取代传统纸媒的趋势。推荐主要的市场信息来源网站如下。

搜索引擎网站：谷歌、百度等。

统计与经济信息网站：国家统计局官网、国务院发展研究中心信息网、中国经济信息网、国泰安数据库、EBSCO 数据库等。

学术资料共享网站：中国学术期刊网、百度文库、道客巴巴、栖息谷等。

（4）国内外相关书籍、文献、杂志、咨询报告等所提供的资料。例如，各种统计资料、广告资料、市场和行业情报及预测资料。

（5）有关生产和经营机构发布的资料。例如，《中国工商企业名录》等企业名录、广告说明书、专利资料及商品价目表等。

（6）各种国际组织、使馆、商会，以及国内外的博览会、展览会、交易会、订货会和专业的学术性经验交流会提供的信息。

二、观察法

观察法是由调查人员用直接观察的方式对调查对象进行观察和计量并搜集资料的一种定性调查方法，是社会调查和市场调查最基本的方法。乍看起来，观察法的实施似乎不需要计划，但事实上事先制订计划很重要，这样就可以避免观察的结果受到环境的影响，使各次观察的结论保持高度一致，并且用于比较和概括。

（一）观察法的方式

1. 直接观察和间接观察

直接观察是指观察被调查者正在发生的行为。比如，如果商店想知道顾客是怎样挑选西瓜的，就可以观察西瓜购买者是怎样选择购买的。许多公司都运用直接观察法。例如，美国通用磨坊公司使用此方法了解儿童怎样吃早餐，随后推出了儿童课间食品“Go-Gurt”。又如，调查人员在商场中秘密观察、记录顾客的行为和举止，并将观察记录的结果汇总，总结出顾客的消费行为、偏好和心理特征等。

为了观察一些非明显甚至是隐蔽的行为，例如，对于过去的行为，需要用到间接观察法。通过间接观察法，调查人员研究被调查对象的行为所产生的效果和结果，而不是他们的行为本身。间接观察法可通过档案记录和实物追踪来实现。例如，根据销售电话记录可以了解销售人员电话访谈的频率，根据收银机的扫描数据可以了解价格变化、促销活动以及产品包装变化对市场的影响。

2. 隐蔽观察和非隐蔽观察

隐蔽观察是一种被调查者并不知道自己被调查的调查方法。例如，调查人员装扮成普通顾客介入活动之中，搜集有关商店、雇员与顾客的信息资料，这样能够客观、真实地反映被调查者的行为。在有些情况下，想让被观察者毫无知觉是不可能的，这时就需要使用非隐蔽观察。这种观察方法比较常见，在面试中，面试官会通过许多环节，例如无领导小组、案例分析等，观察面试者的神情举止、表达能力等，判断其是否符合岗位的要求。

3. 结构化观察和非结构化观察

结构化观察是指调查人员预先设定了将要观察和记录的行为内容，而对其他行为不予关注的一种调查方法。通常调查人员会准备一个有具体条目的表格，集中观察某些特定的行为。这种方法可以减少调查人员的工作量。非结构化观察是指调查人员没有任何限制地去观察所有行为的一种方法，调查人员必须关注调查的主题。该方法经常应用于探索性调查。

4. 人工观察和机械观察

在人工观察中，调查人员自己或者雇佣别人来担任观察员，这是一种比较实用的方法。例如，调查人员扮成神秘顾客进行观察等。机械观察是指使用机器代替人进行观察，在人工观察成本高昂时，选择机械仪器进行观察是明智之举。随着科技的发展，很多先进的智能设备被用于机械观察中。交通流量计数器是最为流行和普遍的机械观察设备之一，它可以用来测量特定路段的人流量和车流量，户外广告设计者也可以根据交通流量计数器来确定每天经过某一特定广告牌的人数，零售商可以使用这些信息进行店面选址的决策。阅读器、收视计数器、条码扫描器可以用于观察顾客的行为。摄像头、录像机及其他一些监听、监视设备可以记录消费者的行为。如美国尼尔森公司在全国各地 1250 个家庭的电视机里装上电子监视器，每 90 秒扫描一次，只要收看 3 分钟以上的节目就会被记录下来。眼动仪可以将观众观看广告时的眼动轨迹记录下来，通过分析记录的数据了解观众观看广告的先后顺序，对画面某一部分的注视时间、注视次数等，以此分析观众的心理活动。

（二）观察法的优缺点

观察法的优缺点如表 5-1 所示。

表 5-1　观察法的优缺点

优点	缺点
能够客观、真实地反映被调查者的行为 不存在被拒绝或不配合的现象 有利于排除语言或问题理解方面的误差 简便、易行、灵活 不干扰顾客	调查耗时长 只能反映客观事实，难以获得深层次的信息 对调查人员的素质及业务水平要求高 观察到的事物可能存在某种假象

（三）观察法的适用情况

（1）消费者偏好调查。观察法适用于观察消费者购物时对商品的品种、规格、款式、包装、价格、服务等的偏好。

（2）商场经营环境调查。观察法适用于对商场的商品陈列、货架摆放、橱窗布置、卖场气氛、客流量等方面进行观察。

三、实验法

实验法（Experimental Method）是指调查人员根据调查的要求，用实验的方式使调查对象处于特定的环境条件下，对其进行观察以获得相应的信息。控制对象可以是产品的价格、品质、包装等，在可控制的条件下观察市场现象，揭示在自然条件下不易发生的市场规律，这种方法主要用于市场销售实验和消费者使用实验。

实验是指研究人员改变一些因素（这些因素称为解释变量、自变量或实验变量），观察这些因素的变化对其他因素，即因变量有什么影响。在营销实验中，因变量经常是衡量销售的一些指标，例如总销售量、市场份额等。解释变量或实验变量则是典型的营销组合变量，如销售人员付酬方式、价格、广告的数量、产品特点的变化等。外生变量是指那些对因变量有一些影响但不是自变量的变量。针对这些变量，我们举例说明。假设一个超市就啤酒的摆放位置（自变量）对销售量（因变量）的影响做实验。记录按常规的产品位置摆放时的销售额，然后将啤酒放在不起眼的角落里并再次记录销售额。假设销售额增加，那么是否意味着啤酒摆放位置的变化会导致销售额增加呢？是否还有其他的外生变量会影响销售额呢？很明显，根据经验，天气、节假日、广告等都会影响销量，所有这些都可以看作外生变量。由于它们会对因变量产生影响，所以在进行实验时需要控制这些外生变量。

（一）实验法的优缺点

实验法的优缺点如表 5-2 所示。

表 5-2　实验法的优缺点

优点	缺点
较科学、实用 实验结果具有较强的说服力、价值高 能够排除人们的主观偏差 可探索不明确的因果关系	耗时长、成本高 保密性差，易暴露营销计划的关键部分 样本或实验区域的选择较困难 在操作、管理、控制等方面较困难

（二）实验法的适用情况

（1）检验因果关系。实验法主要用于检验某些市场因素之间的因果关系，研究其对总体市场的影响程度。

（2）新产品的区域试销。在某一产品大规模进入所有目标市场之前，有必要在一个有代表性的区域内试销产品，以观察市场的反应程度。

四、访问法

访问法（Access Method）又称询问法，是指调查人员以访问为主要手段，从被调查者的回答中获取信息资料的方法，是一种最常用的实地调查方法。访问法包括以下几种方法。

（一）面谈访问法

面谈访问法是指调查人员面对面地向被调查者询问有关问题，以获取相关信息资料，包括个人访谈、小组访谈等多种形式。其中，个人访谈包括人户访问、拦截访问及经理访谈等，小组访谈包括焦点小组访谈、深层访谈、德尔菲法访谈及头脑风暴法访谈等。其优点在于简单、灵活，可随机提问；调查人员可边询问边观察，有助于提高调查质量；提问的弹性大（就某问题深入详细地交谈），被调查者可充分发表意见，有助于获取有价值的信息；所提问题的回答率高。缺点是费用高、时间长，只适合小规模的调查；对调查人员素质要求较高；调查效果在很大程度上取决于被调查者的配合情况，被调查者易受调查人员主观意识的影响，使信息失真。

（二）邮寄询问法

邮寄询问法又称通信询问法，它是将事先设计好的问卷或调查表通过邮件的形式寄给被调查对象，他们填好以后在规定的时间内寄回来。其优点在于高效、便捷、费用低、样本量大、调查范围广，减少了对调查人员的监督，被调查者思考的时间充裕，尤其适用于较敏感或涉及隐私的问题。缺点是问卷或调查表的回收率低、信息反馈时间长、时效性差，对被调查者素质要求较高，对调查内容要求较高（问卷设计清晰无歧义，能够引起被调查者的兴趣）。

（三）电话询问法

电话询问法是指调查人员根据抽样的要求，在样本范围内，通过电话询问的形式向被调查对象询问事先拟定的内容来获得信息资料。其优点在于经济、快速、易于控制，访问对象样本大、范围广，受调查人员影响小，交谈自由，能畅所欲言，对调查人员的管理方便，尤其适合对热点问题或突发问题的快速调查。缺点是无法进行产品的有形展示，不适合较长时间的访问，不适合深度访谈或开放式问题的访谈，容易遭到拒绝，被调查者易产生抗拒心理。

五、焦点小组访谈法

焦点小组多由 8 ～ 12 人组成，在一名主持人的领导下对某一主题或观念进行深入的讨论，目的在于了解人们的想法及其产生的原因，了解他们对一种产品、观念、想法或组织的看法，了解所调查的事物与他们的生活的契合程度，以及在感情上的融合程度。

焦点小组访谈法不是一问一答式的面谈。它们之间的区别也就是群体互动和群体访谈之间的区别。群体互动所提供的互动作用是焦点小组访谈法成功的关键，正是因为互动作用才组织一个小组而不是个人进行面谈。使用群体会议的一个关键假设是，个人的反应会成为对其他人的刺激，这样可以观察到受试者的相互作用，这种作用会获得比同样数量的人作单独陈述时更多的信息。

焦点小组访谈法的优点在于参与者之间的互动可以激发新的思考和想法，这是一对一面谈实现不了的，而且群体的压力可以使激进者更现实一些。参与者之间积极的互动还意味着，对委托方而言，通过观察焦点小组来获得一手资料比一对一的面谈更为快捷和有趣。同时，这个方法也便于操作，容易得到所需要的结论。焦点小组访谈法的缺点在于：容易受主持人的水平或研究者的认识的影响，可能会产生误导性的而不是指导性的结论。此外，如果选择的参与者和目标市场有一定的偏差，造成的后果就不堪设想。

六、问卷法

问卷法（Questionnaire Survey）是指通过设计调查问卷，让被调查者填写调查表来获得调查对象的信息。在调查中将调查的资料设计成问卷后，让被调查者将自己的意见或答案填入问卷中。在一般的实地调查中，问卷法采用得最广泛；同时，问卷法在目前网络市场调查中运用得较为普遍，是收集一手资料最常用的方法之一。

（一）调查问卷的结构

1. 标题

标题要突出问卷的调查主题及目的，使被调查者对所要回答问题的主要方向一目了然。

2. 问候语与填表说明

问候语应语气亲切、诚恳、有礼貌，内容交代清楚，消除被调查者的疑虑，促使其参与调查。填表说明旨在规范并帮助被调查者回答问题，可以集中放在正文前面，也可分散到相关问题中，视具体情况而定。

3. 正文

正文包括所要调查问题的全部，主要由问题、答案及指导语构成。

4. **被调查者背景资料**

背景资料包括性别、年龄、民族、文化程度、收入、婚姻状况、家庭类型、职业、职务、单位、联系方式等，目的是进行资料统计与分析时能够对消费者的特征有更好的把握。

5. **调查人员资料及问卷编号**

为便于查询、核实、奖励及明确责任，问卷需包含调查人员的姓名、实施调查的时间和地点、相关信息及问卷编号。

6. **结束语**

结束语亦称致谢语，置于整个问卷的最后，用来表达对被调查者的感谢。

（二）设计调查问卷的程序

设计调查问卷的程序如图 5-2 所示。

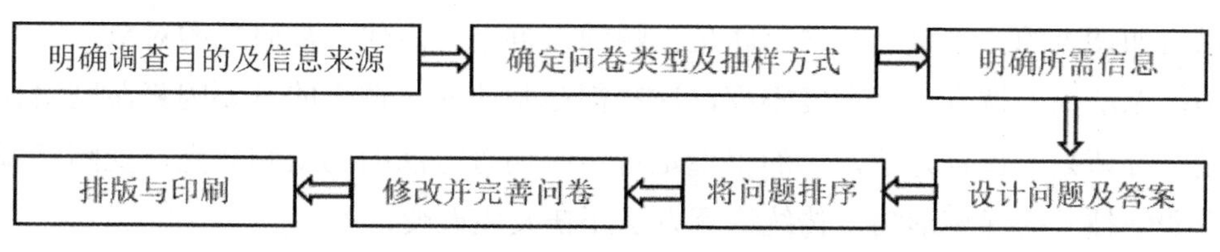

图 5-2　设计调查问卷的程序

第一步，明确调查目的及信息来源。首先，进行探索性调查，发现待研究问题；其次，参照调查主题对问题进行筛选，排除不必要的问题；最后，确定调查主体和调查内容。

第二步，确定问卷类型及抽样方式。首先，根据被调查群体的属性及特征，确定采用何种问卷类型，即送发式、邮寄式、人员或电话访问式等；其次，确定抽样方式，即随机抽样或非随机抽样。

第三步，明确所需信息。首先，根据调查的目的及主题列出所要调查的信息；其次，集思广益，使问卷尽量包括所有相关问题；最后，考虑信息获得的渠道及可行性。

第四步，设计问题及答案。首先，确定问题的类型（开放式或封闭式）；其次，设计问句，要求用词准确，避免误导或诱导性词句，切忌一个句子中出现两个问题；最后，问题选项应尽量包含所有可能性，例如，可增添“其他”选项。

第五步，将问题排序。首先，运用过滤性问题将不合格的应答者剔除；其次，将易答问题放在前面，复杂、敏感的问题放在后面；最后，按照正常的逻辑顺序进行排序或将问题分组，以免产生思维来回跳跃的现象。

第六步，修改并完善问卷。首先，对问卷的措辞反复推敲，使问题能够获得相关信息；其次，进行小范围的问卷试答，确认每一个问题都能被充分地理解与回答；最后，根据各方意见完善问卷。

第七步，排版与印制。二者看似无足轻重，却会较大程度地影响调查效果。切忌为节省成本而进行版面压缩，使问题之间空隙太小；也不要使用低档的纸张、采用粗糙的印刷。

（三）网络问卷调查法

在互联网时代，网络调查很快成为市场营销信息调查的利器。网络调查法是指企业利用互联网了解和掌握市场信息的方式。网络调查法具有自愿性、定向性、及时性、互动性、经济性与匿名性的特点。网络调查不受时空与地域的限制，节省了人力、物力，节约了成本和时间，省略了印刷、邮寄等过程，问卷回收效率高，还可以增加调查的信息量。其缺点就是上网的人群不一定代表被研究的对象，针对性不强，无法深入调查，真实度不高，这些都是制约网上调查的重要因素。网络调查法是一种新兴的调查方法，它的出现是对传统调查方法的创新和补充，受网络调查以及通信技术的深刻影响，传统调查方法正在发生改变。

1. 网上问卷调查法

网上问卷调查法是在网上发布问卷，被调查对象在网络上填写问卷，完成调查。在问卷的设计上，尽量做到简明易懂，尽可能立即显示调查结果。

2. 站点法

站点法是将问卷放在网络站点上，由访问者自愿填写、提交问卷，经调查者统计分析后再在网上公布结果的调查方法，是网上调查的主要方法。大学生常用的问卷调查网站有问卷星、第一调查网等。这些调查网站为了鼓励用户使用，设有金币或者积分奖励，以便更好地达到调查目的。此外，随着通信工具的发展，微信调查越来越普及，制作好调查问卷后通过朋友圈转发、公众号推送等方式让用户进行问卷的填写。站点法的优点是答题者是自愿的，且传播途径广，目前被广泛应用；不足之处是难以选择和控制被调查对象，有时甚至可能出现样本重复、数据不真实等情况。

（四）E-mail 问卷法

E-mail 问卷法是指通过邮件群发的方式将问卷发送给答题者，答题者直接通过点击问卷链接的方式答题。这种方式的优点是可以有针对性地选择答题者，使用简便，投递迅速，收费低，问卷易于保存，被广泛应用；缺点是回收率低，容易遭到答题者的反感，有侵犯个人隐私之嫌。因此，使用该方法时应得到答题者的同意，并向答题者提供一定补偿，如赠送小礼品，以消除答题者的敌意。

1. 网上讨论法

网上讨论法不需要面对面的交流，而是借助互联网平台实现交流。它有多种途径，如BBS（电子公告牌系统）、IRC（网络实时交谈）、Netmeeting（网络会议）Newsgroup（新闻组）等，从本质上讲就是互联网集体访谈法。此方法被广泛用于网络投票、网上焦点小组访谈等。

2. 网上测验法

网上测验法是指测验者利用网站或E-mail等途径，向网民或受测者发出有测验内容的问卷或信件，网民或受测者作出回答后反馈给测验者，测验者对反馈信息进行统计分析，并得出结论。比如，公司可以通过在不同的网页或不同的时间提供不同的价格、标题或某种产品属性，来比较自己的营销变量效果，或者可以创造虚拟的购物环境，测试产品和市场营销方案。

案例　早餐市场的需求预测

近年来，早餐市场逐渐成形，消费者在早餐上的花费也明显增多，消费意愿更强。有预测表示，中国消费者早餐食品总消费将从2015年的1.334亿元增至2021年的1.948亿元。2021年，在外食用早餐的市场销售额突破了8400亿元。其中，传统早餐类型的消费量仍占主流，包子、豆浆、油条、煎饼等传统早餐品类占据着早餐市场的绝对份额。

2021年1月11日，星巴克中国推出“早餐优选组合”。该早餐新品系列在上海和台州率先登场，目前已覆盖整个苏浙沪以及深圳地区的门店。星巴克这次推出的早餐有15元和19元两种组合，每份组合均包括一份主食加一杯现调蒸汽奶，消费者也可根据个人喜好单点产品，还可以选择加价15元起将早餐组合中的饮品升级为星巴克咖啡。同时，购买任意咖啡加5元起还可以获得一款指定早餐食品。

在早餐的定价上，星巴克给人的印象是亲民，在渠道上也很便利，用“咖快”在线下单，随后到店自提。星巴克中国称：“通过15元的价格，我们希望更多人可以品尝到星巴克美味、多元、便捷的早餐组合，从而鼓励大家重视早餐，倡导健康的生活方式。”

疫情之下，中国的整个餐饮市场都很低迷。一些品牌乘胜追击探索出新的发展之路，而一些品牌则“关门大吉”。星巴克这个领头品牌自然不会轻易言败，对中国市场寄予厚望，预计从2023年开始，其在中国的门店销售额每年将增长2%～4%，比之前的1%～3%提高1个百分点。

思考：你对星巴克早餐的未来需求预测有何补充完善的建议？

思考与练习

1. 举例说明营销信息系统的地位和构成。
2. 营销调研系统与营销信息系统存在哪些异同?
3. 科学的营销调研应该注意哪些问题?
4. 列举三四种营销调研方法。
5. 请说明在数字化时代，企业如何在营销调研中使用大数据、云计算、人工智能等数字技术。

第六章　目标市场营销战略

本章要点

企业通常在市场细分的基础上选择目标市场，即在评估不同细分市场之后，决定选择哪些细分市场。之后，企业要进行市场定位，即根据竞争对手产品在市场上所处的位置，针对顾客对该类产品的重视程度与需求状况，结合企业的现有条件，塑造本企业产品与众不同的个性或形象。

学习目标

1. 了解市场细分的基础。
2. 掌握消费者市场细分的依据。
3. 熟悉目标市场选择的模式。
4. 了解市场定位的方式。

企业为取得竞争优势，要识别自己能够有效服务的最具吸引力的细分市场，来确定哪些市场是适合自己的目标市场，同时也需要在目标市场中体现自己的独特优势，即进行正确的市场定位。作为现代目标市场营销理论的核心——STP 营销，即细分市场（Segmentation）、目标市场选择（Targeting）、市场定位（Positioning），是企业制定有效营销组合策略的基础和前提。那么，如何进行市场细分？如何选择目标市场？如何进行市场定位？这些问题都是企业需要考虑的。

第一节 市场细分

一、市场细分的内涵

（一）市场细分的定义

市场细分是由美国市场学家温德尔·史密斯于1956年提出来的。市场上的顾客总是有差异的，存在不同的需求，追求不同利益和价值。温德尔·史密斯认为，市场细分是一种战略。企业要对市场进行细分，而不是仅仅停留在产品差异化上。

市场细分是企业以消费者的需求差异性为依据，根据某些变量把整个市场区分为具有不同需求的若干个子市场的过程。企业通过市场细分更容易了解消费者的需求，确定自己的服务对象，即目标市场，从而集中人、财、物及资源去争取局部市场上的优势，然后占领自己的目标市场。通过市场细分，企业可以对每一个细分市场的购买潜力、满足程度、竞争情况等进行对比，探索出有利于本企业的市场机会，及时作出销售决策或根据本企业的生产技术制订新产品开拓计划。

（二）市场细分的实质

首先，市场细分是企业根据消费者（或用户）对同类产品所表现出来的需求差异性，将其划分为具有不同特点的若干群体，因而它是针对消费者（或用户）需求进行的分类，而不是针对企业产品或劳务的直接分类。

其次，市场细分的客观基础是整体市场上存在需求的差异性，是企业适应消费需求差异的一种有效策略与方法。

最后，将整体市场细分出若干个子市场，是为了使单个子市场内部的一致性减少，表现出它的同质性。

（三）市场细分的作用

市场细分对于企业发展具有重要作用。归纳起来，市场细分的作用具体有如下三个方面。

（1）有利于企业制定适当的营销方案。进行市场细分，有利于企业制定适当的营销方案，实施有效的营销计划，是营销战略的基本观念之一。

（2）有利于企业发掘新的市场机会。在市场细分的基础上，企业可以深入了解各细分市场的不同需求，通过比较发现有利于企业的营销机会，以便运用自身的有利条件，迅速占据市场的优势地位。

（3）有利于更好地满足潜在客户的需要。在市场细分的基础上，企业可增强市场调查的针对性，切实掌握目标市场消费需求的变化情况，分析潜在的客户需求，研发新产品，开拓新市场。

二、消费者市场细分依据

（一）地理细分

地理细分是指把消费者市场按国家、地区、城市规模、人口密度、气候、地理特征等划分为不同的地理区域。地理细分的主要理论依据：处在不同地理位置的消费者对产品有不同的需求和偏好，他们对企业采取的营销策略，对企业的产品、价格、分销渠道和广告宣传等有不同的反应。目前，许多企业都在努力加强本土化。快餐店会根据不同的国家进行市场细分，然后为不同国家的消费者提供符合其偏好的产品。比如，欧洲的许多麦当劳供应啤酒，中国的肯德基早餐供应豆浆、油条。

（二）人口细分

人口细分是按照年龄、性别、家庭人口、家庭类型、家庭生命周期、收入、职业、受教育程度、宗教、种族和国籍等人口变量对市场进行划分。人口变量是区分顾客群体最常用的基本要素。一是消费者对产品的需求、偏好和使用率与人口变量密切相关；二是人口变量比其他类型的变量更易测量。即便企业采用其他的细分方式划分市场，也必须先了解市场的人口统计特征，这样才能评价目标市场的大小，从而作出有效的营销策划。

1. 年龄细分

不同年龄的消费者有不同的需求和欲望，同一个消费者在不同的年龄段也会有不同的需求和欲望，因此企业要针对不同年龄的消费者提供不同的产品或运用不同的营销手段。例如，狮王牙膏有针对儿童的“小狮王”牙膏，其形象设计可爱，主要功能是防蛀，强调让孩子爱上刷牙；而针对成年人的酵素洁净牙膏，则强调美白牙齿和清新口气的功能，满足了成年人的形象需求。

2. 性别细分

服装、化妆品、杂志等企业经常采用性别这一细分变量对市场进行划分。例如，绫致时装在中国主要经营ONLY、VERO MODA、SELECTED和JACK & JONES四个品牌。其中ONLY和VERO MODA定位于女性市场，企业认为女性是充满激情的，应让她们展示独特的个性，大胆地通过服饰表现自我；而SELECTED和JACK & JONES则定位于男性市场，坚持“成就最好的男人”的品牌承诺，帮助现代精英男士展现从容睿智、时尚儒雅的风格。

3. 收入细分

旅游、汽车、理财等企业经常采用收入这一细分变量对市场进行划分。通过收入细分，企业可以为高收入消费者提供奢侈的商品和便利的服务，对中低收入的消费者采取低价战略，满足其追求物美价廉的需求。比如，宝马公司在华销售的产品系列分为华晨宝马、进口宝马。华晨宝马系列的定价较低，更适合那些事业刚刚进入上升期、收入不高的年轻一代；而进口宝马系列的目标客户则是高收入的群体，该系列是身份和地位的象征。

（三）心理细分

心理细分是指根据消费者的社会阶层、生活方式、个性特征、价值观念等将市场划分为不同的群体。具有不同心理特征的消费者会有不同的偏好。虽然心理细分变量相较于地理细分变量和人口细分变量更难以测量，但却是行之有效的市场细分方法。比如，第三方社交化电子商务“什么值得买”网站通过使用生活方式和价值观念这两种细分变量对目标市场进行心理细分，找到了那些既熟悉网购流程又想买到高性价比的商品、愿意主动爆料优惠信息和购买经验、乐于晒单分享的人，为他们提供了一个分享和交流的平台。

1. 社会阶层细分

人们在社会中的职业、经济和社会地位各不相同，因此形成不同的社会阶层。人们对消费品的选择会受到所在阶层的约束。因此，企业可以根据社会阶层细分市场，为不同的阶层设计不同的产品，制定有针对性的营销方案。比如，奢侈品市场通常的目标人群是经济、社会地位较高的人群，会刻意营造一种遥不可及的感觉。与之相对的“快时尚”则为经济地位相对较低的人群提供更新频率快、款式众多、价格优惠的产品。

2. 生活方式细分

观念、兴趣和生活态度的不同会使每个人有不同的生活方式，不同的生活方式使得消费者有不同的需求。因此企业可以根据生活方式划分消费者市场，针对消费者的生活特征进行营销策划。企业进行生活方式细分时可以采用AIO模型，即活动

（Activities），如消费者的工作、业余消遣、休假、购物、体育、交友等活动；兴趣（Interests），如消费者对家庭、服饰、食品、娱乐等的兴趣；意见（Opinions），如消费者对社会、政治、经济、产品、文化、教育、环境保护等问题的意见。

3. 个性细分

不同的人有不同的个性，这些个性特征会潜在地影响人们的购买行为。因此，企业利用个性来划分细分市场时，会赋予产品与某些消费者个性类似的品牌个性，这必然会吸引有类似个性的消费者购买。比如，宜家为了满足有 DIY 需求的顾客，在 2018 年出售了一款名为“开源沙发”的新产品，鼓励人们在一个沙发坐垫的基础上，通过添加扶手、边桌、儿童摇椅甚至是落地灯的方式，来创造出更适合自己的沙发。

（四）行为细分

行为细分是指根据消费者的购买时机、追求的利益、使用者情况和使用频率、品牌忠诚度、态度等将市场划分为不同的群体。许多市场营销学者认为行为细分是进行市场细分的最佳起点。

1. 时机细分

企业可以根据消费者产生购买意图、实施购买行动或使用购买品的时间来细分市场。比如，消费者一般习惯早晨喝豆浆，企业可以开展一些针对购买时机的促销活动，宣传在其他时间也可以饮用豆浆，促进消费者使用时机的多样化，从而增加销量。

2. 利益细分

消费者在购买同一种商品时可能追求不同的利益，企业需要找到消费者在产品消费过程中追求的主要利益，据此划分不同的利益群体，为不同的利益群体设计不同的品牌。比如，宝洁公司就采用多品牌战略为追求不同利益的群体提供多种品牌，其旗下的洗发水品牌有海飞丝、飘柔、潘婷等。其中，海飞丝主打去头屑，飘柔强调头发的顺滑，潘婷则着重于头发的营养，三个品牌的不同定位满足了追求不同利益的消费者的需求。

3. 使用者情况细分

企业可以根据使用者情况将消费者划分为不同的群体。比如，企业可以将消费者细分为非使用者、曾经的使用者、潜在使用者、首次使用者和经常使用者。企业要努力留住经常使用者，吸引目标市场的非使用者，同时尽量与曾经使用者重建联系。比如，当你路过一家新开业的面包店时，店员邀请你试吃一款面包，这说明你是这家面包店的潜在使用者，店家正在努力地和你建立联系，希望把你变成使用者。此时店员可能会送给你一张优惠券，他想吸引你进店购买，把你发展成首次使用者，在这个过程中店员还可能会向你介绍会员卡，目的在于最终把你发展成为经常使用者。

4. 使用频率细分

企业还可以根据消费者对产品的使用频率将消费者市场划分为少量使用者、一般使用者和大量使用者。这种细分战略又叫作数量细分。虽然大量使用者消费的商品总量占总产品量的比例较大，但是大量使用者的数量通常不多。企业可以根据大量使用者共同的人格、心理等特征为他们量身定制产品，设计营销方案。比如，中国移动就根据客户对于不同通话时长、上网流量的需求设计了不同种类的话费套餐业务，以满足顾客对产品的不同需求。

5. 忠诚度细分

企业还可以根据消费者对企业的忠诚度进行市场细分。有些消费者绝对忠诚，他们一直购买一个品牌并热衷于向其他人推荐此品牌。有些消费者忠诚于两三个品牌，或者有自己偏爱的品牌，有时也购买其他品牌，他们就是一般忠诚者。有的消费者只购买特价促销的产品，他们不忠诚于任何一个品牌。

表 6-1　消费者市场细分的变量汇总表

细分标准	细分变量
地理细分	国家、地区、城市规模、人口密度、气候、地理特征等
人口细分	年龄、性别、家庭人口、家庭类型、家庭生命周期、收入、职业、受教育程度、宗教、种族、国籍等
心理细分	社会阶层、生活方式、个性特征、价值观念等
行为细分	购买时机、追求的利益、使用者情况、使用频率、品牌忠诚度、态度等

三、有效的市场细分的标准

细分市场的方法有很多，但并不是所有的细分方法都有效。有效的细分市场必须具备下列条件。

（1）可衡量性。细分市场的规模、购买潜力和大致轮廓可以测量。

（2）可赢利性。细分市场的规模足够大，或有利可图。细分市场有足够的需求量和发展潜力。

（3）可区分性。细分市场在不同的子市场中容易区分，且对于不同的营销组合方案具有不同的反应。

（4）可进入性。企业能有效地进入细分市场。

（5）可操作性。企业能系统地制订有效的营销计划，吸引细分市场上的顾客。

第二节　目标市场的选择

市场细分能够提供给企业各种发展机会。但是，什么样的细分市场可以作为服务的目标市场和如何选择目标市场，是企业必须认真考虑的问题。

目标市场是指企业在细分市场的基础上，经过评价和筛选所确定的能以某种产品和服务去满足其需求的消费者群体。

一、评价细分市场

一个细分市场是否适合作为目标市场，还要结合以下方面开展评估。

（一）市场规模和增长率

选择目标市场时，企业关注的首要问题是细分市场是否具备适当的规模和发展趋势。“适当规模”是一个相对的概念。大企业一般重视销售量大的细分市场，忽视或避免进入销售量小的细分市场。中小企业则避免进入规模较大的细分市场，因为需要投入的资源太多。增长率也是一个重要因素，因为企业都希望在自己的目标市场中，销量和利润能一直保持良好的上升势头。当然，竞争者通常也会很快进入成长迅速的市场，从而导致利润率下降。

（二）细分市场的结构吸引力

一个细分市场即使具有适当规模和成长率，也有可能缺乏赢利潜力。如果许多势均力敌的竞争者同时进入，或者细分市场有很多旗鼓相当的企业在竞争，尤其在市场趋于饱和或萎缩时，其吸引力就会下降。潜在的进入者包括在其他细分市场的同行，也包括有能力但目前未进入市场的那些企业。一个细分市场进入门槛太低，吸引力也容易下降。替代品在某种意义上限制了潜在的收益，其价格越有竞争力，特定细分市场增加赢利的可能性越小，从而吸引力就下降。下游购买者和上游供应商的影响主要表现在它们的讨价还价能力上。购买者压价能力强，或供应商有能力提价或降价供应质量、服务等，特定细分市场的吸引力都会下降。

（三）企业目标和资源

一个企业还要结合自己的目标、战略和资源、能力等，决定合适的目标市场。某些细分市场虽然有一定的吸引力，但如果不适合长期发展，也要放弃。当细分市场符合企业的目标时，企业还必须考虑自己是否拥有足够的技能和资源，以保证在细分市场上取得成功。任何细分市场都有一定的成功条件，如果企业缺少这些必要条件，而且无法创造这些条件，就应该放弃这个细分市场。企业即使具备了必要的能力，还需要发展自己的独特优势。只有当企业能够提供具有高价值的产品和服务时，它才可以进入这个细分市场。

二、选择目标市场

评价细分市场后，企业要决定应该进入哪几个细分市场，即目标市场选择。企业有五种目标市场选择模式可供考虑（见图 6-1）。

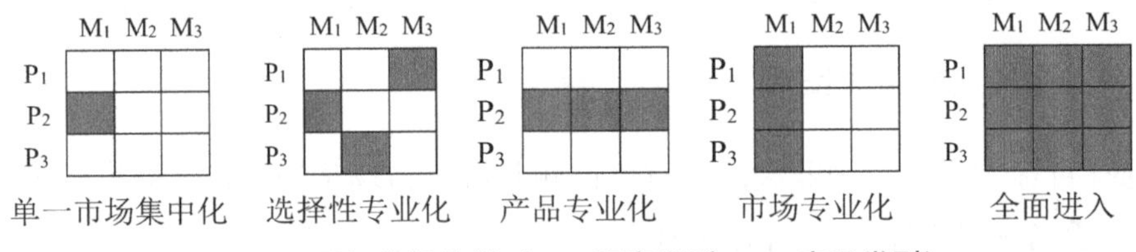

图 6-1 目标市场分类（M—顾客类型 P—产品类型）

（一）单一市场集中化

单一市场集中化是最简单的一种形式，企业只选择一个细分市场进行集中营销。这种形式的优点在于企业可以更清楚地了解细分市场的需求，从而在细分市场上树立良好的信誉，并巩固市场地位。同时，企业通过生产、销售和促销的专业化分工，可以大幅提高经济效益。但是，这种形式的风险比其他形式更大。

（二）选择性专业化

选择性专业化是指企业有选择地进入几个不同的细分市场的策略。这一形式的优点在于能够分散企业的风险，即便其中一个细分市场丧失了吸引力，企业在其他细分市场上还可以赢利。缺点是由于所选择的细分市场比较分散，相互之间的关联性不够，企业难以共享自身的某些资源优势，甚至可能造成资源过于分散，不但不能分散风险，反而会加大风险。

（三）产品专业化

产品专业化是指企业同时向几个细分市场销售同一款产品的策略。例如，为民宅、办公楼、厂房、商业设施的屋顶、墙壁和地板提供防水服务的公司，根据不同的需要生产不同的防水产品。通过这种战略，企业可以在特定的产品领域树立良好的信誉。但如果新的技术发明能生产出不会漏水或破裂的防水瓦、防水砖或防水混凝土，那么这家企业就会面临经营滑坡的风险。

（四）市场专业化

市场专业化是指企业向同一个细分市场销售多种产品的策略。比如，上海国际建材家居品牌中心就为大型建材商场、大型仓储中心、现代化物流中心、星级酒店、公寓式酒店、会展中心等有需求的客户提供展示、销售、采购、办公、仓储、物流、文化信息交流等一系列产品和服务。

（五）全面进入

全面进入是指企业通过为所有顾客群提供需要的所有产品的策略。这种进入市场的方式对企业的实力和能力的要求相当高，所以只适用于具有相当实力的大企业。例如，饮料市场的娃哈哈集团，其产品线涵盖了饮用水、茶、果汁、乳饮料、碳酸饮料等几乎所有的饮料产品，针对儿童市场有 AD 钙奶、爽歪歪等，针对中年人市场有冰绿茶、冰红茶、茉莉绿茶等，针对老年人市场有营养八宝粥、无糖八宝粥等。

三、选择目标市场的策略

对目标市场作完评估之后，企业需要选定为哪几个市场提供产品和服务。目标市场是企业决定为之服务的、具有共同需求或特点的购买者群体。

（一）无差异营销

无差异营销是指企业忽略不同细分市场的特性，用一种产品或服务去满足整个市场。这种策略注重市场的共性，力求满足尽量多的顾客的需求。虽然这种策略有利于标准化和大规模生产，有利于降低成本，但是在当今社会，企业不可能开发出一个能满足所有消费者的需求的产品，特别是当竞争对手也采用无差异市场营销策略时。但是一些垄断性较强的企业，比如中国石油、中国石化，采用的是无差异市场营销策略。

（二）差异化营销

差异化营销是指企业选定为几个细分市场提供产品和服务，并且在渠道、促销和定价等方面结合不同细分市场的特点进行调整。例如，在奶源、物流配送半径、低温保质期等限制下，低温酸奶具有极强的区域特征，在全国酸奶消费需求逐渐增加的背景下，光明推出了第一款占领全国市场的常温酸奶莫斯利安。莫斯利安瞄准了那些不具有低温储存运输条件的客户，解决了低温酸奶运输不方便的问题，满足了消费者随机消费的需求，找到了企业经济发展的新的增长点。然而，差异化营销必然会导致生产、经营成本（如产品改进成本、管理费用、促销成本等）的增加。因此，企业应当衡量销售额增长与成本增长的关系，从而决定是否采用差异化营销策略。

（三）集中营销

采用集中营销策略的企业以一个或少数几个相似的小市场作为目标市场，试图在较少的细分市场中拥有较大的市场占有率。例如，美国全食超市（Whole Foods）有 360 多家店和 130 亿美元销售额，与沃尔玛（近 1 万家店、4690 亿美元销售额）之类的销售大鳄几乎不能相提并论。但是这家高端零售商却在过去几年里增长迅猛，盈利高于那些巨型竞争对手。这是因为全食超市在一个细分市场中更了解顾客的需求，精心调整其产品、价格和促销方式，赢得了顾客的赞誉，获得了稳定的市场地位。虽然集中营销可以带来较高的投资收益，但是其风险也高于一般水平。因为采用集中营销方式的企业一般依赖于一个或几个细分市场，一旦这些市场情况变坏或者有大企业进入同一细分市场，企业可能会遭受重大损失。

四、选择目标市场策略应考虑的因素

最终决定采用何种目标市场策略，要考虑以下情况。

（1）企业的资源与实力。人物财力及信息等资源不足、能力有限，不宜把控总体市场，所以中小企业多选择密集型市场战略。实力雄厚的大企业，则根据需要采用差异化市场战略，或实现无差异市场战略。

（2）产品的同质性。同质性产品本身的差异小，如米、钢铁、食盐等，通常多会考虑无差异市场战略。产品设计变化较多的如服装、汽车和家电产品等，适宜差异化市场战略或密集型市场战略。

（3）市场的同质性。指购买者爱好相似，每一时期购买数量相近，对市场营销刺激等的反应也大致相同。在这种情况下，可考虑无差异市场战略；反之，就应该选择差异化市场战略，或实施密集型市场战略。

（4）产品生命周期的阶段。企业向市场推出新产品，通常会先介绍单一款式，因此可考虑无差异市场战略或密集型市场战略。进入产品成熟期，逐渐转向差异化市场战略，或以密集型市场战略开拓新市场。

（5）竞争者的战略选择。对手积极进行市场细分并选择差异化市场战略，企业实施无差异化市场战略，一般就难以奏效。此时应通过更有效的市场细分，寻找新机会与突破口，采用差异化市场战略或密集型市场战略。反之，对手选择无差异市场战略，企业实施差异化市场战略，通常效果较好。面对强大的竞争者，也可考虑密集型市场战略。

第三节　市场定位

企业在选定目标市场之后，还要采取适当的市场定位策略。市场定位是由美国营销学家艾・里斯和杰克・特劳特（见图 6-2）在 1972 年提出的，其含义是指企业根据竞争者现有产品在市场上所处的位置，针对顾客对该类产品某些特征或属性的重视程度，为此企业产品塑造与众不同的、让人印象鲜明的形象，并将这种形象生动地传递给顾客，从而使该产品在市场上确定适当的位置。市场定位是市场营销学中一个非常重要的概念。

图 6-2　艾・里斯（左）和杰克・特劳特（右）

艾・里斯和杰克・特劳特对市场定位是这样理解的：定位是一种观念，它改变了广告的本质。定位从产品开始，可以是一种物品、一项服务、一家公司、一个机构，甚至于一个人，也许可能是你自己。定位并不是要你对产品做什么事，定位是你对未来的潜在顾客的心智所下的功夫，也就是把产品定位在你未来潜在顾客的心中。所以，你若把这个观念叫“产品定位”是不对的，因为你对产品本身实际上并没有做什么重要的事情。

一、市场定位的内涵

（一）市场定位的定义

市场定位是企业根据竞争者现有产品在市场上所处的位置，针对消费者对该类产品某些特征或属性的重视程度，塑造本企业产品与众不同的个性或形象，进而通过特定的营销模式让顾客接受产品，以确定本企业及其产品在目标市场上的位置。简单而言，市场定位就是确定产品在市场上适当位置的活动过程。迄今为止，有许多公司借助定位成为世界上强大的汽车品牌。例如，丰田传递给顾客的信息是经济、实用，奔驰和凯迪拉克定位于舒适、豪华，保时捷和宝马定位于高性能，沃尔沃定位于较高的安全性能。

（二）市场定位的实质

市场定位的实质是使此企业与其他企业严格区分开来，使顾客明显感觉和认识到这种差别，从而在顾客心目中占有特殊的位置。市场定位是企业营销活动的指示灯与方向盘。众所周知，企业营销活动的核心是解决如何使用产品、价格、分销、促销四种基本策略及其组合来整体满足消费者需要的问题。市场定位是企业制定营销组合策略的基础，即只有当定位问题解决之后，企业才能确定营销组合中的产品是什么以及价格、分销、促销怎样与之匹配才是合适的。

（三）市场定位的作用

定位是现代市场营销理论中的重要概念，并得到了广泛重视和应用。

（1）有助于明确市场营销组合的目标和方向。市场营销组合是企业满足目标市场的手段，即产品、价格、渠道和促销等的整合与使用，必须聚焦于所选择的定位。一般来说，选择目标市场，也就界定了企业的服务对象和顾客是谁；定位则进一步明确企业的对手有谁、如何竞争。各种市场营销手段只有根据定位的要求进行选择和“组合”，才能明确努力的方向，形成具有战略意义的价值。

（2）有利于建立企业及其品牌的战略特色。在现代社会，同一市场出现多种同类产品、替代品的现象总是存在，对企业构成各种竞争威胁。为了获得稳定的市场地位和销路，企业自身、品牌以及产品和服务等需要具备一定的特色，塑造有独特价值和意义的形象，以期在顾客和公众中形成特殊的认知和偏好，提高不可替代性。其实，这就是进行定位。

因此，不能只是把定位看作一种技术和战术，其更重要的意义在于，可从战略上帮助企业实现竞争战略的追求，形成预期的相对优势。

二、市场定位的策略

各个企业经营的产品不同，面对的顾客不同，所处的竞争环境不同，因而市场定位所依据的原则也不同。

（一）根据产品特色定位

构成产品内在特色的因素很多，如所含成分、材料、质量、价格等。“七喜”汽水的定位是“非可乐”，强调它是不含咖啡因的饮料，与可乐类饮料不同；“泰宁诺”止痛药的定位是“非阿司匹林类止痛药”，显示药物成分与以往的止痛药有本质的差异。

（二）根据产品用途定位

为老产品找到一种新用途，是为该产品创造新的市场定位的好方法。小苏打曾一度被广泛地用作家庭的刷牙剂、除臭剂和烘焙配料，后来有公司把它当作除垢剂，更有一家公司发现它可以作为冬季流行性感冒患者的饮料。我国曾有一家生产曲奇饼干的厂家最初将其产品定位为家庭休闲食品，后来发现不少顾客购买它是为了馈赠亲友，所以又将之定位为礼品。

（三）根据顾客利益定位

产品提供给顾客的利益是顾客最能切实体验到的，也可以用作定位的依据。1975 年，美国米勒酿酒公司推出了一种低热量的“Lite”牌啤酒，将其定位为喝了不会发胖的啤酒，迎合了那些经常饮用啤酒而又担心发胖的人的需要。

（四）根据使用者的类型定位

企业常常试图将其产品指向某一类特定的使用者，以便根据这些顾客的看法塑造恰当的形象。美国米勒酿酒公司曾将其原来唯一的品牌“高生”啤酒定位为“啤酒中的香槟”，吸引了许多不常饮用啤酒的高收入妇女。后来发现，30% 的狂饮者大约消费了啤酒销量的 80%，于是该公司在广告中展示石油工人钻井成功后狂欢的镜头，还有年轻人在沙滩上冲刺后开怀畅饮的镜头，塑造了一个“精力充沛的形象”。在广告中提出“有空就喝米勒”，从而成功占领了啤酒狂饮者市场长达 10 年之久。

（五）针对竞争对手定位

根据对竞争对手态度的不同，企业可选择避强定位和迎头定位。

避强定位是企业避免与强有力的竞争对手发生直接竞争，而将自己的产品定位于另一市场的区域内，使自己的产品在某些特征或属性方面与强势对手有明显的区别。这种策略可使自己迅速在市场上站稳脚跟，并在消费者心中树立起一定形象。由于这种做法风险较小，成功率较高，常为多数企业所采用。比如，上海徐家汇广场有三家大商场：东方商厦面向中高收入顾客，突出品牌档次；太平洋百货以追求时尚的青少年为目标人群；第六百货则以实惠、价廉吸引顾客。

案例　七喜非可乐——对立式定位

1968 年七喜汽水提出“非可乐”的定位，使得它在当时可口可乐与百事可乐两分天下的饮料市场站稳脚跟，并分了一杯羹。七喜汽水也是一种碳酸饮料，如果挤在可乐的道上将永无出头之日。于是七喜汽水借“非可乐”的定位，十分巧妙地把自己与市场领导者区分开来，也等于告诉消费者：碳酸饮料有两种类型，一种是“可乐”，另一种是“非可乐”；当你不想喝可乐时，“非可乐”七喜汽水是你的另一种选择。

迎头定位是指企业选择靠近现有竞争者或与现有竞争者重合的市场位置，争夺同样的顾客，彼此在产品、价格、分销及促销等方面差别不大。由于竞争对手强大，这一竞争过程往往相当引人注目，企业及其产品能较快地为消费者了解，达到树立市场形象的目的。这种策略可能引发激烈的市场竞争，具有较大的风险。因此，企业必须知己知彼，了解市场容量，正确判定凭自己的资源和能力是不是能比竞争者做得更好，或者能不能平分秋色。

（六）重新定位

重新定位是指企业为已在某市场销售的产品重新确定某种形象，以改变消费者原有的认识，争取有利的市场地位的活动。例如，王老吉将凉茶与药品区分开来，将凉茶重新定位成可以预防上火的功能性饮料，“怕上火，喝王老吉”的广告语成功打入消费者心中。

重新定位对于企业适应环境、调整市场营销战略是必不可少的。企业产品在市场上的定位即使很恰当，在出现下列情况时也需要考虑重新定位：一是竞争者的市场定位与本企业类似，侵占了本企业的部分市场，使本企业的市场占有率有所下降；二是消费者偏好发生变化，从喜爱本企业品牌转变为喜爱竞争对手的品牌。

企业在重新定位前需要考虑两个主要因素：一是企业将自己的品牌定位从一个子市场转移到另一个子市场的全部费用；二是企业将自己的品牌定位在新位置上的收入有多少，这些收入的多少又取决于该子市场上的购买者与竞争者的情况，取决于在该子市场上销售价格能定多高等。

三、市场定位步骤

每个企业都必须具备一些独特的竞争优势，以此为基础来吸引潜在顾客。

（一）识别潜在竞争优势

识别潜在的竞争优势，企业要从三个方面寻找明确答案。

（1）竞争者在目标市场做了什么，做得如何。包括对手的核心竞争力，尤其是产品和服务质量、水平等；业务经营情况，如近三年销售额、利润率、市场份额、投资回报等；财务情况，如赢利能力、资金周转、偿还债务能力等。重点了解竞争者在满足潜在顾客方面，即其产品与需求的匹配程度、成本和收益状况等情况，并作出确切的估计和判断。

（2）目标市场上足够数量的顾客确定需要什么，满足得如何。必须努力辨识潜在顾客所认为的，能够更好地满足其需要、欲望的最重要的属性。定位能否成功，关键在于能否比竞争者更好地了解顾客，对需求与企业提供的服务——包括服务、价格、渠道和促销等方面的关系，有更深刻和独到的理解。

（3）从以上的差距和“缺口”中，分析企业能够为此做些什么。必须从成本和收益等方面进行考察。

（二）选择相对的竞争优势

相对的竞争优势是企业借以超越对手的更胜一筹的能力。有的是已有的，有的是具备潜力、通过努力可以创造的。简而言之，就是能比竞争者更好地满足潜在顾客的本领。

企业经过分析，可能发现若干潜在的竞争优势。但有的优势或许过于细微、缺乏战略意义，有的开发成本高，有的与企业历史传统、长期形象不太一致……可能就要放弃不用。企业需要的是如何选择有利的、关键的潜在优势，并予以培育和开发。例如，可从以下方面考虑和选择差异点：重要性——对目标顾客而言，该差异非常有价值；独特性——竞争者不能提供，或企业与其相比具有明显优势；优越性——与向顾客提供相同利益的其他方法比较，可以更具优势；可沟通性——该差异点适合传播，购买者能够“体验”和看到；专有性——竞争者无法轻易模仿；经济性——潜在顾客买得起；赢利性——推广该差异点可为企业带来利润。

（三）表达核心的竞争优势

定位的本质是差异化，即企业、品牌及产品、服务如何与对手形成区别。差异化是吸引顾客的基础，但不一定会在市场上自行显现。企业要考虑如何表达核心的竞争优势，使其进入潜在顾客和公众的“心智”。一般可通过具体的“言”“行”，即市场营销组合的运用，将定位有效地、创造性地呈现，并逐渐成为一种特色鲜明的市场概念。当然，这种市场概念能否成功，从根本上说还是取决于企业所提供的产品、服务和利益，能否与顾客的需要和追求相吻合。

企业可通过以下方面的差异化，表达其核心的竞争优势。

1. 内容

内容主要指产品、服务及其产生的利润和实际价值。向目标市场提供什么，可形成企业自身、品牌具体的市场位置。比如在许多情况下，产品质量取决于使用的原材料、零部件以及制作工艺，价格往往反映不同的档次。因此差异化的内容就有优质优价、优质同价、同质低价、低质更低价和优质低价等选择，可形成不同的价值主张。

2. 背景

背景即如何提供这些利益和价值，也是定位的辅助部分，是企业为使潜在顾客更好地“感受”内容的差异化所作的独特努力。例如，一般的百货商店和仓储式商场，虽然它们经营的许多产品可能相同，甚至来自同一制造商，但购物环境和氛围以及获得的体验却是不同的——百货商店更为宽敞、舒适和优雅，仓储式市场则简朴、实惠和适用。

3. 基础设施

基础设施指提供利益和价值的方式和具体方法等辅助物，包括技术或人，用以支持内容和背景的差异化。例如，网上购书，书是“内容”，不同书店之间或许难以差异化；送书上门、送货时间等是“背景”，在网上书店之间或许仍然难以形成特色；送书人、交通工具等是“基础设施”，彼此可形成一定的差异。

案例 小罐茶精准定位——赋予茶行业新价值

中国茶叶市场属于典型的“傻大粗”市场。数据显示，国内茶叶市场规模超过千亿，并呈现高度分散形态，譬如中国茶叶细分品牌就高达2000多种。传统茶叶企业，选择的目标市场大多是中年、有一定经济能力的人群。这样的一个定位是极其模糊的，而小罐茶通过目标市场战略将目光投向了更年轻的消费者，具体为“80后”“90后”“年轻精英”，重在凸显时尚和高端的风格，形态上小巧方便、时尚。在品牌定位上，小罐茶把自身定义为“现代派中国茶”，使其与传统茶企拉开了很大的差距。

通过精准的目标市场定位，小罐茶迅速地成功抢占市场。2017年6月，小罐茶正式上市，只用了不到两年的时间，小罐茶就一飞冲天，实现年销售额突破11亿元，震惊大半个茶叶行业。

思考与练习

1. 什么是市场细分？如何进行市场细分变量选择的有效性检验？
2. 消费者市场细分的依据有哪些？
3. 目标市场的选择模式有哪些？
4. 如何理解市场定位？市场定位的方式有哪些？

第七章　产品策略

本章要点

产品是价值的载体，是能够为顾客带来使用价值的任何东西。产品开发与投放是企业经营活动的核心任务之一，但并非任何产品都能为企业带来期望的经济利益。只有能够满足顾客需求、实现顾客期待利益和为顾客创造更高价值的产品才能够赢得顾客、赢得市场、赢得竞争，从而给企业带来相应的经济利益。通过本章的学习，读者应该对市场营销组合中的首要因素——产品及其管理形成较为深入的认识。

学习目标

1. 掌握产品的内涵及层次。
2. 明确产品组合及其管理。
3. 掌握产品生命周期及其策略。
4. 熟悉新产品的开发流程。

第一节　产品的整体概念

产品是市场营销组合中最重要、最基本的要素。因为任何企业在制定营销组合策略时，最先回答的就是企业要用什么样的产品来满足目标市场的需求。此外，产品的策略还会直接或间接地影响到其他组合要素的管理，所以现在我们来看产品的整体概念。

一、产品及产品的整体概念

产品是指向市场提供的，引起注意、获取、使用或消费，以满足人的欲望或需要的所有东西。在市场营销领域中，产品不仅包括一般意义上具有物质形态和具体用途的有形产品，还包括服务、事件、人员、地点、组织、观念等无形的和特殊的产品。

从营销学的角度出发，产品是一个整体概念，它由三个层次组成，最基础的一层是核心顾客价值，指向顾客提供的产品的基本效用或利益，是构成产品最本质的核心部分。企业在设计产品时应当了解消费者所追求的能解决问题的核心利益或服务。比如，人们购买汽车不是为了获取汽车的零部件，而是为了满足快速、便利出行的需求。

产品的第二个层次是实体产品，即核心顾客价值借以实现的形式或目标市场对某一需求的特定满足形式。实体产品由五个特征组成，包括质量水平、设计、特征、品牌名称和包装。企业应当设计合适的组合、完善产品外在的形式，以实现核心顾客价值。

产品的第三个层次是扩展产品，即顾客购买产品所能得到的附加服务和附加利益的总和。它为顾客提供的是完整的解决问题的方案。

此外，还有更细致的五个层次的分类，增加了期望产品和潜在产品，但一般还是采用以上三个层次，如图 7-1 所示。

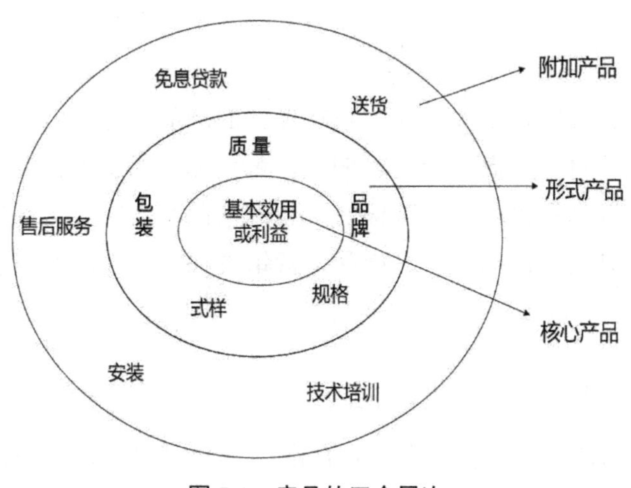

图 7-1　产品的三个层次

二、产品分类

根据产品使用者类型的不同可将产品划分为两大类：消费品和工业品。本书只介绍消费品。消费品是指最终消费者使用的产品，消费者购买产品的目的是供自身使用。按消费者购买产品方式的不同，可将消费品分为四种类型：便利品、选购品、特殊品及非渴求品。

（一）便利品

便利品是指消费者经常购买，并希望只花较少时间和精力去比较的一类产品，如报纸、香皂、香烟等。如果根据消费者特定的购买态度和购买时所处的环境，便利品可分为日用品、冲动购买品和急需品。日用品是指消费者需要经常购买的产品，如牙膏、香皂、干电池等；冲动购买品是指并未计划而一时冲动购买的产品，如工艺品、风味食品等；急需品是指消费者在某些情况下紧急需要购买的产品，如急救药等。

（二）选购品

选购品是指消费者在购买过程中，对产品的花色、式样、质量、价格等方面进行多次比较才决定是否购买的产品，如女性服装、家具、彩电等。这类产品挑选性强，耐用程度较高，不需要经常购买，所以消费者经常花费较多精力和时间进行比较购买。

（三）特殊品

特殊品是指具有显著品牌特征或独特设计的产品，消费者愿意在购买过程中花费额外的精力并付出较高的价格，例如，奢侈品、定制产品、限量款产品。购买特殊品的消费者具有强烈的品牌偏好及较高的品牌忠诚度，在购买时不会对特殊品进行比较，只购买自己认定的产品。营销者往往通过精准营销的方式进行有目标的促销。

（四）非渴求品

非渴求品是指消费者不论了解或不了解都没有意愿购买的产品，例如保险、百科全书等。消费者对非渴求品的兴趣较低，往往意识不到自身对产品的需求。营销者应投入更多的精力开展强有力的促销活动，制作具有吸引力的广告以刺激消费者认识到对非渴求品的需求，进而产生购买欲望。

第二节 产品组合决策

一、产品组合的宽度、长度、深度和关联性

产品组合是指企业提供给市场的全部产品线和产品项目的组合结构，即企业的业务经营范围。企业为了实现营销目标、充分有效地满足目标市场，必须设计一个优化的产品组合。产品线是指产品组合中的某一产品大类，是一组密切相关的产品。例如，以类似的方式发挥功能、售给相同的顾客群、通过同一的销售渠道出售、属于同一的价格范畴等。产品项目是指产品线中不同品牌和细类的特定产品。例如，某自选采购中心经营家电、百货、鞋帽、文教用品等，这就是产品组合，而其中的“家电”或“鞋帽”等大类就是产品线，每一大类里包括的具体品种、品牌为产品项目。

产品组合包括 4 个衡量变量：宽度、长度、深度和关联性。产品项目是衡量产品组合各种变量的一个基本单位，指产品线内的不同品种及同一品种的不同品牌，如同一品种有 3 个品牌，即有 3 个产品项目。产品组合的宽度，是指产品组合中所拥有的产品线数目，如表 7-1 所显示的产品组合的宽度为 6。产品组合的长度，是指产品组合中产品项目的总数，以产品项目总数除以产品线数目即可得到产品线的平均长度。表 7-1 所显示的产品组合总长度为 33，每条产品线的平均长度为 33÷6=5.5。产品组的深度指产品项目中每一品牌所含不同花色、规格、质量产品数目的多少，如“佳士牌牙膏有 3 种规格和 2 种配方，其深度就是 6”。通过统计每一品牌的不同花色、规格、质量产品的总数目，除以品牌总数，即为企业产品组合的平均深度。实际上，一般公司的产品组合总长度要长得多，深度也要深得多，例如，童帽作为一个品种，可以有几个、几十个品牌。其中一个品牌不同花色、规格、质量的产品可以有几十个甚至几百个。因此，有的公司经营的产品如按花色、规格、质量统计可达几万种以至几十万种产品组合的关联性，是指各条产品线在最终用途、生产条件、分销渠道或其他方面相关联的程度。例如，某家用电器公司拥有电视机、收录机等多条产品线，但每条产品都与电有关，这一产品组合具有较强的相关性。相反，实行多元化特别是非相关多元化经营的企业，其产品组合的相关性则可能较小或无相关性。

表 7-1　产品组合宽度

	产品组合宽度					
	洗涤剂	牙膏	香皂	纸尿裤	纸巾	洗发水
产品线长度	汰渍 碧浪 象牙雪 …… 共计 10 个	佳洁士 格里 …… 共计 2 个	佳美 舒肤佳 …… 共计 7 个	露肤 帮宝适 …… 共计 2 个	白云 旗帜 …… 共计 4 个	飘柔 海飞丝 沙宣 潘婷 …… 共计 8 个

根据产品组合的四种尺度，企业可以采取四种方法发展业务：

（1）加大产品组合的宽度，扩展企业的经营领域，实行多样化经营，分散企业投资风险；

（2）增加产品组合的长度，使产品线丰满充裕，成为更全面的产品线公司；

（3）加强产品组合的深度，占领同类产品的更多细分市场，满足更广泛的市场需求，增强企业竞争力；

（4）加强产品组合的一致性，使企业在某特定市场领域内加强竞争和赢得良好的声誉。

产品组合决策就是企业根据市场需求、竞争形势和企业自身能力对产品组合的宽度、长度、深度和关联性方面作出的决策。

二、产品组合优化分析

了解了企业现有产品组合的基本情况及其四个维度之后，营销人员必须对现有的产品组合作出系统的分析和评价，并决定是否加强或剔除某些产品线或产品项目，以期对现有的产品组合进行优化。优化产品组合的过程，通常是分析、评价和调整现有产品组合的过程。可以从两个方面对产品组合进行分析：一是从产品线的角度，二是从产品项目的角度。

（一）产品线的销售额和利润分析

产品线的销售额和利润分析主要是指分析、评价现有产品线上不同产品项目的销售额和利润水平，如图 7-2 所示。

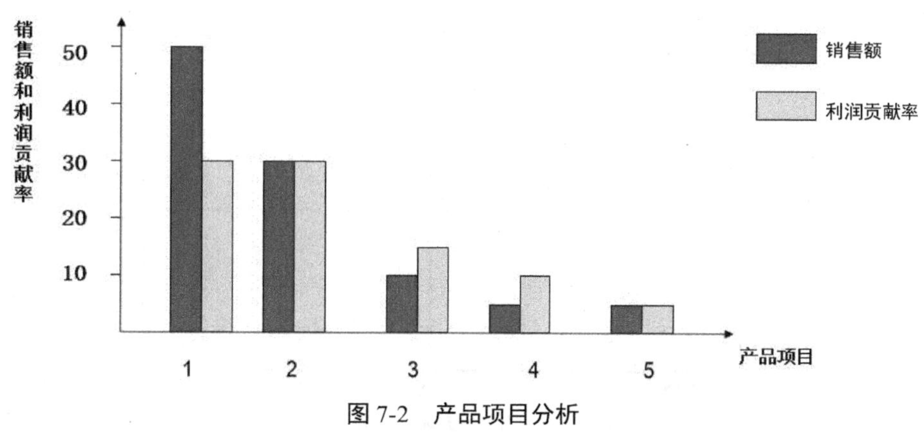

图 7-2　产品项目分析

（二）产品项目的市场地位分析

产品项目市场地位分析是将产品线中各产品项目与竞争者的同类产品作对比分析，全面衡量各产品项目的市场地位。其中，产品线品种定位图是一种有效的分析工具，有助于企业了解自己的产品线与竞争者的产品线的对比情况，明确竞争形势。具体做法是根据产品的某两种主要特征属性，建立二维坐标图，将每种属性分成若干等级，在图中分别标出企业产品的位置及竞争者同类产品的相应位置，从而明确企业各产品的优劣势，全面衡量产品项目的市场地位。

通过以上这两个角度的分析，营销人员基本可以掌握产品线上各个产品品种对企业利润的贡献能力，以及在市场竞争中所处的地位，为接下来进行的产品组合决策提供了依据。

评价产品组合最常用的是市场增长－市场占有率矩阵（又叫波士顿矩阵），如图 7-3 所示。该矩阵横坐标表示某项业务的相对市场占有率，它代表企业在该项业务上所具备的实力，纵坐标代表该项业务的市场需求增长率（销售额增长率），它代表企业在该项业务上的市场吸引力。纵坐标表示销售额增长率，可以根据历史资料计算求得。

销售额增长率＝（本期总销售额－上期总销售额）／上期销售总额

销售额增长率所代表的是某项业务所处行业在市场上的吸引力，它与本公司该项业务所处的地位无关，所以选择这一指标代表市场吸引力是出自产品生命周期的概念，因为产品生命周期理论主要是以市场销售量的变化判断产品的投入、成长、成熟和衰退四个时期的。

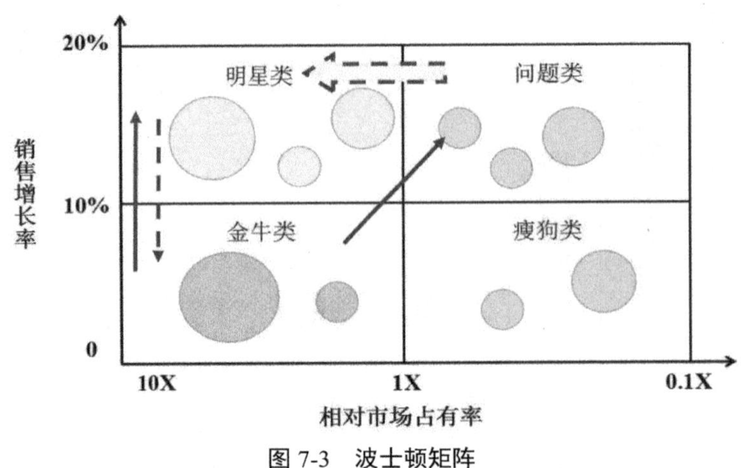

图 7-3 波士顿矩阵

横坐标的相对市场占有率计算公式：

$$相对市场占有率=\frac{本企业某项业务本期销售额}{最强的竞争对手该业务本期销售额}\times 100\%$$

市场增长 - 市场占有率矩阵在产品结构调整中的主要作用在于利用该矩阵分析企业各项产品业务间的资金流向关系。把企业从事的各项经营业务按金牛类、明星类、问题类、瘦狗类四个区域进行分类，各区域中的业务因资金流向不同而有不同的特征。明星类产品，它们是具有高度吸引力的业务（销售额增长率高），而本企业又具有强大的实力地位（相对市场占有率高），因此，在该区的产品能回收大量资金，但企业要在迅速增长的市场中保持一定的优势，也需投入大量资金，两者相抵，企业资金净收入并不多。金牛类产品，它们是企业资金的主要来源。即它们能回收的资金大于再投资的支出，在企业能够集中调度资金的前提下，它们能提供投资于其他业务的资金。问题类产品，它们是待企业的机会。由于市场迅速增长而具有吸引力，但企业并没有在这个市场上占有适当地位。这时企业需要作出决策：在其中选出一部分业务使其能成功地提高到行业的领先地位，但这需要投入大量资金；反之，对一些企业认为无希望的业务，即使它很有吸引力，也不得不作出退出的决策。瘦狗类产品，这类产品既没吸引力又处于消耗的地位，所回收的少量投资可能仅够维持其经营的开支，合理的决策是尽量利用，即只回收不再投资，或者转让。

一般情况下，较为合理的产品结构：问题类产品约占企业全部产品业务销售额的 20%～30%，明星类产品约占 30%～40%，金牛类产品约占 40%～50%，瘦狗类产品约占 5%～10%。由以上分析看出，合理的产品结构是一个动态优化的过程，只能通过不断开发新产品、剔除衰退产品实现。同时企业之间情况各异，对企业进行产品结构调整必须根据各企业的实际情况进行考虑，制定适合企业的调整方案，而不宜采用统一的调整方式。

三、产品组合决策

分析产品组合的宽度、长度、深度和关联度，有助于企业更好地制定产品组合策略。企业调整产品组合策略有以下几种。

（一）产品线填补策略

产品线填补是指企业通过在现有范围内增加产品来拉长自己的产品线。这种方式有时称为产品组合的延伸，其主要动机是获得利润的增长，或者试图满足抱怨因产品线产品不全而损失销售额的经销商，或者利用过剩的产能，或者成为领先的全产品线企业，或者封锁缺口以防止竞争者侵入等。其中，新的产品线可能与现有的产品相关，也可能无关。不过，通常情况下，新产品线往往与现有产品组合相关。这样企业可以利用经营现有产品的能力和经验，而且不少企业在引进新的产品线时会采用企业现有的著名品牌，从而使新产品从消费者对现有品牌的熟悉与肯定中获利。例如，康师傅在引入矿泉水产品的时候，使用的是“康师傅”品牌。另外，新的产品既可以采用公司现有的某个品牌，也可以创建一个新的品牌。

（二）产品线延伸策略

之所以要进行产品线的延伸，最主要的原因在于企业想通过为顾客提供同一产品线上的更多产品选择来吸引更多的细分顾客群体。产品线延伸主要有向上延伸、向下延伸和同时朝两个方向延伸三种方式。例如，由于经典系列 iPod 的定价属于高端范畴，所以苹果公司首先向下伸，推出中等价位的 iPod mini。苹果公司作出这个决策是基于三点考虑：一是注意到了中端市场的巨大成长机会；二是希望拖住中端市场中的竞争者，使它们不能进入高端市场；三是高端市场会进入停滞或衰退状态，因此通过发展中端市场来未雨绸缪。当然，对中端市场的企业而言，其向下延伸的决策也完全可能出于如上所述的类似原因。向下延伸可能存在风险。企业希望进入高端市场以实现更大的成长和获得更高的利润，可能会作出向上延伸产品线的决策。实际上，当今市场上出现了不少令人振奋的高端细分市场，如咖啡行业的星巴克和冰激凌行业的哈根达斯等。但产品线向上延伸也存在风险。例如，在上市初期以高性价比取胜的小米手机曾在 2016 年推出一款售价 3000 多元的高端手机系列“小米 MIX”，但其销量却远远低于售价约 2000 元的手机系列和价格更低的红米系列。

（三）产品线现代化策略

产品线现代化策略，就是强调把现代科学技术应用于生产经营过程，不断改进产品线使之符合现代顾客需求的发展潮流。产品线的现代化改造可采用两种方式：一是逐步实现技术改造，可节省投资，但会被竞争者迅速觉察，引起竞争。二是全面更新，出奇制胜，但这需要大量的投资。

（四）产品线特色策略

产品经理经常在产品线中选择一个或少数几个产品项目进行特别号召。有时企业以产品线上低档产品型号进行特别号召，使之充当开拓销路的廉价品，吸引顾客购买；有时企业以产品线上高档产品型号进行特别号召，以提高产品线的等级。如人头马推出的路易十三的价格比正常的 XO 要高十倍。此种产品起到了“旗帜”或“王冠上的珠宝”的作用，提高了整条产品线的地位。

（五）产品线削减策略

通过产品线削减实现产品组合收缩，更少的或更短的产品线或产品组合往往可以使企业剔除那些利润相对较低或无法获利的产品。企业之所以会选择产品组合收缩策略，可能是因为想从更少的产品线中获得更高的利润。例如，沃尔沃将小汽车业务卖给了福特，后来福特又将其卖给了吉利；通用磨坊把自己的业务集中在食品行业，出售了儿童玩具和游乐业务；IBM 把自己的个人计算机制造业务出售给了联想集团，等等。这些都是产品组合收缩的典型案例。

第三节　产品生命周期理论

一、产品生命周期理论

（一）产品生命周期的内涵

企业在推出一款新产品之后希望这个产品能够经历一个顺利且较长的生命周期。产品生命周期是指一种产品在市场上的销售情况及获利能力随着时间的推移而变化的过程。这种变化规律正如人和其他生物的生命一样，从诞生、成长到成熟，最终走向衰老和死亡。这个过程在市场营销学中指从产品试制成功投入市场开始，直到产品被市场淘汰，最终退出市场。研究产品的生命周期，将有利于把握新产品开发和上市的时机，以及时替代老产品，更新换代。

以时间为横坐标，以销售额和利润额为纵坐标，产品生命周期就表现为一条类似S形的曲线，如图7-4所示。在这条典型的产品生命周期曲线上，可分为导入期、成长期、成熟期和衰退期四个阶段，各阶段表现出各自不同的特点。

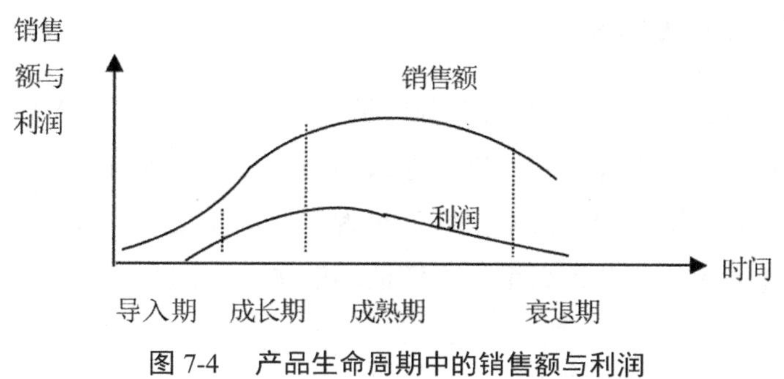

图7-4 产品生命周期中的销售额与利润

1. **导入期**

导入期是指新产品研制成功投放到市场试销的阶段。主要特征：产品的生产批量小，试制费用高，因而产品的制造成本高；需要大量的促销费用，对产品进行宣传，以便消费者乐于接受新产品；产品的售价常常偏高，主要是由于产量少、制造成本高所致；产品的销量有限，往往利润是负值；新产品在市场上的竞争品很少，甚至没有。

2. **成长期**

成长期是指新产品试销成功后，转入大批量生产和销售的阶段。主要特征：销售额大幅度上升，主要是因为产品已为顾客所了解和熟悉，市场需求量大；生产成本大幅度降低，大批量生产使得分摊在每一个产品上的制造成本和促销费用都大为减少；利润迅速增长，主要是由于生产批量大，单位成本降低，企业利润总额得以快速增长；其他厂商进入该产品的生产和销售领域，竞争开始出现。

3. **成熟期**

成熟期是指大多数购买者已经接受这种产品，市场销售额的增长速度开始减慢的阶段。主要特征：产品的销售量虽然还会增加，但增加的速度趋于缓慢，产品的市场需求量已趋于饱和；同类产品的市场竞争激烈，导致产品价格降低，促销费用增加，产品的利润已不能维持增长的势头，由比较稳定走向下降；成熟期所经历的时间一般比其他各期都要长。

4. 衰退期

衰退期是指产品的需求量迅速下降，产品逐渐老化，转入产品更新换代的阶段。主要特征：新产品进入市场，逐渐替代老产品；产品的需求量和销售量迅速下降；产品的价格经过成熟期的激烈竞争，已经降到极低的水平。

二、产品生命周期不同阶段营销策略

（一）导入期的营销策略

导入期始于新产品首次在市场上普遍销售之时。新产品进入导入期之前，需要经历开发、研制、试销等过程。进入导入期的产品的市场特点是销量少、促销费用高、制造成本高，销售利润常常很低甚至为负值。在这一阶段，促销费用一般很高，主要用于建立完善的分销渠道。促销活动的主要目的是介绍产品，吸引消费者试用。

在产品的导入期，一般可由价格、促销、地点等因素组合成各种不同的市场营销策略。若仅考虑促销、价格因素，可有以下四种选择。

1. 快速撇脂策略

快速撇脂策略采用高价格、高促销费用，以迅速扩大销售量，取得较高的市场占有率。实施该策略的市场条件：有很大的市场需求量；产品有很高的差异化，很少有其他能够替代的产品；顾客一旦了解了这种产品后有急于购买的心理，并愿意以高价格购买。但是随着市场竞争的加剧，企业应该尽快树立品牌效应。

2. 缓慢撇脂策略

缓慢撇脂策略采用高价格、低促销费用的形式进行经营，以求得更多的利润。低促销的目的是减少销售成本，从而提高企业利润。实施该策略的市场条件是市场规模小，市场竞争不激烈，企业无须抢占市场，适当的高价格能被市场接受。

3. 快速渗透策略

实行低价格、高促销费用的策略，能迅速打入市场，取得尽可能高的市场占有率。在市场容量很大，消费者对这种产品不熟悉但对价格非常敏感，潜在竞争激烈，企业在随着生产规模的扩大可以降低单位生产成本的情况下，应适当采用这种策略。

4. 缓慢渗透策略

缓慢渗透策略以低价格和低促销力度推出新产品。低价格的目的是让市场迅速接受产品，而低促销力度可以使企业获得更多的利润。实施这一策略的市场条件是产品市场容量大，消费者对价格十分敏感，一般竞争者无意或无力与本企业长期抗衡。

（二）成长期的营销策略

经过市场导入期，消费者对产品已经熟悉，消费习惯也已形成，销售量迅速增长，新产品就进入了成长期。

进入成长期以后，老顾客重复购买并带来了新顾客。销售量激增，企业利润迅速增长，并在这一阶段达到高峰。随着销售量的增加，企业生产规模也逐步扩大，产品成本逐步降低，新的竞争者会参与竞争。随着竞争的加剧，新的产品特性开始出现，产品市场开始细分，分销渠道增加。企业为维持市场继续成长，需要保持或稍微增加促销费用，但由于销量增加，平均促销费用则下降。

针对成长期的特点，企业为维持其市场增长率，使获取最大利润的时间得以延长，可考虑以下几种策略。

（1）改善产品品质。如增加新的功能，改变产品款式等。对产品进行改进，可以提高产品的竞争能力，满足顾客更广泛的需求，吸引更多的顾客。

（2）寻找新的细分市场。通过市场细分，找到新的尚未满足的或许更小的细分市场，根据其需要组织生产，迅速进入这一新市场。

（3）改变广告宣传重点。把广告宣传的重心从介绍产品转到树立产品形象上，维系老顾客，吸引新顾客，使产品、品牌形象深入顾客心中。

（4）在适当的时机可采取降价策略，以激发那些对价格敏感的消费者产生购买动机，采取购买行动。

（三）成熟期的营销策略

经过成长期以后，产品销售量的增长会缓慢下降，利润也开始缓慢下降，表明产品已开始进入成熟期。通常是销售量的增长缓慢，逐步达到最高峰，然后缓慢下降；销售利润也从成长期的最高点开始下降；竞争非常激烈，各种品牌、各种款式的同类产品不断出现。

在产品成熟期可考虑主动出击，以使成熟期得以延长，或产品生命周期出现再循环，具体策略如下。

1. 调整市场

调整市场策略不是调整产品本身，而是发现产品的新用途或改变推销方式等，使销售量得以增加。

2. 调整产品

调整产品策略以产品自身的调整来满足顾客的不同需求，吸引有不同需求的顾客。对整体产品概念任何层次的调整，都可视为产品再推出。

3. 调整市场营销组合

通过对产品、定价、渠道、促销等因素的综合调整，刺激销售量回升。例如，在提高产品质量、改变产品性能或增加花色品种的同时，通过特价、早期购买折扣、补贴运费、延期付款等方法降价让利；扩展分销渠道，广设分销点，调整广告媒体组合，变换广告时间和频率，增加人员推销、公共关系等，“多管齐下”进行市场渗透，扩大企业影响，争取更多顾客。

（四）衰退期的营销策略

产品销售量从缓慢增加达到顶峰后，会发展为缓慢下降。在一般情况下，如果销售量的下降速度开始加剧，利润水平就会很低，就可以认为产品已经进入衰退期。衰退期的主要特点是产品销售量急剧下降；企业从这种产品获得的利润很低，甚至为零；大量竞争者退出市场；消费者的消费习惯发生转变等。

对于处于衰退期的产品，企业需要认真研究分析，决定采取什么策略、在什么时间退出市场。通常有以下几种策略可供选择。

1. 继续策略

继续沿用过去的策略，仍按照原来的细分市场，使用相同的分销渠道、定价及促销方式，直到这种产品完全退出市场为止。

2. 集中策略

把企业能力和资源集中在最有利的细分市场和分销渠道，从中获取利润。这样有利于缩短产品退出市场的时间，同时又能为企业创造更多的利润。

3. 收缩策略

大幅度降低促销水平，尽量降低促销费用以增加目前的利润。这样可能导致产品在市场上的衰退加速，但又能从忠实于这种产品的顾客中得到利润。

4. 放弃策略

对于衰退得比较快速的产品，应当机立断，放弃经营。可采取完全放弃的形式，例如，把产品完全转移出去或立即停止生产；也可采取逐步放弃的方式，使其所占用的资源逐步转向其他的产品。

第四节　新产品的开发与扩散

一、新产品的开发过程

新产品的开发过程由八个阶段构成，即寻求创意、创意筛选、形成产品概念、初拟营销规划、商业分析、产品研制、市场试销和正式上市。

（一）寻求创意

新产品开发始于寻求产品创意。产品创意是企业为满足某种新需求而提供给市场的一个产品的设想。新产品创意可来源于企业内外部多种渠道：顾客需求和欲望是寻找新产品创意的合乎逻辑的起点；通过对竞争者产品和服务的追踪调查也能发现新创意；公司的管理层、销售代表和经销商也是新产品创意的很好来源；发明家、专利代理人、大学和商业性实验室、行业顾问、广告代理商、营销研究公司和工业出版物等也是新产品创意的重要来源。

（二）创意筛选

筛选的目的是选出那些符合企业发展目标和长远利益，并与企业资源相匹配的产品创意，摒弃那些可行性小或获利较少的产品创意。创意筛选时一般要考虑两个因素，一是该创意能否与企业战略、目标相适应，表现为利润目标、销售目标、销售增长目标等方面；二是企业有无足够资源、能力开发该创意，表现为资金能力、技术能力、人力资源、销售能力等方面。

（三）形成产品概念

有吸引力的新产品创意经提炼后，可形成更加具体、明确的产品概念。产品概念是指已经成形的产品构思，即可以用文字、图像、模型等予以清晰阐述，使之在顾客心目中形成一种潜在的产品形象。一个产品创意能够转化成若干个产品概念。例如，一家食品加工厂打算生产一种口味鲜美、营养价值高且食用简单方便的营养奶制品，根据不同的消费对象和消费情景，这一产品创意便可转化成三种不同的产品概念：（1）一种快速的早餐饮品，为中小学生提供充足的蛋白质、维生素等营养；（2）一种可口的快餐饮料，供成年人中午饮用提神；（3）一种康复饮品，适合老年人就寝前饮用。企业必须根据消费者的需求，把产品创意发展为产品概念。

确定最佳的产品概念、进行产品定位后，应当对其概念进行测试，用文字、图画描述或用实物模型等，将产品概念展示给目标顾客，观察顾客的反应。

（四）初拟营销规划

企业一旦确定了最佳的产品概念，就必须制订一个把这种产品引入市场的初步的市场营销规划，并在未来的开发过程中不断完善。

初拟的营销规划包括三个部分：第一部分，描述目标市场的规模、结构、消费行为、产品的市场定位以及短期（如 3 个月）的销售量、市场份额、利润目标等；第二部分，描述产品的预期价格、分销渠道及第一年的营销预算；第三部分，阐述预期的较长期（如 3 ～ 5 年）的销售量和投资收益率，以及在不同时期的市场营销组合等。

（五）商业分析

管理部门一旦对产品概念及营销规划作出决策，接下来便可对这一产品进行商业分析。商业分析主要是从经济效益方面分析新产品概念是否符合企业目标，具体包括两个步骤：预测销售额，推算成本、利润。

预测新产品的销售额可参照市场上类似产品的销售发展史，并考虑各种竞争因素，分析新产品的市场地位、市场占有率等。成本预算主要通过市场营销部门和财务部门来综合预测各个时期的营销费用各项开支，如新产品的研发费用、销售推广费用、市场调查费用等。根据成本预算和销售额预测，企业便可预测出各年度的销售额和净利润。

（六）产品研制

如果产品概念通过了商业分析和测试，就可以进入产品的研制阶段。在此阶段，要将通过商业分析的新产品概念送交研发部门或技术工艺部门试制产品模型或样品，同时进行包装的研制和品牌的设计。这是新产品开发的一个重要步骤，因为只有投入资金、设备和人力进行产品的研制，才能揭示产品概念能否转变成实际有效的产品实体，以便进一步证明这一产品概念在技术上的可行性。新研制出的产品模型或样品应满足以下标准：消费者觉得它是产品概念中关键属性的具体体现；在正常使用和正常条件下，该模型或样品能安全地执行其功能；该模型或样品能够在预算的制造成本内生产出来。

（七）市场试销

如果新研制出的产品通过了性能测试，便可在更可信的消费者环境中对产品的品牌名称、包装设计和营销草案进行测试或对产品进行试销。市场试销的目的在于检验新产品的市场效应，然后决定是否大批量投产。试销中所获得的有关产品定位、价格、渠道、促销等重要信息，将成为日后营销决策的依据。在进行新产品试销前，应对以下问题作出决策：试销的地域范围、试销时间、试销中所需的资料、试销所需的费用、试销的营销策略及试销成功后进一步采取的行动。

（八）正式上市

新产品试销成功后，便可以正式批量生产，全面推向市场。此时，企业要支付大量费用，而新产品投放市场的初期往往利润很小甚至亏损。因此，企业在以下方面需慎重决策。

1. 何时推出新产品

新产品正式上市时，进入市场的时机选择是关键。如果公司用新产品替换旧产品，在正常情况下，应该在旧产品存货销完时推出新产品。如果新产品有很强的季节性，那么应等到合适的季节再推出；如果新产品需要改进，应等到产品进一步完善后再投放市场。

2. 何地推出新产品

公司必须决定新产品是投向单一的地区、一个区域、几个区域、全国市场还是国际市场。一般情况下，多数公司会在一段时间内有计划地逐步扩展产品投放的市场，能够一次就把新产品在全国市场推出的企业不多。一般是先在主要地区的市场推出，取得立足点，再扩大到其他地区。因此，企业需要制订一个市场投放计划，确定投放顺序，尤其是应当找出当中最具有吸引力的市场。选择这一市场，通常考察这些方面：市场潜力、企业在该地区的声誉、投放成本、该地区调查资料的质量高低、对其他地区的影响力及竞争渗透力。此外，竞争情况也十分重要，它同样可影响到新产品商业化的成功。

3. 向谁推出新产品

企业要把分销和促销目标明确指向最优秀的顾客群。这样做的目的是利用最优秀的顾客群带动一般顾客，以最快的速度、最少的费用，扩大新产品的市场占有率。可以根据市场调查的结果，寻找、发现最优秀的顾客群。

对新上市的消费品来讲，最优秀的顾客群一般具备以下特征：他们是早期使用者；他们是大量使用者；他们是观念倡导者或舆论领袖，并能为该产品作正面宣传；接近这一市场的费用相对要低。

当然，完全具备这几个特征的顾客很少。企业可以根据这些标准，对不同的顾客群打分，从而找到更合适的顾客群。

4. 如何推出新产品

企业要制定开始投放市场的营销策略，首先要对各项营销活动分配预算，其次规定各种活动的先后顺序，从而有计划地开展营销管理。

二、新产品的采用过程

新产品的采用过程，是指消费者个人由接受创新到重复购买的各个心理阶段。美国学者埃弗雷特·罗杰斯在1962年出版的《创新扩散》一书中，把采用过程看作创新决策过程，并据此建立了创新决策过程模型。他认为创新决策过程包括五个阶段，即认识阶段、说服阶段、决策阶段、实施阶段和证实阶段。

（一）认识阶段

消费者受到个人因素、社会因素和沟通行为因素的影响，他们逐步认识这种创新产品，并学会使用这种产品。研究表明，较早意识到创新的消费者，同较晚意识到创新的消费者有着明显区别，一般前者较后者有更高的教育程度、文化水平和社会地位，广泛参与社交活动，能及时、迅速地收集到有关新产品的信息资料。

（二）说服阶段

说服阶段指的是消费者不但认识了创新产品，知道如何使用，而且对该产品产生了喜爱和占有的愿望。一旦产生了这种愿望，决策行为就进入了说服阶段。消费者常常亲自操作新产品，以避免购买风险。不过，即使如此也不能促使消费者立即购买，除非营销部门能让消费者充分认识到创新产品的特性，包括相对优越性、适用性、复杂性、可试性、明确性。总之，在说服阶段，消费者对创新产品将有确定性认识。他会多次在脑海中“尝试”使用创新产品，看看它究竟是否适合自己。企业使用广告和人员促销策略，将提高消费者对产品的认知程度。

（三）决策阶段

通过对产品特性的分析和认识，消费者开始决策，即决定采用还是拒绝采用该种创新产品。消费者或用户决定采用，此时也有两种可能：使用之后觉得效果不错，继续使用；使用之后发现令人失望，中断使用，可能改用别的品牌，也可能干脆不再使用这类产品。消费者拒绝采用，此时有两种可能：以后改变了态度，接受了这种创新产品；继续拒绝采用。

（四）实施阶段

当消费者决定开始使用创新产品时，就进入了实施阶段。在实施阶段，消费者需要考虑如何使用产品以及如何解决操作难题等问题。这时，就需要企业的市场营销人员积极主动地向消费者进行介绍和示范，并提出自己的建议。

（五）证实阶段

消费者在决策后，总是要评价其选择行为的正确与否。证实阶段包括了决策后不和谐、后悔、不和谐减弱等三种情况。消费者往往会告诉朋友自己采用创新产品的明智之处，如果消费者无法证明采用决策是正确的，那么就可能中断采用。

三、新产品的扩散过程

新产品的扩散指的是新产品上市后随着时间的推移不断地被越来越多的消费者所采用的过程。也就是说，新产品上市后逐渐地扩张到其潜在市场的各个部分。

（一）新产品采用者的类型

在新产品市场扩散的过程中，由于个人性格、文化背景、受教育程度和社会地位等因素的影响，不同消费者对新产品接受的快慢程度不同。罗杰斯根据接受程度快慢的差异，把采用者分成五种类型，即领先采用者、早期采用者、早期大众、晚期大众和落后采用者。

1. 领先采用者

该类型采用者约占全部潜在采用者的2.5%。任何新产品都是由少数创新采用者率先使用的。这类人极富冒险精神；收入水平、社会地位和受教育程度较高；一般是年轻人，交际广泛且信息灵通。

2. 早期采用者

早期采用者是第二类采用创新的群体，占全部潜在采用者的13.5%。他们大多是某个群体中具有较高威望的人士，也受到周围人群、朋友的拥护爱戴。正因为如此，他们常常去收集有关新产品的各种信息资料，成为某些领域的舆论领袖。这类采用者多在产品的介绍期和成长期采用新产品，并对后面的采用者影响较大。所以，他们对创新扩散有着决定性影响。

3. 早期大众

这类采用者的采用时间较平均采用时间要早，占全部潜在采用者的34%。特征：深思熟虑，态度谨慎；决策时间较长；受过一定教育；有较好的工作环境和固定收入；对舆论领袖的消费行为有较强的模仿心理。他们虽然也希望在一般人之前接受新产品，但却是在经过早期采用者认可后才购买，从而成为赶时髦者。由于该类采用者和晚期大众占全部潜在采用者的68%，因而，研究其消费心理和消费习惯对于加速创新产品扩散有重要意义。

4. 晚期大众

这类采用者的采用时间比平均采用时间稍晚，占全部潜在采用者的34%。他们的信息多来自周围的同事或朋友，很少借助宣传媒体收集所需要的信息，其受教育程度和收入状况相对较差，所以他们从不主动采用或接受新产品，直到多数人都采用且反映良好时才行动。显然，对这类采用者进行扩散是较为困难的。

5. 落后采用者

这类采用者是采用创新的落伍者，占全部潜在采用者的16%。他们思想保守，拘泥于传统的消费行为模式。他们与其他的落后采用者关系密切，极少借助宣传媒体，其社会地位和收入水平最低。因此，他们在产品进入成熟后期乃至进入衰退期时才会采用。

（二）新产品的扩散过程管理

新产品的扩散过程管理是指企业通过采取措施使新产品的扩散过程符合既定市场营销目标的一系列活动。扩散过程除了受到外部的不可控因素，如竞争者行为、消费者行为和经济形势等的制约外，还会受到企业的营销活动，包括产品质量、人员推销、广告水平和定价策略等影响。

企业扩散管理的目标主要有：在导入期，销售额迅速起飞；在成长期，销售额快速增长；在成熟期，产品渗透最大化，尽可能维持一定水平的销售额。然而，新产品扩散的实际过程却不是这样的。根据产品生命周期曲线，典型的产品扩散模式通常是导入期销售额增长缓慢，成长期的增长率也较低，而且产品进入成熟期一段时间后，销售额就开始下降。

为了使产品扩散过程达到预期目标，企业可以主动地采取一些措施和策略。

1. **实现迅速起飞**

主动加强推销，开展广告攻势，使目标市场很快熟悉创新产品；开展促销活动，鼓励消费者试用新产品。

2. **实现快速增长**

需要保证产品质量，促进口头销售；继续加强广告攻势，影响后期采用者；创造性地运用促销手段使消费者重复购买。

3. **实现渗透最大化**

需要继续采用快速增长的各种策略；更新产品设计和广告策略，以适应后期采用者的需要，长时间维持一定水平的销售额；需要使处于衰退期的产品继续满足市场的需要，扩展分销渠道，加强广告推销。

第五节　品牌策略

一、品牌的概念及作用

（一）品牌及其相关概念

品牌是一种名称、术语、符号或图案设计，或者是它们的不同组合，用以识别某个或某群消费者的产品或服务，使之与竞争对手的产品和服务相区别。

品牌是一个集合概念，它包括品牌名称和品牌标志。品牌名称是品牌中可以用语言称呼的部分，如海尔、华为等；品牌标志是品牌中易于识别与记忆，但无法以口语称呼的部分，包括符号、特殊颜色、图案等，也称为“品标”，如可口可乐包装上红底白字的设计和波浪形的手写体文字。

（二）品牌的整体含义

品牌实质上代表卖者对交付给买者的产品特征、利益和服务的一贯性的承诺。最佳品牌就是质量的保证，但品牌还是一个更复杂的象征。品牌的整体含义可分成六个层次。

1. **属性**

品牌首先使人们想到某种属性。例如，“奔驰”意味着昂贵、工艺精湛、马力强大、高贵、转卖价值高、速度快，等等。公司可以采用一种或几种属性为汽车做广告。

2. **利益**

顾客买的不是属性，他们买的是利益。属性需要转化为功能性或情感性的利益。耐久的属性体现了功能性的利益："多年内我不需要再买一辆新车。"昂贵的属性体现了情感性利益："这辆车让我感觉到自己很重要，并受人尊重。"制作精良的属性既体现了功能性利益，又体现了情感性利益；"一旦出事，我很安全。"

3. **价值**

品牌也代表一些生产者价值。因此，"奔驰"代表着高绩效、安全、声望及其他东西。品牌的营销人员必须分辨出对这些价值感兴趣的消费者群体。

4. **文化**

品牌也可能代表一种文化。"奔驰"汽车代表着德国文化：组织严密、高效率和高质量。

5. **个性**

品牌也反映一定的个性。如果品牌是一个人、动物或物体的名字，会使人们想到什么呢？"奔驰"可能会让人想到严谨的老板、凶猛的狮子或庄严的建筑。

6. **用户**

品牌暗示着购买或使用产品的消费者类型。如果我们看到一位 20 多岁的秘书开着一辆"奔驰"时会感到很吃惊。我们更愿意看到开车的是一位 55 岁的高级经理。

所有这些都说明品牌是一个复杂的符号。如果公司只把品牌当成一个名字，那就错过了品牌化的要点。品牌化的挑战在于制定一整套品牌含义。当受众可以识别品牌的各个方面时，我们称之为深度品牌；否则只是一个肤浅的品牌。"奔驰"就是一个深度品牌，因为我们能从六个方面理解它；"奥迪"的品牌深度稍差一些，因为我们不太容易了解它的独特利益、个性和用户特征。

了解了六个层次的品牌含义，营销人员必须决定品牌特性的深度层次。人们常犯的错误是只注重品牌属性。但购买者更重视品牌利益而不是属性，而且竞争者也很容易模仿这些属性。另外，现有属性会变得没有价值，品牌与特定属性联系得太紧密反而会害了品牌。

只强调品牌的一项或几项利益也有风险。假如"奔驰"汽车只强调"性能优良"，那么，竞争者可能会推出性能更优秀的汽车，或者顾客可能认为性能优良的重要性比其他利益要差一些，此时"奔驰"就需要调整到一种新的利益定位。

品牌最持久的含义是其价值、文化和个性，它们构成了品牌的实质。"奔驰"要想代表高技术、杰出表现和成功，奔驰公司就必须在其品牌感中反映出这些东西。如果奔驰公司以“奔驰”名称推出一种新的廉价小汽车，那将是一个错误，因为这会严重损害奔驰公司多年来苦心经营的品牌价值和个性。

二、品牌的作用

品牌对商品的消费者和生产经营者，均具有重要作用。

（一）品牌对消费者的作用

（1）有助于消费者识别产品的来源或制造厂家，更有效地选择和购买。

（2）借助品牌，消费者可得到相应的便利服务，如更换零部件、维修等。

（3）品牌有利于消费者权益的保护。如选购时避免上当受骗，出现问题时便于索赔和更换等。

（4）有助于消费者避免购买风险，降低购买成本，从而更有利于消费者选购商品。

（5）好的品牌对消费者具有很强的吸引力，有利于消费者形成品牌偏好，满足消费者的精神需求。

（二）品牌对生产者的作用

（1）有助于产品销售和占领市场。品牌一旦形成一定知名度和美誉度，企业就可以利用品牌优势扩大市场，促成消费者的品牌忠诚。品牌忠诚使销售者在竞争中得到某些保护，并使他们在制订营销计划时有较强的控制能力。

（2）有助于稳定产品价格，减少价格弹性，增强对动态市场的适应性，减少未来的经营风险。由于品牌具有排他性，在激烈的市场竞争中，知名品牌以其信誉度和美誉度使消费者乐意为此多付出代价，企业能够避免卷入恶性价格竞争，进而保持相对稳定的销售量。品牌的不可替代性，又是产品差异化的重要因素，可以减少价格对需求的影响程度。

（3）有助于市场细分，进而进行市场定位。品牌有自己的独特风格，除了有助于销售外，还有利于企业细分市场。企业可在不同的细分市场推出不同的品牌，以适应消费者的个性差异，更好地满足消费者。

（4）有助于新产品开发，节约新产品的市场投入成本。一个新产品进入市场，风险是相当大的，投入成本也相当大。但是企业可以成功地进行品牌延伸，借助已成功或成名的品牌，扩大企业的产品组合或延伸产品线，采用现有的知名品牌，利用其知名度和美誉度推出新产品。

（5）有助于抵御竞争者的攻击，保持竞争优势。新产品推出市场，如果畅销，很容易被竞争者模仿。品牌是企业特有的一种资产，可通过注册得到法律保护。当市场趋向成熟、市场份额相对稳定时，品牌忠诚是抵御同行竞争者的最有力的武器。品牌忠诚也为其他企业的进入构筑了壁垒。所以，品牌也是企业保持竞争优势的一种强有力的工具。

三、品牌设计

一个好的品牌名称，是品牌被消费者认知、接受、满意乃至忠诚的前提。品牌名称在很大程度上影响品牌联想，并对产品销售产生直接影响，因而是品牌的核心要素。

（一）品牌命名的原则

品牌命名应当符合法律规定，还要注意遵循以下原则。

1. 易读易记，识别性强

品牌命名应当文字简洁而富有寓意，语音响亮又易于上口，且只有一种发音方法。如“三菱”“奔驰”“大宝”“百灵”“星海”等。

2. 新颖独特，显著性强

品牌命名应当个性鲜明，不落俗套，富有创意与时代感，与其他品牌有显著的差异。如“喜之郎”“自由鸟”等。

3. 内涵丰富，象征性强

品牌命名应当包含与产品或企业相关的寓意，可引发消费者积极的联想，进而产生对品牌的认知或偏好。如由“孔府家酒”联想到悠久的历史、灿烂的齐鲁文化，由“红豆”联想到爱情、亲情、乡情等。

4. 暗示产品属性，传达商品信息

能显示有关产品的优点，包括用途、特性与品质。如“美加净”“维尔康”“黑又亮”“捷达”“999 胃泰”等。

5. 与企业视觉形象战略配套，加强视觉冲击力

品牌名称与品牌标志相得益彰、相映生辉，突出整体效果，进而与企业视觉形象设计相一致，能以优美、统一的视觉形象给社会、公众留下深刻、亲切的印象。如“华为”“麦当劳”“太阳神”“西门子”等。

6. **适应市场环境，“避忌求吉**

不同的国家或地区，消费者因民族文化、宗教信仰、风俗习惯、语言文字等的差异，可能对同一品牌名称、品牌标志的认知和联想截然不同，因此品牌命名要适应目标市场的文化价值观念，避免触犯地域民族文化禁忌，使消费者产生不利的联想。如“金利来”“东来顺”“吉兴隆”等寓意吉祥如意，兴盛发财；而在英国应避讳“仙鹤”（丑陋），在日本应避讳“四”（死）等。

（二）品牌命名的要求

品牌命名的目的，是让品牌名称尽可能地直接服务于营销的需要。因此在品牌命名时还要充分考虑以下策略的要求。

1. **目标市场策略**

目标市场策略即要根据目标市场的特征（包括人口统计、心理和行为等）进行命名。发挥品牌名称的暗示作用，暗示产品消费对象或迎合目标市场所处的特定文化背景和心理需要。如“人在旅途”。

2. **产品定位策略**

产品定位策略是让品牌名称引发消费者对产品特征、利益、使用场合、档次（价格）和其所属类别的有利联想。如“贵妇人”“帝王”“太太口服液”“娃哈哈”“夜巴黎”等。

3. **描述性与独立随意性的选择策略**

品牌名称有两种最基本的作用：识别产品或服务以及传播信息。一个品牌名称越是一个独立的字词组合，越是不与其他名称接近或可以比较，那么它发挥的识别作用就越强。如“红塔山”“大重九”等。一个品牌名称越是采用有明确含义的词汇，越可能与其他名称的关系接近，那么它发挥的传递信息的作用就越强，如“康师傅”“步步高”等。独立随意策略的优点是名称充满个性，商标的保护力强，但需大笔的传播投资；描述性策略的优点是名称本身可能就是一个活广告，可节省传播开支，但商标的保护力很弱，有时可能演变为产品的通用名称，而得不到商标注册和保护。一般来说，大公司宜采用独立随意性导向的策略，小公司宜采用描述性导向的策略。作为一种折中，联想策略介于两者之间，既有特色、保护力（识别和显著性），又能暗示消费者适当的信息。因此这种策略的风险较小，在营销实践中使用较多。

4. **当地化与全球化的选择策略**

随着经济全球化和跨国营销的发展，品牌命名必须考虑全球通用的策略。一个完善的品牌名称，应当易于为世界上尽可能多的人发音、拼写、认知和记忆，在任何语言、文化中都没有贬义，有利于品牌名称在国际市场传播。在品牌命名上，首先要考虑如何使品牌名称适合当地。一种办法是为当地营销的产品取个独立的品牌名称，或把原有的品牌名称翻译成适应当地的叫法，如“OMO（奥妙）”“Coca Cola（可口可乐）”“Seiko（精工）”“Citizen（西铁城）”和“Acer（宏碁）”等；另一种办法是选择一个全球通用的名称，如“索尼”。

四、品牌策略

（一）品牌化策略

企业决定是否给产品起名字、设计标志的活动，就是企业的品牌化决策。如前所述，使用品牌对企业和消费者有诸多的意义，因而品牌化成为商品市场发展的大趋势。像大豆、水果、蔬菜、大米和肉制品等过去从不使用品牌的商品，现在也被放在有特色的包装袋内，冠以品牌出售。但并非所有的商品都必须拥有品牌，这取决于产品品牌运营投入产出是否有利。因为品牌在带来诸多好处的同时，其建立、维持和保护也要付出大成本，如包装费、广告费、标签费和法律保护费等。

20 世纪 70 年代以来，许多西方企业对某些消费品和药品不规定品牌名称和品牌标志，也不向政府注册登记，实行非品牌化，这种产品叫无牌产品。所谓无牌产品，是指在市场上出售的无品牌、包装简易且价格便宜的普通产品。企业推出无牌产品的主要目的是节省包装、广告等费用，降低价格，扩大销售。一般来讲，无牌产品使用质量较差的原料，而且其包装、广告、标签的费用都较低。

（二）品牌归属策略

企业确定使用品牌之后，有三种可供选择的策略，即可以决定使用自己的品牌，这种品牌叫企业品牌、生产者品牌、全国性品牌；也可以决定将其产品大批量卖给中间商，中间商再用自己的品牌将物品转卖出去，这种品牌叫中间商品牌、私人品牌、自有品牌；还可以决定有些产品用自己的品牌，有些产品用中间商的品牌。

1. 使用中间商品牌的利弊

目前越来越多的中间商特别是大批发商、大零售商都使用自己的品牌，中间商品牌已经成为品牌竞争的一个重要因素。中间商使用自己的私人品牌，可带来种种的利益，诸如：

（1）更好地控制价格，并在某种程度上控制供应商。因为中间商可以用更换供应商来威胁供应商企业。

（2）进货成本较低，因而销售价格也低，竞争力更强，可得到较高利润。

中间商使用自己的品牌，也会带来一些问题。例如，必须花很多钱做广告，大力宣传品牌；必须大批量订货，因而将大量资金占压在库存上，并承担一定风险。

2. 品牌战

在现代市场经济条件下，企业品牌和中间商品牌之间经常激烈竞争，这就是所谓的品牌战。在这种对抗中，中间商有许多优势，诸如：

（1）零售商的营业面积有限，因此许多企业特别是新企业和小企业难以用其品牌打入零售市场。

（2）虽然消费者都知道以私人品牌出售的商品通常都是大企业的产品，但是由于中间商特别注意保持其私人品牌的质量，仍能赢得消费者的信任。

（3）中间商品牌的价格通常定得比企业品牌低，因此能迎合许多计较价格的顾客，特别是通货膨胀时期更是如此。

（4）大零售商把自己的品牌陈列在商店醒目的地方，而且妥善储备。由于这些原因，企业品牌昔日的优势被削弱。有些市场营销评论家预言，中间商品牌最终将击败所有的企业品牌。

3. 品牌阶梯与品牌均势

十几年来，在消费者心目中一直存在品牌阶梯的观念，即自己最偏好的品牌位于阶梯的最上层，随着偏好程度的递减，各个品牌的阶层依次降低。近年来人们的阶梯观念越来越淡化，取而代之的是品牌均势观念，即在消费者看来所有品牌都是一样的。消费者愿意购买正在出售的任何可接受的品牌，他们可能看不出高露洁牙膏与达丽牙膏、飘柔香波与花王诗芬香波等有什么差异。消费者越来越感受到明智消费的压力，对产品质量、价格、价值等非常敏感。无休止的品牌扩展和产品线扩展，混淆了不同品牌的差异。降价和特价造就了一代关注价格的新型消费者。商店品牌不断改进质量，并通过其连锁店系统增强了消费者的信任度，从而对制造商品牌构成了重大挑战。

（三）品牌统分策略

品牌无论归属如何，都必须考虑所有产品是分别使用不同品牌，还是统一使用一个或几个品牌的问题。在个这方面，有四种可供选择的策略。

1. 个别品牌

个别品牌是指企业各种不同的产品，分别使用不同的品牌。其好处主要是：

（1）企业的整体声誉不受其某种商品的声誉的影响。例如，企业某种产品失败了，不至于给这家企业脸上抹黑，因为该产品用的是自己的品牌名称。

（2）企业原来一向生产某种高档产品，后来推出较低档的产品。如果这种新产品使用自己的品牌，也不会影响这家企业的高档产品的声誉。

（3）有利于企业新产品向多个目标市场渗透，但是这种策略的促销费用较高。

2. 统一品牌

统一品牌是指企业所有产品统一使用一个品牌名称。例如，美国通用电气公司的所有产品都使用“GE”这个品牌名称。企业采取统一品牌名称策略的好处主要是：

（1）企业宣传介绍新产品的费用开支较低。

（2）如果企业名声好，其产品必然畅销。

3. 分类品牌

分类品牌即企业对不同类别的产品采用不同品牌，使不同品牌代表不同的品质水准。这主要是因为：

（1）企业生产或销售许多不同类型的产品。如果统一使用一个品牌，不同类型的产品就容易混淆。

（2）企业生产或销售同一类型的产品。为了区别不同质量水平的产品，往往也需要分别使用不同的品牌名称。例如，青岛美达实业股份有限公司在其经营的各种香皂中，将销往北京、广东等购买力强的市场的产品定名为“得其利是”，将销往东北、华北等市场的产品定名为“雁牌”，将销往沂蒙山等购买力弱的市场的产品定名为“蝴蝶”。

4. 企业名称加个别品牌

这种策略是指企业对其不同产品分别使用不同的品牌，但在各种产品的品牌前冠以合业名称。例如，美国凯洛格公司就采取这种策略，推出“凯洛格米饼”“凯洛格葡萄干”等。企业采取这种策略的好处主要是：在各种不同新产品的品牌名称前冠以企业名称可以使新产品合法化，能够享受企业的信誉，而各种不同的新产品分别使用不同的品牌名称，又可以使各种不同的新产品各有不同的特色。

（四）品牌扩展策略

品牌扩展策略有五种选择，即产品线扩展策略、品牌延伸策略、多品牌策略、新品牌策略、合作品牌策略。

1. 产品线扩展策略

产品线扩展是指企业现有产品线使用同一品牌，增加该产品线的产品时仍沿用原有品牌。这种新产品往往都是现有产品的局部改进，如增加新的功能、包装、样式和风格等。通常厂家会在这些商品的包装上标明不同的规格、不同的功能特色或不同的使用者。

产品线扩展的原因是多方面的，如可以充分利用过剩的生产能力；满足新的消费者需要；率先成为产品线全满的公司以填补市场的空隙，与竞争者推出的新产品竞争或为了得到更多的货架位置。

产品线扩展的利益有：扩展产品的存活率高于新产品，通常新产品的失败率在80%～90%，可满足不同细分市场的需求；完整的产品线利于防御竞争者攻击。

2. 品牌延伸策略

品牌延伸是指一个现有的品牌名称使用到一个新类别的产品上。即品牌延伸策略是将现有成功的品牌，用于新产品或修正过的产品上的一种策略。品牌延伸是实现品牌无形资产转移和发展的有效途径。品牌也受生命周期的约束，存在导入期、成长期、成熟期和衰退期。品牌作为无形资产是企业的战略性资源，如何充分发挥企业的品牌资源潜能并延续其生命周期，便成为企业的一项重大策略选择。品牌延伸一方面在新产品上实现了品牌资产的转移，另一方面又以新产品形象延续了品牌寿命，而成为企业的现实选择。

品牌延伸有如下好处：

（1）可以加快新产品定位，保证新产品投资决策的快捷、准确。

（2）有助于减少新产品的市场风险。如可以大大缩短被消费者认知、认同、接受、信任的过程，极为有效地防范了新产品的市场风险，并且可以有效地降低新产品推广的成本费用。与同类产品相比，它就与之站在同一起点上，甚至略优于对手，具备了立于不败之地的竞争能力。

（3）品牌延伸有助于强化品牌效应，增加品牌这一无形资产的经济价值。

（4）品牌延伸能够增强核心品牌的形象，提高整体品牌组合的投资效益。

由此可见，品牌延伸决策应结合品牌延伸原则来考虑，注重对已有品牌资产的调查以及新产品适应性的系统分析。具体决策步骤包括：

（1）品牌资产调查阶段。这个阶段的任务是探测存在于公众头脑中与品牌有关的所有联想。这个阶段推测哪些产品能够符合品牌意义。我们要得到的认识包括品牌的属性、个性、意图、内心、承诺和隐藏的潜力分别是什么。

（2）测试新产品的构想。测试新产品的构想，不但要识别适合品牌延伸的相关产品，确定延伸是否与品牌保持一致，而且也要确定产品是否被认为超越它的竞争对手，即延伸是否创造了一种市场欲望。

由于品牌延伸是策略选择的结果，因此还要结合生产、营销、财务、人力资源等因素综合考虑。品牌延伸通常也涉及某种风险，没有一种研究能够精确地预测品牌延伸在一段时间里的效果。因此，企业实施品牌延伸战略，一定要着眼于长远利益。

第六节　包装策略

一、包装的概念

包装是指对一种品牌商品设计并制作容器或包扎物的一系列活动。包装作为商品的重要组成成分，其在营销方面的作用主要体现在：包装可以保护产品，减少产品在供应、运输过程中的各种损坏；便于运输也便于消费者携带和使用；良好的包装还能吸引顾客的注意，激发消费者的购买欲望，起到广告的作用和促销的功能；精美的包装可以使商品增加价值，树立品牌形象，为企业增加利润。

二、包装的作用

包装在市场营销过程中，可以发挥以下积极作用。

（1）保护产品。保证产品在生产过程结束后，转移到消费者手中直至被消费掉以前，产品实体不致损坏、散失和变质。如易腐、易碎、易燃、易蒸发的产品，有了完善的包装就能保护其使用价值，这是包装的基本功能。

（2）促进销售。产品包装具有识别、美化和便利的功能。包装是产品的延伸，是整体产品的一部分。独特的包装可与竞争者的产品产生区别。优良的包装多经精心设计与印刷，不易仿制、假冒、伪造，有利于保持企业信誉。在商品陈列中，包装是货架上的广告，是“沉默的推销员”；包装材料的色彩和包装图案，具有介绍商品的广告作用。良好的包装往往能引起消费者的注意，激发购买欲望。在商品销售中，包装是传递信息、争取顾客的重要工具。科学合理的包装，可起到方便顾客携带、保管的作用。有的商品无法试用、品尝，主要靠包装起到说明与说服作用，包装能兼收广告宣传的效用。产品包装化，可以保持食品的清洁卫生，定额包装还能方便销售，有利于推广自动售货、自助服务等。

（3）增加利润。包装还有增值的功能。优良的包装，不仅可使好的产品与好的包装相得益彰，避免“一等商品、二等包装、三等价格”，而且能提升商品身价，使商品卖个好价钱，超出的价格远高于包装的附加成本，且为顾客所接受。另外，包装产品的存货管理也比较单纯和方便。完善的包装，可降低产品的损耗率，提高运输、储存、销售各环节的劳动效率，从而增加企业的利润。

三、包装策略

符合设计要求的包装固然是良好的包装，但良好的包装只有同包装策略结合才能发挥应有的作用。可供企业选择的包装策略有以下几种。

（一）相似包装策略

相似包装策略即企业生产的各种产品，在包装上采用相似的图案、颜色，体现共同的特征。其优点在于能节约设计和印刷成本，塑造企业形象，有利于新产品促销。但有时也会因为个别产品质量的下降等，影响到其他产品的销路。

（二）差异包装策略

差异包装策略即企业的各种产品都有自己独特的包装，在设计上采用不同的风格、色调和材料，这种策略能够避免由于某一商品推销失败而影响其他商品的声誉，但也相应地会增加包装设计费用和新产品的促销费用。

（三）相关包装策略

相关包装策略即将多种相关的产品，配套放在同一包装物内出售。如系列化妆品，这可以方便顾客购买和使用，有利于新产品的销售。

（四）等级包装策略

等级包装策略是指企业对自己生产经营的不同质量等级的产品分别设计和使用不同的包装，在包装材质、包装风格上力求与产品档次相适宜。采用这一包装策略，能适应不同需求层次消费者的购买心理，并且企业不会因为某一产品销路不畅而影响其他产品的销路。但是，等级包装策略的实施成本较高。

（五）再使用包装策略

再使用包装策略，也称双重用途包装策略，是指包装物在被包装的产品使用完毕后，原包装物还可用作其他用途。这种包装策略可以刺激消费者的购买欲望，也可以使带有商品商标的包装物在再使用的过程中潜移默化地起到广告宣传的作用。这种包装的缺点是包装成本高。

（六）附赠品包装策略

附赠品包装策略是指在包装物内附带某种赠品的策略。赠品如玩具、图片，也可以是奖券等。这种策略是企业通过在包装物内附赠某些赠品，以引起消费者的购买兴趣。

（七）改变包装策略

当某种产品销路不畅或长期使用一种包装时，企业可以改变包装设计、包装材料，使用新的包装。这可以使顾客产生新鲜感，从而增加产品销量。

案例　特仑苏 VS 金典　解读高手过招

2005 年蒙牛乳业推出了旗下高端品牌“特仑苏”，就此拉开了国内液态奶产品升级的帷幕。作为蒙牛的老对手，伊利自然不甘示弱，随后以“金典”牛奶的上市作为回应，与“特仑苏”展开了高端消费人群的争夺战。

蒙牛先发制人，特仑苏横空出世

为了改变利润日趋微薄的窘境，同时满足部分高收入人群的需求，蒙牛以特仑苏奶率先试水高端液态奶市场。典雅高贵的包装外观、整箱不拆零的终端销售方式，都令人耳目一新，上市仅两个月销量就开始稳步上升。对于特仑苏的上市，蒙牛乳业显然经过精心准备，表现在以下几方面。

1. 高端产品，品牌先行。要让消费者顺利地接受特仑苏的价格，必须将特仑苏品牌提升到一个高度，利用消费者先入为主的思维定式使之对品牌形成“高贵”的第一印象，使其对价格的敏感度下降。为了摆脱蒙牛自身浓厚的大众化气息，特仑苏必须着力淡化与蒙牛的联系，但又不能放弃蒙牛品牌所带来的影响，因此特仑苏在广告片中绝口不提蒙牛，仅在片尾做了文字性提示，而且在产品包装盒的正面也看不出与蒙牛有任何关联，仅在包装盒的侧面最下方有蒙牛的标识。这种若即若离的度的把握确实可圈可点。

2. 突出产品优势。突出原料产地优势向来是蒙牛的撒手锏，“请到我们草原来”的广告语曾让无数消费者浮想联翩。特仑苏的产地更是得到凸显：乳都核心区——和林格尔。在消费者看来，如此优越的地理位置和环境必定养出好牛、挤出好奶。

3. 包装设计差异化。白底、蓝字，中、英、蒙三种文字的品牌标识，以及简洁、素雅的风格，都衬托出产品的高贵和卓尔不群，很好地体现了品牌的定位。

通过以上分析，可以看出特仑苏的成功并不是偶然的。特仑苏利用各个小的利益点烘托产品价值，用产品价值提升品牌地位，以赋予品牌的价值来弥补产品品牌的不足，使产品与品牌互为促进，共同推动产品的销售。特仑苏的品牌运作方式为企业的品牌升级提供了一个很好的研究案例。

关爱精英健康，金典釜底抽薪

看着特仑苏的市场风生水起，伊利再也坐不住了。2006 年 10 月，随着“关爱精英健康计划”的启动，伊利乳业的高端液态奶品牌“金典”纯牛奶正式上市。此时特仑苏已在市场上唱了一年的独角戏，市场也初具规模。“金典”这个“初生婴儿”应该采取什么样的策略才能使自己茁壮成长呢？

1. 突出自然、高贵的品牌价值。与特仑苏的贵族定位一样，金典也着力突出品牌的高贵——“天生尊贵，金典品味”，但是两个品牌在内涵上是有明显不同的。特仑苏来自蒙牛，品牌已经打上了青春、时尚的烙印；金典则显得成熟稳重，在品牌个性上与特仑苏有着较大的差异。由此也可以看出，两大品牌都或多或少地继承了各自母品牌的遗传基因。

2. 产品卖点更高一筹。对于“蛋白含量 3.5%，超出国家标准 18.6%”这一产品卖点，金典确实下了一番功夫。金典作为高端奶市场上的挑战者，应该做的就是攻击领导者优势中的弱点。特仑苏的优势在哪里？仔细分析一下，特仑苏带给消费者的实实在在的利益就是蛋白含量比普通纯奶高，特仑苏将这一产品特性作为自己的主要卖点在宣传，这也成为其高价格的主要支撑点。金典纯奶的蛋白含量为 3.5%，仅比特仑苏 3.3% 高出 0.2 个百分点，但就是这 0.2 个百分点却让特仑苏立即陷入尴尬境地，并且无计可施。金典这一招相当精准。

3. 品牌公关，釜底抽薪。在金典上市的同时，由金典与中国营养协会联合推出的“关爱精英健康计划”开始启动。这项计划的主要内容包括：由中国营养学会和伊利专家共同走进各城市高档写字楼、公司和社区，面对面地向白领人群普及健康知识；同时，与各界精英、权威营养专家共同探讨健康话题，并在高端媒体开辟健康专题。这一计划将品牌的传播延伸到了目标消费群个人，其目标非常明确：与目标群体展开互动，树立金典“具有社会责任感”的品牌形象。与特仑苏单纯投放广告相比，金典采取“广告加公关”的传播方式显得棋高一着。

综合来看，金典对特仑苏的首轮攻击，在角度上比较精准，但力度稍弱，似乎引而未发，并且在招式上显得有些单调。“天生尊贵”“奥运典藏”等概念缺乏有效的产品利益作为支撑，有王婆卖瓜之嫌，因此并未对特仑苏构成较大威胁。

金牌牛奶，特仑苏人生

特仑苏在上市初期走的是以产品价值带动品牌价值提升的路线，凸显的是产品的技术优势。经过了一年多的市场运作，品牌的科技价值感已被消费者接受和认可，这时的品牌诉求重点应该向情感方向转移。

“金牌牛奶，特仑苏人生”是特仑苏第二阶段的传播主题。这句广告语提升了特仑苏的文化高度，特仑苏成为一种生活方式、一种价值观。为了强化这一诉求，特仑苏甚至编写了一些小故事放在产品包装箱内，这些小故事以散文的形式出现，着力营造一种或浪漫或温馨的生活场景，并将特仑苏置入其中，对消费者进行潜移默化的品牌文化灌输，这一品牌传播方式不禁令人拍案叫绝。充分利用与消费者的接触点，以消费者乐于接受的形式传递品牌的内涵和价值，这种方式值得我们借鉴。

文化的诉求使得特仑苏跳出了产品和技术的比拼，有效地回避了自身的劣势，也与金典拉开了档次。特仑苏在这一回合的交手中仍占上风，金典接下来该如何出招呢？

极致天然，金典有机奶问世

金典有机奶的上市，可以说是针对特仑苏的第二次进攻。与第一次进攻一样，这次进攻的角度仍旧是对手强势中的弱点。但与第一次不同的是，金典的这一次出击称得上是来势汹汹，力度要大得多，准备得也更充分。

特仑苏前期强调的科技含量，是以产品的高科技成分为前提的。金典有机奶高举“天然”的大旗，突出自身产品从牧场、乳牛到生产的各个环节都未使用和添加任何人工合成物质，这一招无疑将特仑苏置于自己的反面。在多数人的意识里，天然的总是最好的，添加了人工合成的物质始终令人有点不放心。金典抓住消费者这一判断产品好坏的标准大做文章，大力宣传产品已获得国家环境保护总局有机产品认证中心认证，轻易地将特仑苏的优势变成了劣势，出招狠辣，令人叹服。

金典有机奶的定价也是可圈可点的，每盒 7 元的零售价远远高于特仑苏 OMP 奶，在价格上将特仑苏抛在了身后，这个价格一方面能体现产品本身的价值，另一方面可以理解成是在暗示消费者“看清谁才是奶中贵族！”。

作为 2008 年奥运会的唯一乳品赞助商，伊利展开了以健康为主线的奥运营销，金典有机奶“拥抱大自然，离健康更近”的品牌诉求与之交相辉映、浑然一体，极大地促进了金典销售量的提升。金典的第二次进攻终于取得了胜利。

思考与练习

1. 剖析产品的内涵，针对自己熟悉的一种产品阐述其产品层次。

2. “管理人员同时实施产品组合的扩张与收缩策略存在矛盾”的观点正确吗？请说明原因。

3. 举例说明你认为正处于产品生命周期导入期的产品或服务。对于不同的产品或服务，试分析它们对于哪些市场而言是全新的产品。

4. 互联网、大数据等新兴技术的发展加速还是延缓了新产品从导入期到衰退期的整个过程？为什么？

5. 举例说明处于产品生命周期衰退期的产品。你认为它们的衰退是持久的吗？对于重新唤起对这些产品的需求，你有什么好的建议？

6. 对于处于生命周期导入期的产品品牌和处于成熟期的产品品牌，公司的广告策略有什么不同？

7. 如果你是一家企业的产品经理，负责一种新产品的市场开发与市场投放工作，你会制定怎样的策略？

第八章　定价策略

本章要点

定价策略在市场营销活动中有着重要的地位。定价策略在营销过程中，与其他因素存在相互依存、相互制约的联系。获取一定的利润是任何有赢利需求的企业开展活动和为社会提供商品或服务的基本动力。价格的高低作为影响利润丰厚程度的关键因素，一直是市场博弈的焦点。从哪里入手了解价格，采取何种方法制定价格，应用哪些定价策略实现灵活经营，如何调整价格以及应对竞争者的价格挑战等，是营销管理者需要考虑的问题。

学习目标

1. 掌握企业确定产品基本价格的常用方法。

2. 了解企业如何根据目标、定位和环境采用灵活的定价策略。

3. 了解企业如何在不断变化的环境中主动利用价格调整策略来赢得更大的发展空间以及如何对竞争者的价格行为作出适当的应对。

第一节　影响定价的因素

狭义来说，价格是为产品或服务收取的货币总额；广义来讲，价格是顾客为获得、拥有或使用某种产品或服务而支付的价值。价格是营销组合中唯一与收益直接相关的要素。影响公司定价的因素有很多，概括起来可从公司的内部和外部两个方面进行分析。

一、公司内部因素对定价的影响

（一）公司的整体营销战略与策略

市场营销者在从事市场营销活动的过程中，必须考虑整体的市场营销战略与营销策略组合。各项市场营销决策之间需要协调配合，形成一个有机的整体，构成一个营销决策体系，顾客不仅仅根据价格进行购买，还希望得到最高价值的产品。因而定价既要服从市场营销战略目标的实现，又要配合诸如产品策略、销售渠道策略等各项决策的制定与实施。通常，一个公司会围绕"价格 - 价值"来制定自己的整体战略，如零售业的沃尔玛，低价格、高价值的定位使之成为世界零售巨头。

公司常常根据价格给产品定位，然后设计营销策略组合。许多公司运用一种非常有效的方法——目标成本法，来支持这种价格定位战略。它先确定一个以顾客感知价值为基础的理想售价，然后以与价格相匹配为目标确定成本。

（二）产品成本

成本是影响产品价格的主要因素。产品成本包括生产成本、促销成本和分销成本。生产成本是指公司在生产过程中所支出的全部生产费用，具体指物化在产品中的直接材料、直接人工、制造费用和管理费用等，也就是通常由固定成本和变动成本组成。促销成本包括广告费用和在促销宣传过程中花费的支出。分销成本包括人员推销的费用、营销渠道建设的费用，以及必需的运输和储存的费用。这些成本构成价格的主体部分。公司为了保证市场营销活动的持续进行，必须通过市场销售收回成本，并获取一定的利润。在激烈的市场竞争中，产品成本低的公司对价格制定有较大的灵活性，可获得较好的竞争优势，能获得较好的经济效益；反之，则会处于被动地位。

（三）组织因素

管理者必须确定组织内部由谁来决定价格。在规模较小的公司里，价格往往由最高管理层而非专门的营销部门决定；在大公司里，定价通常由产品经理或部门经理负责；在组织市场中，高层管理者确定定价目标和政策，由下级或销售人员提出价格方案，销售人员有权在一定范围内与顾客协商价格。

二、公司外部因素对定价的影响

（一）市场和需求

消费者通常根据所得的利益来判断某种产品或服务的价格。因此，市场营销者必须在指定价格前理解产品价格与顾客需求之间的关系。

1. 不同市场类型中的定价

市场类型决定了卖者的定价自由度。根据市场的竞争程度，市场结构分为四种：完全竞争市场、完全垄断市场、垄断竞争市场和寡头垄断市场。不同类型的市场有不同的运行机制和特点，对公司行为有不同的约束力，因而在定价方面有一定的差异性。

在完全竞争市场上，单个买方或卖方都不能对市场价格产生重要影响。在垄断竞争的情况下，市场是由存在多种价格交易的买方和卖方构成的，卖方努力为不同的细分市场提供差异化的产品和服务。在寡头垄断的情况下，市场上只有少数大型卖方，由于市场上卖方较少，每个卖方都要对竞争者的定价策略有高度的警觉和快速的反应。在完全垄断的情况下，市场上只有一个卖方，可能是政府垄断、私有限制性垄断或私有非限制性垄断，情况不同，定价也有所不同。

2. 需求

供需关系是决定市场价格不断变化的重要变量。若在某一时期，某一市场上供应和需求处在一个相等的状态，则达到了经济学上的均衡状态，此时的价格则称为均衡价格。当供给一定时，市场上需求的量越大，产品价格越高；当需求一定时，市场上供给的量越大，价格越低。在实际的市场环境中，供给和需求总是处在一个不断变化的过程中，很难达到一个稳定的状态。所以，企业在制定产品价格时，一定要密切关注市场内的供给和需求变化情况，预测下一阶段的供需走向，以此为依据来制定本企业的产品市场价格，获取符合实际的最大化利润。

企业在制定产品价格时，若要想了解当价格发生变化时，产品的市场需求是如何变化的，则要用到需求的价格弹性。需求的价格弹性是指需求的相对变化程度与价格的相对变化程度之比。如果价格小幅变化未引起需求变动，需求就是缺乏弹性的；反之，需求富有弹性。

（二）经济条件

社会经济状况从多方面影响产品价格的变化，下面从宏观经济状况和通货膨胀两方面对产品价格的影响进行分析。

（1）宏观经济状况对价格的影响。市场经济周期的变化直接影响市场的繁荣，并决定价格总水平的变化。一般来说，在经济高速发展的情况下，人们收入增长较快，对价格变动的敏感性减弱，容易出现总需求膨胀，有利于企业自由地为产品定价；而在经济调整或衰退时期，经济发展速度放慢，容易出现有效需求不足。

（2）通货膨胀对价格的影响。当企业无法全部消化通货膨胀因素时，为维持以往的利润水平，必然会提价。通货膨胀对价格的影响有时与其他因素的作用交织在一起，当货币因素和非货币因素的作用方向一致时，价格上涨幅度就会明显增大。

（三）顾客心理

顾客的消费心理是公司定价必须考虑的重要因素之一。顾客在购买前一般对商品有一定的心理期望值，如果商品价格高于顾客的心理期望值，就很难被顾客接受；反之，低于心理期望值，又会使顾客对商品的品质产生误解，甚至拒绝购买。

便宜无好货，好货不便宜，是顾客最常见的心理。“物美价廉”是顾客追求所购买的商品利益最大化。当商品的品质难以直观判断时，消费者通常以价格高低来评判商品的品质。炫耀性消费心理也是公司定价必须考虑到的。在炫耀性消费心理的驱使下，一些消费者为获得精神上的满足而不介意价格的高低，比如很多中国的消费者去国外排队购买奢侈品来炫耀自己的身份和地位。

（四）政府干预

政府是影响公司定价决策的另一个重要的外部因素。政府通常会制定一系列的政策和法规来对市场价格进行管理，同时对价格管理体制进行改革，从而更好地维护国家、顾客的利益与正常的市场秩序。比如，2016 年 10 月，国家旅游局在全国范围内对“不合理低价”进行专项整治。国家旅游局约谈了阿里旅行、去哪儿网、欣欣旅游网等在线旅游企业，对其经营“不合理低价游”的行为发出警告，并责令立即整改。三家旅游企业根据约谈要求立即对网站、媒体上的宣传广告开展核查，对所有线上旅游产品全面排查，下架所有涉嫌“不合理低价游”的产品。

除了市场和需求、经济条件、顾客心理和政府干预外，公司还需考虑外部环境中的其他影响因素，了解其价格对其他因素产生的影响。比如，中间商怎样看待公司价格？公司还需要考虑社会舆论等更广泛的社会因素。

第二节　定价的程序

在市场上，所有的公司都面临给它们的产品或者服务制定价格的任务。由于价格的制定要考虑多方面因素，因此公司必须按照确定的程序为产品或服务定价：选择定价目标、分析需求、估算成本、分析竞争者状况、选择定价方法、确定最终价格。

一、选择定价目标

公司的营销目标不同，定价目标也不同。公司首先要明确目标，这样制定的价格才能更有针对性。科学地确定定价目标是选择定价方法和制定定价策略的前提和依据。

（一）生存导向的定价目标

生存导向的定价目标是指当公司遇到严重的经营问题或激烈的竞争，致使产品销售困难、大量积压、危及生存时，需要把维持生存作为公司的基本目标。此时，生存比利润更重要。为了能够继续开工，或使大量的库存产品尽快脱手，公司必须制定一个尽量低的销售价格，并希望市场是对价格敏感的。所谓“尽量低”，是指价格只能弥补变动成本或一小部分固定成本。许多公司通过大规模的价格折扣来保持公司的活力。生存导向的定价目标只能作为公司面临困难时的短期应对措施，否则公司最终会面临破产倒闭。

（二）利润导向的定价目标

利润是公司生存和发展的必要条件，是公司营销的直接动力和追求的基本目标之一。因此，许多公司把利润作为重要的定价目标。

1. 利润最大化目标

以利润最大化为定价目标的公司期望在市场上获取最大限度的销售利润。这时公司就需要选择前景良好、容量以及产品有绝对优势的市场，从而获取最大的销售利润和投资收益。但是，最大利润一般代表着高价策略，那么知道价格高到什么程度才能既保证公司利润的最大化，又使购买者能够承受，这是定价的关键。追求最大利润并不等于追求最高价格，即使一个产品在市场上处于某种绝对优势甚至垄断，公司仍要控制高价，因为价格过高会产生一系列负面影响，如抑制消费者购买、产生更多的替代品，甚至导致政府干预。

2. 预期利润目标

投资的回收与报酬是公司定价时必然要考虑的因素。产品定价是在成本的基础上附加适当的目标利润，公司要事先估算产品按何种价格销售、销售多少、多长时间才能回收投资并达到预期的利润目标。以预期利润作为定价目标应具备两个条件：（1）公司具有较强的实力，竞争力比较强，在行业中处于领导地位。（2）采用这种定价目标的多为新产品、独家产品以及低价、高质量的标准化产品。

3. 适当利润目标

一些实力不足的公司为了在激烈的市场竞争中保存自己，把取得适当利润作为定价目标。这种情况多见于处于市场追随者地位的公司。适当的利润目标可以使公司避免不必要的竞争，同时，由于价格适中，顾客愿意接受，可使公司获得长期利润。

（三）销量导向的定价目标

以销售导向的定价目标通常先占领市场，然后尽力扩大市场范围，最后再巩固已有的市场份额。因此，增加销售额或扩大市场份额就成为公司常用的定价目标。

1. 保持或扩大市场份额

市场份额反映公司的经营状况和公司产品在市场上的竞争力，关系到公司的生存和发展。作为定价目标，市场份额与利润有很大的相关性。从长期来看，较高的市场份额必然带来较高的利润。因此，许多资金雄厚的大企业喜欢以低价渗透的策略进入目标市场，力争较大的市场占有率。

2. 增加销售额

销售额的增长与利润的变化有一定的关系。销售额的扩大不仅可以让公司形成强大的声势，还可以提高公司的市场知名度，有效地降低成本。因此，许多公司采取薄利多销的策略，在赢利的情况下尽量降低价格，促进销售。但是，销售的增长不一定会促使利润增加。当公司成本的增加速度超过销售额的增长速度时，会引起总利润的减少。因此，企业以增加销售额为定价目标时，要认真考虑销售额与利润的关系，确保企业赢利。

（四）竞争导向的定价目标

生产同类产品的公司更倾向于竞争导向的定价目标，关注竞争对手的定价政策和定价策略。大多数公司对其竞争对手的价格很敏感。在定价以前，一般要广泛搜集资料，把本企业产品的质量、特点和成本与竞争对手的产品进行比较，然后再制定产品价格。许多公司为了避免市场竞争，会选择追随市场领导者的价格。只有当公司具备特殊优越条件时，诸如资金雄厚、拥有专有技术、产品质量优良、服务水平高等，才可能把价格定得高于竞争对手。

二、分析需求

需求曲线反映了价格和市场需求之间的关系。科学的定价必须研究市场需求，分析的内容包括价格敏感度和需求的价格弹性。

需求曲线基于顾客对产品不同价格的反应，如果顾客对于价格敏感的话，那么价格对需求的影响就很大；反之，则没太大影响。影响价格敏感度的因素有很多，如产品的独特价值、替代品的知名度、产品质量等。

不同产品的需求弹性不同，企业的定价也应该不同。要注意以下几个方面：（1）需求弹性系数大于 1，表示需求富有弹性，这种情况下需求降低的幅度大于价格上涨的幅度，公司应通过降低价格、薄利多销来增加赢利。（2）需求弹性系数等于 1，表明需求降低的幅度与价格上涨的幅度相同。对于这类产品，公司不宜采用价格手段进行竞争。（3）需求弹性系数小于 1，定价时，较高的价格往往会增加赢利。

三、估算成本

在价格构成中，成本是其中的主要部分。从长远看，任何产品的价格都必须高于成本，企业才能赢利。因此，企业定价时，较高的价格往往会增加赢利。

企业的总成本包括两种：一种是固定成本，是指在一定时期内不随企业产量变化而变化的成本。例如，固定资产（主要指厂房、机器设备等）的折旧费、产品设计费、租金、利息、管理费用等。另一种是变动成本，是指随着企业产量变化而变化的成本，如原材料、辅助材料、生产用染料、动力、销售费用、工资等。产量越大，变动成本就越大。

四、分析竞争者状况

市场竞争环境是企业进行产品定价时必须要重点考虑的因素之一。企业确定最终的产品价格既要满足企业获取利润的需要，同时又要考虑到在激烈的市场竞争环境中获取一定竞争优势。竞争因素对企业定价的影响首先表现为企业所处的市场竞争结构对定价的影响，不同的市场竞争结构决定了企业采取不同的定价方法。此外，企业的竞争手段及竞争目标也直接影响定价。企业的任何一次价格调整都会引起竞争者的关注，并使得竞争者采取相应的对策。在这种对抗中，竞争实力强的企业有较大的定价自由，竞争实力弱的企业定价的自主性较小，通常是由市场领先者进行定价。

五、选择定价方法

经过前四个步骤，接下来应选择适当的定价方法。常用的定价方法有成本导向法、顾客价值导向法和竞争导向法三种。具体内容在下一节介绍。

六、确定最终价格

经过前五个步骤，企业已经制定出产品的基本价格，但是，这并不是最终面向顾客的价格。在复杂多变的市场上，企业在确定最终价格时，还需考虑其他方面的要求并制定相关的定价策略，力争使最终价格更加科学合理。

第三节　定价的方法

公司产品的价格介于两种价格水平——太低（没利润）和太高（没需求）之间。常用的三种主要定价策略是顾客价值导向定价、成本导向定价和竞争导向定价。

一、顾客价值导向定价

产品价格是否合适、销量能否提高，最终是由顾客决定的。定价和营销组合的其他要素一样，必须以顾客价值为基础。有效的顾客价值导向定价应了解顾客感知价值，并对这一价值设定相匹配的价格。

顾客价值导向定价是将顾客的价值感知作为定价的关键。因此，营销者应该在制定市场营销方案之前，全面考虑所有的营销组合变量，而不能先制定市场营销方案后制定产品价格。企业发现要衡量顾客对一个产品的感知价值很困难。例如，在淘宝网上购物，淘宝商家计算产品成本、快递费用等相对容易，但是对服务质量、实物与图片的差异等其他因素的衡量就比较主观，因不同的消费者和不同的环境条件的变化而变化。然而，顾客常常运用这些感知价值来衡量产品的价格，所以公司要想办法去测量它们。目前，常见的基于价值的定价方法有两种：高价值定价和价值增值定价。

（一）高价值定价

高价值定价是指以合适的价格提供优质的产品和良好的服务。在我国手机市场中，OPPO、vivo、小米、华为等国产手机深受消费者的喜爱。它们物美价廉、功能齐全，消费者可以用较低的价格来购买高性能、高质量的手机。如 OPPO 手机在 2016 年国内销量第一。

（二）价值增值定价

顾客价值导向定价方法并不意味着顾客希望支付多少，公司就制定什么价格或是单纯以低价的形式进行竞争。相反，许多公司采用价值增值定价，通过提高产品价值和服务使其产品差异化，从而使定价高于市场平均水平。比如，在每年的“双十一”，以淘宝为首的许多电商平台纷纷以折扣、低价等方式进行大型促销，而聚美优品却保持原有的商品价格，对一些热销商品实行预订来保证服务质量。

二、成本导向定价

顾客的价值感知确定了价格的上限，而成本则确定了价格的下限。成本导向定价是指在生产、分销和销售成本的基础上，根据目标收益来制定价格。成本导向定价法是公司定价策略中的重要方法之一。

（一）成本加成定价法

成本加成定价法是最简单的定价方法，指在单位产品成本的基础上，加上一定比例的预期利润来制定产品的销售价格。利润的多少是按一定的比例确定的，习惯上用“几成”来表示，加成幅度通常用百分比来表示。其计算公式为：

单位产品价格 = 单位产品成本 ×（1+ 加成率）

上式中，加成率为预期利润占产品成本的百分比。

例如，某服装厂生产某种服装的单位成本是 600 元，加成率是 10%，该服装的销售价格：

600×（1+10%）=660（元）

采用成本加成定价法，确定合理的加成率是问题的关键。不同的产品应根据其不同的性质、特点、行业情况、市场环境和流通环节等确定不同的加成率。

成本加成定价法具有以下特点：简单易行、灵活可控，极大地简化了企业的定价程序、缓和价格竞争等。但是，它也存在一些不足之处：卖方导向定价，企业以自己的产品成本作为定价的主要依据，忽视了市场需求；没有考虑市场竞争因素，不能对竞争作出灵敏的反应；加成率是个估计值，缺乏科学性，等等。

（二）盈亏平衡定价法

另一种成本导向定价方法是盈亏平衡定价法，即找到使盈亏平衡的价格。科学地预测销量和计算固定成本、变动成本是盈亏平衡定价的前提。企业产品的销售量达到既定销售量，可实现收支平衡；超过既定销售量获得盈利；不足既定销售量出现亏损。产品价格的计算公式为：

单位产品价格 = 单位固定成本 + 单位变动成本

例如，某小米直营店计算月进货 2000 台，总固定成本为 40 万，单位产品变动成本为 1000 元，在尽量保证 2000 台手机全部销售出去的条件下，该小米直营店的盈亏平衡点价格：

400000÷2000+1000=1200（元）

以盈亏平衡点确定的价格只能使企业的生产耗费得以补偿，而无法得到收益。因而这种定价方法是企业的产品销售遇到危机，或市场竞争激烈，企业为避免更大的损失时的保本定价方法。

（三）目标收益定价法

目标收益定价法，也称为投资收益率定价法，是盈亏平衡定价法的一种变化形式。它是在企业投资总额的基础上，按照目标收益率的高低计算价格的方法。其基本步骤如下：

（1）确定目标收益率。

目标收益率 =1÷ 投资回收期 ×100%

（2）确定单位产品的目标利润额。

单位产品的目标利润额 = 投资总额 × 目标收益率 ÷ 预期销售量

（3）计算单位产品的价格。

单位产品的价格 = 单位产品成本 + 单位产品目标利润

例如，假设乐视公司总投资额为 800 万元，投资回收期为 5 年，固定成本为 400 万元，每台乐视电视的变动成本为 1500 元。当乐视电视的销售量为 2000 台时，按目标收益定价法制定价格，计算过程如下：

目标收益率 =1÷5×100%=20%

单位产品的目标利润额 =8000000×20%÷2000=800（元）

单位产品的价格 =4000000÷2000+1500+800=4300（元）

即乐视公司只有在每台乐视电视的价格为 4300 元时，才能获得预期的收益。

目标收益定价法有一个较大的缺点，即以估计的销售量来计算应制定的价格，颠倒了价格与销售量的因果关系，把销售量看成是价格的决定因素，忽略了市场需求及市场竞争。但是，对于需求比较稳定、需求价格弹性较小的产品，目标收益定价法仍是一种有效的定价方法。

三、竞争导向定价

竞争导向定价根据竞争者的战略、成本、价格以及产品和服务来制定价格。消费者通常根据竞争产品的价格来判断一种产品的价值。竞争导向定价的主要特点：产品的价格不与产品成本或需求发生直接关系，而是随竞争者的价格变动而改变。竞争导向定价法主要包括以下几种方法。

（1）随行就市定价法。随行就市定价法是指企业参照行业的平均价格水平（主要是竞争者价格）来定价。在完全竞争市场上，销售同类产品的各个企业只能按照行业的现行价格来定价。如果哪个企业把价格定得过高，产品就会卖不出去，就会失去部分顾客；反之，若把价格定得较低，就会遭到其他企业的销价竞销。在垄断性较强的市场上，企业间也倾向于制定相近的价格。因为市场上只有几家大企业，价格相对透明，购买者对市场行情也比较熟悉。

（2）密封投标定价法。这是一种买方在媒体上刊登广告或发出邀请函，说明需采购的商品品种、数量、规格等要求，邀请卖方在规定期限内密封报价来参与竞争投标的定价方法。买方在规定的时间内开标，选择报价最低、对自己最有利的卖方成交，并签订采购合同。投标定价法主要用于投标交易方式中。投标价格的制定受到两方面的限制：一方面需要考虑成本，若报价低于成本则会损害企业的利益；另一方面报价不能过高，报价高于成本会降低中标的可能性。

第四节　定价策略

一、新产品定价策略

（一）市场撇脂定价

市场撇脂定价是将新产品的价格定得很高，希望在新产品的投入期尽快收回投资，并且取得相当丰厚的利润；随着时间的推移，再逐步降低价格使新产品进入弹性更大的市场。一般而言，对于全新产品、受专利保护的产品、需求价格弹性小的产品、流行产品、未来市场形势难以测定的产品等，可以采用撇脂定价方法。

（二）市场渗透定价

市场渗透定价是在新产品上市初期把价格定得很低，以吸引大量顾客购买，达到渗透市场、提高市场占有率的目的。这种定价策略以提高市场占有率为主要目标，营销利润反而退为次要目标。

二、产品组合定价策略

（一）产品线定价

产品线是指不同等级的同种产品构成的产品组合。商家在对产品进行线定价时，根据产品大类中各个相互关联的产品之间的成本差异、顾客对这些产品同外观的评价以及竞争者的产品价格，来决定各个相关产品之间的“价格阶梯”。一般来说，如果产品大类中两个前后连接产品之间的“价格差额”小，购买者就会购买更先进的产品，从而会使店铺的利润增加；反之，如果“价格差额”大，顾客当然只会购买较差的产品。

（二）备选品定价

在提供主要产品的同时，还附带提供备选品与之搭配，产品便宜，备选品价高。例如，烧烤便宜，啤酒贵。

（三）附属产品定价

如某企业的某款打印机定价偏低，以吸引消费者购买此款打印机。但该款打印机的硒鼓和墨盒等附属产品定价偏高，以此来增加销售利润。

（四）副产品定价

在许多行业中，在生产主产品的过程中，常常有副产品。如果这些副产品对某些客户群具有价值，必须根据其价值定价。副产品的收入高，将使公司更易于为其主要产品制定较低的价格，以便在市场上增加竞争力。因此制造商需要寻找一个需要这些副产品的市场，并接受任何足以抵补储存和运输副产品成本的价格。

（五）一揽子定价

一揽子定价策略也称“安全定价策略”，是针对消费者在购买大件耐用消费品时担心维修不便等心理，把商品本身的价格与确保消费者安全使用的费用加总计算，以降低消费者的消费风险、增加安全感。

三、价格调整策略

（一）心理定价

心理定价策略是针对消费者的不同消费心理，制定相应的商品价格，以满足不同类型消费者需求的策略。心理定价又可分为以下几种。

1. 声望定价

声望定价是企业利用消费者仰慕名品名店的心理而采用的一种定价策略。名品名店使消费者产生了信任感，一般将价格定得比一般竞争对手要高，因为消费者有崇尚名牌的心理，往往以价格判断质量，认为高价格代表高质量。

在现代社会，高价位的商品往往被视为财富、身份和社会地位的象征。因此，对于非生活必需品及具有特色的产品，应定位在高价格，以凸显产品品牌、上乘的质量、精美的包装以及带给消费者的精神上的高度满足。如德国奔驰轿车、瑞士欧米茄手表等名牌产品不仅以优质高档而闻名于世，更以其价格昂贵而引人注目。

2. 尾数定价

尾数定价又称零头定价，是指利用消费者数字认知的某种心理，有意确定一个非整数的保留零头的价格。它抓住了消费者的求廉心理，是一种具有一定刺激作用的心理定价策略。

心理学的研究表明，价格尾数的微小差别能够显著影响消费者的购买行为。一般认为，万元以下的商品，末位数为 9 最受欢迎；百元以上的商品，末位数为 98、99 最为畅销。比如，一款手机的价格定在 998 元而不是 1008 元，顾客认为这个价格没有突破 1000 元的范围，应属于一种价格适中的手机；如果定价为 1008 元，价格已超过 1000 元，它就变成了一款价格相对昂贵的手机，会使顾客的购买欲下降。研究还表明，有尾数的价格使人产生打折或特价的心理暗示。尾数定价会带给消费者一种经过精确计算、价格较低的心理感觉，有时也会带给消费者一种商品在原价的基础上打了折扣、更便宜的感觉。

3. 招徕定价

招徕定价是指零售商利用部分顾客求廉的心理，特意将某几种商品的价格定得较低以吸引顾客。某些商场为了形成购买人气，每天都有多种商品降价出售，顾客在采购廉价商品的同时也选购了其他正常价格的商品。企业在采用招徕定价策略时必须注意：（1）降价的商品应是消费者常用的、适合大多数家庭使用的物品，否则不会有太大的吸引力。（2）实行招徕定价的商品的品种要多，以便顾客有较多的选购机会。（3）招徕定价的商品的降价幅度要大，一般应接近或者低于成本，只有这样才能引起消费者的注意，才能激发消费者的购买欲望。（4）招徕定价的商品的数量要适当，过多则商店可能出现亏损，过少则无法使消费者产生兴趣。（5）招徕定价的商品应与因残次而降价的商品明显区别开来。

4. 吉祥数定价

吉祥数定价是利用人们的一种求平安、求财富的心理来确定价格，一般用吉祥数字来表示价格，如 98 元、988 元、1888 元。制定这种价格是为了满足大多数人心理上追求吉利的需求。如某件商品，A 商场卖 1000 元，与 A 商场相距 200 米的 B 商场打出 998 的特价，尽管两者只相差 2 元，但人们都愿意去 B 商场购买。其原因在于：一方面，消费者的求廉心理在起作用，认为自己少花了 2 元钱；另一方面，1000 是四位数，998 是三位数，给人以心理暗示：A 商场给顾客的主观感觉就是“哎，要一千元哦”，B 商场给人的感觉是“哦，好吉利嘛，还不到 1000 元”。

（二）地区定价

地区定价是指企业针对不同地区的顾客特征决定其产品的价格。地区定价策略主要有以下几种形式。

1. 原产地定价

采用原产地定价时，买方按照出厂价购买某种产品，卖方只负责将这种产品运到原产地的某种运输工具（如火车、船舶等）上交货。交货后，从原产地到目的地的一切风险和全部运杂费由买方承担。

2. 统一交货定价

统一交货定价是指企业对于卖给不同地区顾客的某种产品，都按照相同的出厂价加上相同的运费（按平均运费计算）来定价，也就是说，对全国不同地区的顾客，不论远近，都实行一个定价。因此，这种定价又叫邮资定价。

3. 分区定价

分区定价介于原产地定价与统一交货定价之间，是指企业把全国分为若干个价格区，对于卖给不同价格区顾客的某种产品，分别制定不同的地区价格。距离远的价格区，价格定得较高；距离近的价格区，价格定得较低。

（三）折扣定价

折扣定价策略是指企业为了鼓励顾客及早付清货款、大量购买、淡季购买等，可以酌情降低商品的价格，这种价格调整即为折扣定价策略。折扣价格的主要类型包括：现金折扣、数量折扣、功能折扣、季节折扣、价格折让等。影响折扣定价策略的主要因素有：竞争对手的实力，折扣的成本，市场总体价格水平下降等。企业实行折扣定价策略时，还应该考虑企业流动资金的成本、金融市场的汇率变化、消费者对折扣的疑虑等因素。

（四）促销定价

企业利用消费者的求廉和从众心理，择时将少数商品降价（低于正常价格甚至低于成本）销售以招徕顾客的定价方法，有以下三种形式：

（1）降低几种商品的价格，以吸引顾客来商店购买其他正常加成的商品；

（2）实行季节特殊定价，降低某些商品的价格，以吸引更多的顾客；

（3）在商品滞销期，给购买商品的顾客以现金回扣，从而减少库存。如在节假日或换季时举行“大甩卖”“酬宾大减价”等活动。要注意的是，不能欺骗顾客，不能损害消费者的利益。

（五）动态定价

动态定价指的是公司持续调整价格，以适应个体消费者的需要和购买情况。动态定价在网上使用得较为普遍，尤其体现在提供机票、酒店的旅游在线服务商身上。比如，经常使用去哪儿网订机票的顾客会发现，在一天内即使订同一个航班的机票，在不同时间甚至每一分钟都可能产生价格的变化。

四、价格变动策略

营销者在定价之后，由于宏观环境变化和市场供求发生波动，必须主动调整价格，以适应激烈的市场竞争。

（一）降价策略

当市场营销环境发生变化，如生产过剩、库存积压严重、其他营销策略无效，或者在激烈的价格竞争中市场占有率下降等，企业为了扩大销售或稳住市场占有率，只能降低销售价格。

在降价之前，卖方应向自己的代理商、经销商保证，降价后对他们原先进货的存货按新价退补降价损失，从而使长期客户以及该商品分销渠道的各个环节的利益得到保证，也保住企业的市场。

（二）提价策略

由于资源约束而产生严重的供不应求，或发生通货膨胀，企业不得不提高价格以弥补成本的上升。提价必然会引起顾客和中间商的不满，企业应采用不同的提价策略来平抑提价引起的不满。主要有：限时提价；在供货合同中载明随时调价条款；对商品的附加服务收费，或取消附加服务；减少或取消折扣和津贴；改动产品的型号，或增加某种功能等。另外，还要注意配合其他市场营销手段，尽量消除提价的负面影响。

案例 天价榨菜

“乌江榨菜，我爷爷的爷爷都说好！”皇帝扮演专业户张铁林的那句广告词，曾陪着涪陵榨菜走入千家万户。然而，谁也没想到近日一份高价礼盒，再次让这家2010年上市的“行业榨茅”走到聚光灯下。

14年“天价榨菜”之路仍难走

“什么样的榨菜咸菜能卖888元？营销吧？要是真的那么贵，至少目前肯定不是给我准备的。”一位暂居广东二线城市的消费者说。另一位深圳消费者也表示，如果是家庭买的话，不太考虑买这么贵的礼盒装；如果是送礼的话，榨菜送礼恐怕也拿不出手。

事实上，所谓的千元榨菜已是旧闻。早在10年前的2011年6月29日，涪陵榨菜就发布了一则澄清公告，当时公司公告指出，“高端产品沉香榨菜是公司2007

年初推出的一款礼品榨菜，该产品推出后一直按照正常的程序生产和销售。目前公司礼品榨菜有近 20 个品种，销售价格从几十元到 2000 多元不等，所有的礼品榨菜主要在涪陵地区和重庆市区销售，没有在全国推广。”“礼品菜主要是为了满足消费者礼物互赠的需求，而且可以起到为榨菜做名片的宣传作用。礼品菜与其他产品在工艺、材料上也存在较大差别。另外，目前在收入中占比相对较小。”涪陵榨菜向《港湾商业观察》的记者表示：“事实上，礼品菜很早就出现，最近再次被热议，可能与部分产品价格调整有一定关系。”

如此来看，在“天价榨菜”这条漫漫长路上，涪陵榨菜已经走了足足 14 年。

2021 年 11 月 14 日，涪陵榨菜披露公告，对部分产品出厂价格进行调整，各品类上调幅度为 3% ～ 19% 不等，从 2021 年 11 月 12 日 17：00 开始实施。

关键问题是为什么一份高价榨菜能引发市场轰动？作为所在细分赛道王者般的存在，涪陵榨菜目前是不是暂时不适合做高端产品？对此，中央财经大学副教授刘春生对《港湾商业观察》记者表示：“部分消费者对于涪陵榨菜这样的日消品过于苛责，是因为潜意识价格与现实价格差别过大，反差性过大，导致会有部分消费者产生怀疑。同样提价发生在汤圆、月饼上就不容易造成相似的情况。市场不缺乏炒作的因素，而且在可预见的未来肯定也会长期存在。消费者需要理性地看待这件事情。”“任何一个细分市场中都会有高中低端的产品，而且每一家企业都能往高端方向发展。”香颂资本执行董事沈萌对《港湾商业观察》记者表示：“之所以涪陵榨菜的礼盒会成为热点，是因为企业没有把营销故事说好，也没有让消费者体验到物有所值。既没有体现出稀缺性，也无法让消费者通过宣传认可产品的品质。”

涨价后“榨菜茅”何去何从？

虽然欧睿数据显示，中国榨菜行业销量从 2008 年的 48 万吨增加到 2019 年的 66.88 亿吨，市场规模不断增加（近两年受疫情影响起伏较大）。然而，无须质疑的事实是，对于绝大部分消费者来说，榨菜本身属于非刚需的生活快消品。一旦出现经济发展不及预期的情况，大部分消费者会优先控制这方面支出。抛开市场规模变化不谈，涪陵榨菜未来将如何发展？2014 年时，涪陵榨菜曾确定战略方针“做强榨菜”，并于 2015 年收购惠通泡菜入局泡菜业务，2017 年打入“脆口蔬菜”市场以及萝卜产品市场，试图拓展品类。问题是，涪陵榨菜如何定义“做强”的具体内容？“未来的思路是，先聚焦再多元，立足于榨菜，同时兼顾包括萝卜、泡菜等品类的拓展，抓紧补足县级市场的相对短板。”涪陵榨菜对《港湾商业观察》记者表示：“在渠道上，细化一、二线城市现有渠道并拓展电商社区团购新渠道，并对县级市场抓紧渠道下沉，争取尽快放量。”“对涪陵榨菜而言，未来建议从三个维度思考如何发展：其一，建议增加相关多元化产品的研发，例如调味品、其他菜品；其二，寻找更多的市场，优先渗透国内市场，有机会也可以考虑国际化；其三，深挖现有产品，寻找差异化。”刘春生补充道。

值得注意的是，涪陵榨菜的销售费用正在逐年高涨。2021 年半年度报告显示，仅 2021 年上半年，涪陵榨菜销售费用同比增长已超 80%，约 3.4 亿元。相比于 2019 年和 2020 年同期约为 2.29 亿元和 1.88 亿元的销售数据，涨幅明显。三季度销售费用更是达到了惊人的 5.19 亿元，接近今年上半年销售费用的 1.5 倍。

涪陵榨菜对《港湾商业观察》记者表示：“之所以今年品牌营销费用较高，很大程度上是在补过往多年落下的课。上半年是全面覆盖，三季度已然呈现出一定缩窄的迹象。日后的投放也会根据情况在评估后更加精准、有的放矢。”对此，沈萌表示：“归根结底是品牌 IP 的厚度和广度，给市场一个商品的同时还需要给市场一个购买的理由。品牌是一个长期积累的过程。高端不是一蹴而就的，同样，市场不会为商家眼里的高端买单。消费者对于中高品牌的认可，一方面取决于用料，但最核心的是品牌本身蕴含的信誉，物有所值。”

“品牌宣传是公司思考之后的一个重要动作。在完全竞争型的一个行业中，新产品数量也比较多，如果不作宣传势必遭到弱化。而且，公司自我调研后发现对于新兴消费群体的吸引力还有待加强，这也需要宣传。另外，有些对于榨菜等产品的固有认知也需要科学宣传并加以解释。”涪陵榨菜相关负责人补充道。

思考与练习

1. 举例说明定价的基本影响因素。
2. 列举自己熟悉的一个品牌，简要分析其定价策略的成功与失败之处。

第九章 渠道策略

本章要点

分销渠道是市场营销组合的一个非常重要的因素。选择和构建合适的分销渠道，不仅关系到企业产品能否“物畅其流”，直接影响经济效益；而且可使企业通过与渠道成员建立的业务关系，形成“结合竞争力”，在战略层面上影响企业的长期发展。本章就营销渠道的功能与模式、如何设计和管理营销渠道以及物流决策进行了阐述。

学习目标

1. 了解营销渠道的功能与基本模式。
2. 掌握企业如何设计和管理营销渠道。
3. 讨论渠道成员如何相互影响和组织起来发挥渠道作用。
4. 了解渠道物流决策的要素。

第一节 营销渠道的功能及模式

大多数生产者都不直接向最终用户出售商品，在生产者和最终用户之间存在一个或更多的分销渠道，它们是执行着不同功能的营销中间机构。分销渠道决策是管理层面临的最重要的决策。公司所选择的渠道将直接影响其他所有营销决策。

公司利用中间机构是因为它们缺乏直接营销的财力资源，或直接营销并不可行，或它们在做更赚钱的其他事情。利用中间商的目的就在于它们能够更加有效地推动商品广泛地进入目标市场。中间商执行的重要功能有：信息、促销、谈判、订货、融资、承担风险、占有实体、付款和所有权转移。

一、分销渠道的概念与功能

分销渠道是一种将产品从生产商转移到消费者的通道，起点是生产者，终点是消费者，也称销售通路。其成员包括产品或服务从生产者向消费者转移过程中，取得这种产品或服务的所有权或帮助所有权转移的所有企业和个人。因此，分销渠道包括商人中间商（取得所有权）和代理中间商（帮助所有权转移），还包括处于渠道起点和终点的最终消费者。

市场营销是把商品从生产者手中转移给消费者，它疏通了生产企业与消费者的关系，避免了产品与使用者之间的分离。这是分销渠道的基本职能。除此之外，还包括以下职能。

（1）搜集信息。各成员搜集和分发关于市场中现有和潜在消费者、竞争者及其他影响者或影响力量的信息。

（2）促销活动。发展和传播有关为吸引消费者而设计的产品和服务的富有说服力的信息。

（3）商务谈判。努力为达成有关产品的价格和其他条件的最终协议，以实现所有权转移。

（4）沟通订购。通过市场营销渠道中各成员将消费者的购买意愿传递给企业。

（5）互助融资。收集和分配资金，供市场营销渠道不同层次成员的营销需要。

（6）风险共担。渠道各成员各自分担着市场风险，由此形成紧密的合作关系。

（7）物流协调。从原材料采购到最终产品销售的一系列商品实体的运输、储藏和保管。

（8）货款结算。购买者通过银行或其他金融机构向商品出售者付款，并制定相关规则。

（9）转移所有权。商品所有权从一个组织向其他组织以货币交换的方式实现商品实体的流动。

二、分销渠道类型

（一）根据分销渠道的层级来划分

分销渠道可根据其渠道层次的数目分类。凡是对产品拥有所有权或负有推销责任的机构，都可视为一个渠道层次。产品从制造商到消费者手中，所经过的中间环节的形式和数量不同，从而形成了长短不同的分销渠道类型，如图 9-1 所示。

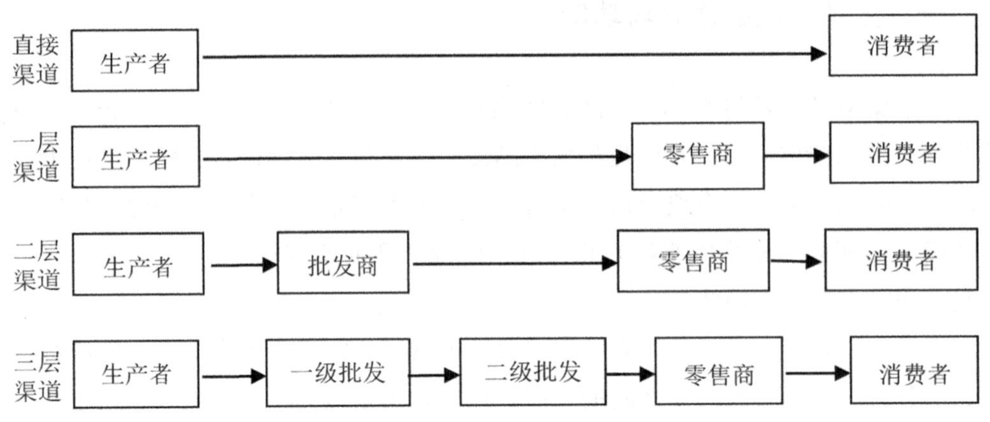

图 9-1 消费者市场的分销渠道类型

直接渠道是企业直接把产品卖给消费者，主要方式有上门推销、邮寄销售、开设自销门市部、通过产品订货会或展销会与用户直接签订购销协议等方式。一层渠道是企业和消费者之间只通过零售商一个环节。二层渠道是企业和消费者之间经过批发商和零售商两层中间环节。三层渠道是在大批发商和零售商之间，再加上两道批发商，或是由生产者通过代理商卖给批发商和零售商。此外，在现实中有的企业还会采用更多层次的渠道。

（二）根据分销渠道的宽度来划分

分销渠道的宽度是指渠道中的每个层次使用的同种类型中间商的数目。如企业利用较多的批发商和大量的零售商在广泛的市场上销售，企业的分销渠道相对较宽，反之则为分销渠道较窄。企业根据产品的类型、生产规模和目标市场的特点等情况，可以采取独家分销、密集分销、选择分销三种分销策略。

1. 独家分销

独家分销是指制造商对某一商品在某一区域内仅选择一家中间商来经销自己的产品。采取独家分销时，制造商需同经销商签订独家经销协议，明确双方的权利和义务，保障厂家和经销商的权益。

2. 密集分销

密集分销的特点是制造商尽可能多地在商店销售商品或服务。该分销方式一般适用于销售日常用品。如香烟、肥皂、口香糖、洗衣粉等日常用品应该采取密集分销策略。

3. 选择分销

选择分销即生产制造商在一定的地域范围内根据中间商的能力、条件，选择少量中间商分销自己的商品。如高档化妆品和名牌服饰常在一个地区选择几家声誉好的大商场销售，公司不必在过多的销售点上消耗自己的精力。

（三）分销渠道的系统结构

按渠道成员之间相互联系的紧密程度，分销渠道可分为传统渠道和渠道系统两大类型。

1. 传统渠道

传统渠道是指由独立的生产者、批发商、零售商和消费者组成的分销渠道。这种渠道的每一成员均是独立的，没有一个成员能控制其他成员。大家各自为政、各行其是，都为自身利益的最大化而与其他成员短期合作或展开激烈竞争，即使为此牺牲整个渠道系统全面、长远的利益也在所不惜。传统渠道在当代面临严峻挑战，正在逐步发生变化。

2. 渠道系统

渠道系统是指由一个或一组生产者、批发商、零售商和消费者组成的营销渠道，形成多个中间商密切联系的更具分销能力和拥有更多资源的系统。营销渠道的系统主要分为三大类型：垂直营销系统、水平营销系统和混合营销系统。

（1）垂直营销系统

垂直营销系统是由生产者、批发商和零售商所组成的统一联合体。其中一个渠道成员通过订立合同的方式控制其他成员，或拥有一定的权力以至于其他成员必须配合。垂直营销系统有专业化管理、集中计划的特点，主要有三种形式：公司型、管理型和契约型。

公司型垂直营销系统是指单一所有权下通过常规的组织渠道来整合从生产到分销的一系列步骤。即一家企业拥有和统一管理相关的生产部门和营销部门。这种营销系统大大加强了对渠道的控制。管理型垂直营销系统是指制造商和零售商共同协商和管理营销业务，或由一家占统治地位的渠道成员出面组织生产和营销活动。管理型垂直营销系统的业务涉及销售促进、库存、定价、商品陈列等活动。一个拥有顶级品牌的制造商可以获得中间商强有力的促销协助与支持。比如，宝洁公司与其零售商一同商定商品陈列、货架位置、促销和定价等内容。契约型垂直营销系统，是由各自独立的、不同层次的制造商和经销商组成的，它们通过订立合同联系在一起，以使各方获得单独经营达不到的经济利益。

（2）水平营销系统

水平营销系统是指处在同一层次的两家或多家公司为抓住新的营销机会联合

起来开发一个市场。通过合作，这些企业可以将财务、产能和营销资源优势结合起来，以达到单个企业无法实现的目标。企业可以与竞争者或非竞争者联合，进行短暂或长期的合作，甚至成立一家新的公司。比如，2016 年 8 月滴滴收购中国优步，优步占 20% 的股权，以为人们提供更好的可持续服务。

（3）混合营销系统

混合营销系统主要分为两种形式：一种是生产者通过多种渠道销售同一品牌的产品，另一种是生产者通过多种渠道销售不同品牌的产品。混合营销系统为那些面对大规模且复杂的市场的企业带来了很多好处，如市场覆盖面扩大，细分市场的顾客需求得到更好的满足；降低渠道成本；实行顾客定制化销售，选择更适合顾客需求的渠道。

第二节　营销渠道设计

营销渠道设计是指为实现分销目标，对各种备选渠道结构进行评估和选择，从而开发新型的营销渠道或改进现有的营销渠道的过程。制造商要使其营销渠道发挥应有的作用，必须制定完善合理的营销渠道策略。针对不同的情况，制造商的营销渠道策略是不同的，营销渠道策略的设计取决于多种复杂的因素。

一、影响营销渠道设计的因素

（一）市场因素

1. 顾客分布

顾客的人数和地理分布对营销渠道策略的制定有重要影响。如果顾客数量较大，且地理分布范围较广，就适用长而宽的营销渠道，通过多层级的中间环节和众多同级中间商来达到广泛分销和满足市场需求的目的；如果顾客集中在一定地理区域内，就适用短而宽的营销渠道；如果顾客数量较少，需求固定，并且在地理上较为分散，就适用直接营销渠道。

2. 顾客需求

根据顾客对不同产品的差异化需求，选择可以满足他们需求的营销渠道，是制定营销渠道策略必须考虑的根本因素。比如，有些顾客对商品的价格较敏感，企业就应该采用较短的营销渠道供货，以降低渠道运营成本，从而达到降低商品价格的目的。另外，顾客的购买习惯和购买量也存在差异，对于购买量较大、购买频率较低的产品，应该选择较短、较窄的营销渠道。

（二）产品因素

1. 产品价格

一般来说，产品价格昂贵，其销售渠道大多较短、较窄；产品价格较低，其销售渠道大多较长、较宽。例如，日用百货品的生产企业经常把自己的产品给批发商，由批发商转卖给零售商，再经零售商卖给最终顾客；而高级服装的生产企业，则愿意把自己的产品直接交给大型百货公司或高级服装商店，由其出售给顾客。

2. 产品体积和重量

在选择销售渠道时，必须考虑运输和储存的费用。一般来说，较轻、较小的产品，由于运输和储存比较便利，费用也比较少，可选择较长、较宽的销售渠道；笨重和大件的产品，如重型机器、水泥及其他建筑材料，由于运输和储存困难，费用又比较高，应选择较短的销售渠道。

3. 技术复杂程度

有些产品涉及专业技术的保护和转移，需要特殊的服务支持，这类产品就适用于短而窄的营销渠道。比如飞机、精密仪器、大型通信交换设备等。

4. 产品品质

对于那些具有较高的品牌知名度、质量好和收藏价值高的产品，其顾客群体较小且较为固定，为了保持产品在市场中的形象和知名度，应采用短而窄的营销渠道加以严格控制；而对于一般产品，则可以采用宽而长的营销渠道。

5. 产品储藏性和保质性

在短期内容易腐烂、变质、损坏的产品，必须采用短营销渠道，避免因为多次转手、反复搬运而造成严重损失；相反，对于易于储藏和保质期长的产品，可以采用长营销渠道。

（三）企业因素

1. 企业实力

企业实力是指企业的声誉、人力、财力和物力。若企业的实力较强，可选择较短的销售渠道，企业可自由选择各类中间商，甚至可以建立自己的销售系统直接销售；若企业的实力较弱，则需要选择较长的销售渠道。比如一些不出名和资金短缺的中小企业，必须依赖中间商进行产品的销售。

2. 企业销售能力

若企业有足够的销售力量，或者有丰富的产品销售经验，就可以选择较短的销售渠道，少用或不用中间商；若企业自身销售力量不足，或者缺乏产品销售经验，应选择较长的销售渠道，依靠批发商或零售商来销售产品。

3. 企业服务能力

企业有较强的服务能力，能为最终顾客提供较多的服务，则可选择较短的销售渠道，甚至直接对顾客进行销售；反之亦然。

4. 企业控制能力

若企业希望有效地控制销售渠道，则应选择较短的销售渠道；反之，若企业不希望控制销售渠道，则可选择较长的销售渠道。

（四）中间商因素

中间商的资源和能力以及不同中间商的优、劣势，在进行营销销渠道的设计时也需要认真考虑。中间商在执行运输、广告、储存、接洽顾客等功能，以及要求信用条件、退货权利、训练人员、送货频率等方面有不同的倾向。除这些行为上的差异外，中间商的数目、地点、规模大小等的不同也会影响营销渠道策略的设计。一般来说，具有有利的地理位置、较广的经营范围、丰富的分销经验、良好的信誉和财务状况的中间商，会受到制造商的青睐。

（五）竞争因素

营销渠道设计还要考虑竞争者的渠道策略。对市场中竞争对手的销售地点、产品和服务的特点、市场规模、顾客特性，以及竞争对手分销渠道的密度、性质、类型、成员及结构等因素，都要进行详细的分析。这有助于制造商充分了解竞争者的渠道情况，从而设计渠道竞争策略。

（六）环境因素

在开展营销时要避免与政府的法规和政策相冲突，避免出现价格歧视、非法回扣等。

二、营销渠道设计过程

企业在设计销售渠道时，必须建立有效的渠道。企业可以通过多种营销渠道方式将产品送到消费者手中。如苹果公司，在线下有直营店、特许经销商，还与通信公司合作，也有官网等。为了达到最佳效果，企业应当有目的地进行渠道研究和决策制定。营销渠道设计要求企业分析消费者需求，制定渠道目标，确定主要的渠道备选方案并对这些方案进行评估。

（一）分析消费者需求

1. 分析消费者需求

营销渠道是顾客价值传递系统的一部分，每个渠道成员和渠道层级都为顾客增加价值。因此设计渠道的第一步就是找出目标顾客希望从渠道中获得什么。一般来说，送货速度快，产品类型丰富，提供的服务全面，渠道服务水平就高。可以从以下几个方面衡量渠道服务水平。

（1）可购买批量。批量是指在一次购买中分销渠道能够提供给消费者的产品单位数量。比如在购买服装时，淘宝商家偏好能够大批量购买的渠道（厂家）；而买家只需要至少能买到一件衣服的渠道（店铺）。

（2）等待时间。营销渠道的快捷性非常重要，大多数消费者喜欢快捷的营销渠道。

（3）便利性。便利性是指在空间上，分销渠道为消费者提供产品的方便程度。比如，可口可乐公司分销渠道的长度、宽度、密度都达到了非常高的水平，因此消费者可以很方便地买到可口可乐的产品。

（4）选择性。营销渠道应提供更多的产品品种，即更大的产品组合宽度，这样消费者的选择空间更大，有利于消费者留在该渠道内进行购买。

（5）服务支持。服务支持是指分销渠道能够提供的配套服务或附加服务，比如信贷、送货、安装、保修等。当然，营销渠道提供的服务支持越多，渠道运营成本越高。

（二）制定营销渠道的目标

营销渠道设计是一个系统工程，当企业具体实施营销渠道设计时，首先就是要建立渠道目标。如何建立某一特定的渠道目标呢？一般是在分析目标顾客对服务的要求的基础上辨别顾客的分销需要。

企业应该根据确定的目标顾客服务水平来制定渠道目标。营销渠道目标是渠道设计的基础。营销渠道是为一定的细分市场服务的，因而营销渠道的目标应表现为一定的目标服务产出水平。企业的渠道目标常常受到企业的性质、产品、营销中介、竞争者以及环境的影响。在竞争条件下，营销渠道的有效性取决于在其实现预定功能与服务的同时整个渠道的运营成本是否最小。因此，应设定渠道的效率、营销渠道的控制程度、财务开支。此外，经济形势、法律约束等环境因素也可能会影响营销渠道目标的设计。

1. 建立渠道经营目标

有效的渠道设计首先要决定达到什么目标，进入哪个市场。渠道目标因产品特性不同而不同（见表 9-1）。

表 9-1　渠道经营目标

目标	操作说明
顺畅	最基本的功能，直销或短渠道较为适宜
增大流量	追求铺货率，广泛布局，多路并进
便利	应最大限度地贴近消费者，广设网点，灵活经营
开拓市场	一般较多地倚重中间商，待站稳脚跟后，再组建自己的网络
提高市场占有率	渠道拓展和渠道维护至关重要
扩大品牌知名度	争取和维护客户对品牌的信任度与忠诚度
经济型	要考虑渠道的建设成本、维系成本、代替成本及收益
市场覆盖面和密度	多家分销组合分销或者采用密集分销
控制渠道	厂家应重点加强自身能力，以管理、资金、经验、品牌或所有权来掌握渠道主动权，实现渠道“软控制”

2. 确定备选的渠道方案

企业确定了目标市场和期望的服务之后，必须明确主要的渠道方案。渠道方案涉及以下三个因素：渠道模式、中间商数量和每一渠道成员的权利及责任。

（1）渠道模式。企业必须确认能够完成渠道任务的中间商类型，即企业应根据产品特点和顾客要求的服务程度，决定是采取短渠道还是长渠道，或者是直接渠道。

（2）中间商数目。企业必须决定每一层次渠道要使用的中间商数目。

（3）渠道成员的权利与责任。企业必须确定渠道成员的权利与责任。在交易关系组合中，最重要的因素就是价格政策、销售条件、地区划分权和每一成员提供的特殊服务。

3. 对营销渠道的方案进行评估

如何从几个渠道方案中挑选最佳方案？每一渠道方案都必须从经济性、可控性、适应性和成熟性四个方面加以考察。

（1）经济性标准。营销渠道评估的经济性标准主要是指每个营销渠道方案可能达到的销售量及销售成本水平，从而确定在特定的销售量水平上选择何种营销渠道方案的成本更低，即更具经济性。

（2）可控性标准。可控性是制造商对营销渠道的控制能力。一般来说，只用中间商就意味着制造商对营销渠道失去了部分或全部控制。中间商的数量越多，制造商对营销渠道的可控性就越小。因此，制造商对直接营销渠道、短营销渠道和窄营销渠道的可控性较大，而对间接营销渠道、长营销渠道和宽营销渠道的可控性较小。企业必须进行全面比较、权衡，选择最优营销渠道方案。

（3）适应性标准。在一个特定的时期内，营销渠道成员之间会允诺在某种程度上维持合作关系和履行营销义务。但是，如果制造商与所选择的中间商签订的合约时间较长，而在此期间其他营销方法更有效，制造商又不能随便解除合同，这时制造商在选择营销渠道上便缺乏适应性和灵活性。因此，在迅速变化和充满不确定性的市场上，制造商要建立适应性更强的营销渠道结构和策略。

第三节　营销渠道管理

企业在选择了渠道方案之后，必须对每个中间商进行激励和评估。

一、渠道成员评估

企业必须定期评估中间商的业绩。评价标准有：销售额的完成情况、平均存货水平、送货时间、服务质量、对损坏商品的处理情况、在促销合作方面的效果等。

企业在此过程中，可能会发现给予某一中间商的报酬比其实际完成的结果应支付的要高；还可能发现在中间商的仓库里，企业产品存货过多；或许还发现，中间商报给企业的销售完成计划与实际库存不符。这是中间商使用的一种销售方式，是套期销售的做法，赚取的是企业应当获取而没有得到的利益。对上述情况的评估，企业应当建立评估标准，针对完成情况给予不同的惩罚和奖励，或取消合作关系。

企业必须定期按一定标准衡量中间商的表现，包括：销售指标的完成情况、营销的热情及态度、客户服务水平、平均存货水平、交货时间、损毁和丢失物的处理、促销和培训计划的配合度等。企业应当认可和奖励有卓越表现、为顾客增加价值的中间商，对于表现欠佳的中间商则应给予协助并在必要时进行替换。

二、渠道成员激励

为了更好地实现营销目标，制造商还必须采取各种措施不断地给予中间商激励，以此调动中间商销售其产品的积极性，并通过这种方式与中间商建立一种良好的关系。激励渠道成员的工作可从以下几个方面展开。

1. 了解中间商的需求

要达到较好的激励效果，制造商必须了解：各个中间商的心理状态与行为特征，中间商对顾客及制造商的看法和理念，中间商的兴趣和工作程序，中间商对各种激励的态度，中间商对制造商的产品、价格、促销计划的评价，中间商的实力、问题和弱点等。

2. 选择激励方式

激励中间商的方法很多，不同企业、不同地区、不同产品所采取的激励方法也会有所不同。制造商可以采用正面的激励，如较高的毛利、特殊优惠、各种奖金、合作性广告补助、提供培训、陈列津贴及推销竞赛等；有时也可采取负面的激励，比如，威胁要降低毛利、放慢交货、终止关系等。总结起来，制造商可以通过强制力量、报酬力量、法律力量、专业技术等方式对中间商进行激励。

3. 建立伙伴关系

制造商在处理与中间商的关系时，常依据不同的情况采取三种方式：合作、合伙或分销计划。制造商应有选择地与中间商结成长期的合伙关系。这超越了把中间商当作顾客看待的观念，有利于建立更高水准的合作关系。很多企业都安装了高科技的渠道伙伴关系管理系统（PRM），以协调整个渠道的营销管理，同时，他们也会利用客户关系管理（CRM）软件系统来协助进行重要客户关系的管理。

三、渠道冲突管理

制造商希望分销渠道成员之间展开合作，以获得更好的协同效应。然而在渠道成员合作的过程中不能达到意见一致，或者关系变得紧张甚至濒临破裂时，渠道冲突就产生了。

（一）渠道冲突的原因

引起渠道冲突的一个主要原因是目标不同。例如，一家企业希望通过低价政策获得收益的高速增长，而零售商则希望获取高利润，追求短期的利益，这种冲突就很难解决。

另外，冲突可能是由于目标或权力之争，例如，IBM 利用自己的销售人员把微机销售给大客户，同时它的特许经销商也在努力地向大客户推销。地区划分权、销售信用也是产生冲突的原因。

冲突也可能起因于预期目标的不同，例如，企业对近期经济形势的判断与中间商的期望不同，这就容易产生矛盾。

还有，冲突可能是由于中间商对企业的过度依赖。特许经销商的经营状况受企业的产品设计和定价策略的直接影响，很可能产生冲突。

（二）渠道冲突的类型

渠道冲突类型有三种：垂直渠道冲突、水平渠道冲突和多渠道冲突。

1. 垂直渠道冲突

垂直渠道冲突是指同一条渠道中不同层次之间的冲突。例如，一家企业要求其经销商执行它制定的服务、价格和广告策略时，就有可能产生冲突。

2. 水平渠道冲突

水平渠道冲突是指某渠道内同一层次的成员之间的冲突。为了控制水平渠道冲突，渠道领导者必须建立明确的、有力的政策，并迅速采取行动。

3. 多渠道冲突

多渠道冲突是指一个企业建立了两条或两条以上的渠道，向同一个市场出售商品。例如，生产消费品的企业，在某一个城市选择几百家百货商店销售其产品，同时自己也在销售产品，那么，必定会招致经营其产品的商家的强烈反对。

（三）渠道冲突的解决方法

应该在分析冲突原因的基础上，找到合适的解决方法。分销渠道冲突的解决方法主要有如下五种。

1. 激励手段

对渠道成员的激励可以在一定程度上解决渠道冲突。企业可以对较懒散的渠道成员采用提高利润、补贴、津贴，组织销售竞赛，给予销售奖励等方法达到缓和与解决渠道冲突的目的。

2. 说服协商

让分销渠道成员将问题找出来，共同协商和沟通，寻求大家普遍接受的冲突解决方案。

3. **适当惩罚**

在激励和协商不起作用的情况下，可利用团体规范，通过警告、减少服务和帮助，甚至取消合作等方法，迫使冲突一方放弃不合作行为。

4. **分享管理权**

通过建立合同式垂直分销渠道系统，使制造商、批发商和零售商以契约的形式联合起来，实行有计划的管理，以减少成员内部的冲突；或成立分销渠道的管理委员会，定期商议并决定分销渠道内部的管理事项，以增进理解和减少冲突。

5. **积极寻求合作**

在解决分销渠道冲突时，制造商要主动争取与中间商的合作。制造商可采用提供试销对路的产品、加强广告宣传、支持中间商的促销活动、协助中间商进行市场调查、延长付款期限、协助经营管理等方法。同时，中间商要认真搞好市场调查与预测，采取有效的促销方式，积极推销产品，及时将市场信息反馈给制造商。

第四节　渠道物流管理

一、物流的内涵

物流是伴随商流而发生的，产品实体在一定的空间和时间内的流动。狭义的物流概念，是指将产品实体从制造商送达最终消费者的过程；广义的物流，则包含了原材料或最终产品从产地到达使用地点或最终消费者手中的全部流程。

物流的基本功能是实现产品实体从生产者向消费者的转移，为实现营销目标提供后勤保障。因此，物流系统对分销渠道的效率、顾客满意程度和公司目标的实现等都有重大的影响。物流成本在许多企业的销售费用中占很大比重，这一成本也是营销者需重点控制的成本。合理地组织物流，降低物流成本，是企业面临的重大课题。

物流涉及多方面的管理活动，如图 9-2 所示。首先要作好销售预测，以便企业在此基础上确定生产和存货计划，以及生产计划和采购原辅材料计划。这些材料经过运输到达厂内，进入仓库。成品存货是连接顾客与企业生产活动的纽带，顾客的订单是成品存货计划的依据。成品从装配线上下来，经过包装、厂内储存、发货、运输、销地储存和运交顾客与服务等程序。

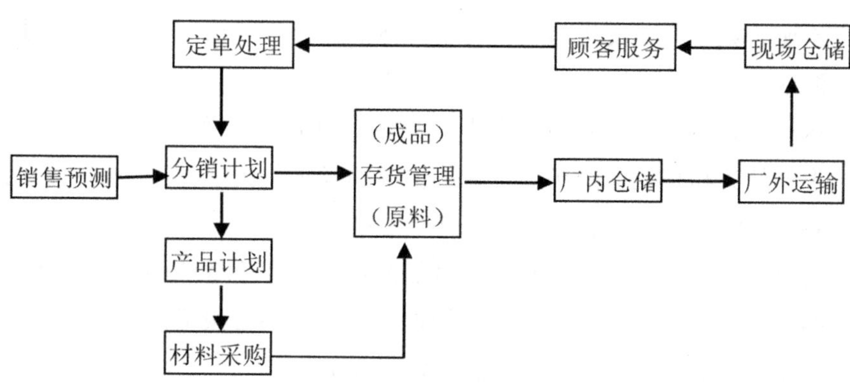

图 9-2　实体物流过程

物流总成本在某些情况下占产品成本的 30% ～ 40%，而广告费用仅占总销售额的 3% 左右，如果营销部门能设法降低物流成本，毫无疑问企业就会取得很好的经济效益。

构成物流总成本的主要因素有：运输费为 37%、仓储费为 21%、存货保管费为 22%，订单处理、顾客服务、分配管理三者管理费合计 20%。由此可见，物流领域有巨大的开发潜力，可以节约大笔资金。物流不仅是成本问题，而且也是市场营销竞争的有力武器。企业通过改进物流、提供更佳服务或降低成本吸引更多顾客。企业如果不能按时供货，就会失去顾客。

物流不仅是成本的问题，也是竞争性市场营销的有力工具。企业可通过改进实体分配、加强物流管理、提供更佳的服务或降低成本，吸引更多的顾客，提高顾客的满意程度。相反，物流不佳会导致一系列问题，如产品损毁、编配混乱、不能按期交货等。降低物流效率和服务水准，只会使企业在竞争中处于不利地位。

二、物流目标管理

大多数企业认为物流的目标是以最低成本，在恰当的时间将适宜的产品送到需要的地方。实际上，这种观点缺少实际指导意义。因为任何一种物流系统都无法做到既能提供最多的顾客服务，同时又能将成本降到最低。如果企业为顾客提供最多的服务，就意味着需要大量库存和广泛布置销售网点，这样必然增加运输费用和使用多重仓库，这些都会提高分销成本。要想将分销成本降到最低就必须降低运输费用，减少库存和仓库数量。

运输部门选择铁路运输，而不用航空运输，因为这样能降低企业支付的运费。但是，由于铁路运输较慢，会占压营业资金，拖延顾客付款时间，还可能导致顾客转向交货迅速的竞争者。发货部门可使用价格低廉的包装箱，以最大限度地降低运输成本。但这就会导致运输中货损率上升，引起顾客的不满。库存部门希望减少库存，因为这样可以降低存货成本。但是，这种做法可能导致库存不足、延期交货、增加临时生产任务和高成本的快递运输等情况的发生。由于物流活动牵涉到很多得失权衡的问题，因此必须在总体系统的基础上进行决策。

设计物流系统的出发点是要研究顾客需要什么和竞争者能够提供什么。顾客关注的是：准时交货，企业愿意满足顾客的迫切需要；小心搬运商品，企业愿意接受次品退货并能迅速予以更换；企业愿意代顾客存货。

企业必须参考竞争对手的服务标准。一般来说，至少要提供与竞争者水平相当的服务。但是，企业的目标是要获得最高利润，而不仅仅是扩大销售额。因此，企业必须考虑提高服务水平会增加的成本。有些企业提供较少的服务，价格也低；另一些企业提供更多的服务，因此索价较高。企业必须制定其物流目标以指导计划工作。物流目标一旦决定，企业必须设计一个物流系统，以最低的成本达到目标。物流系统包含下列总分销成本：

$$D=T+F_W+V_W+S \tag{9-1}$$

上式中：D——规划系统的总分销成本；T——规划系统的总运输成本；F_W——规划系统的总固定仓储成本；V_W——规划系统的总可变仓储成本（包括存货成本）；S——规划系统中由于平均交货延误所损失的销售量的总成本。

选择物流系统时，应考虑要建立的各个不同系统的总成本，然后从中选出总分配成本最低的系统。另一种方法是，如果难以计算公式（9-1）中的 S，企业应力求在达到顾客服务目标水平的前提下，将其分销成本 $T+F_W+V_W$ 降至最低。

三、订单管理

物流过程应从顾客订单开始。企业物流管理是要缩短订单汇款周期，即减少下达订单与支付货款之间的时间。这个周期包括多个环节，如销售员转交订单、订单录入、检查客户账户、制订存货和生产计划、发货及开发票、接收货款。周期越长，顾客满意度和企业利润越低。

四、仓储

每个企业在最终产品销售前，都必须进行储存。所以，储存的功能必不可少。

储存解决了需求的数量和时间上不同步的问题。企业必须确定所需的储存地点数量。储存地点越多，货物就能更迅速地送交顾客，但是储存成本便会上升。因此，储存地点的数目必须在顾客服务水平和分销成本之间寻求最优匹配。

有些企业在工厂或在工厂附近储存货物，其余的存货则在全国各地的仓库里分散储存。企业可拥有自己的仓库，或租赁库房。企业对自有仓库有充分的控制权，但是这会占用资金，当仓储地点需要变化时缺乏灵活性；使用公用仓库要支付租金，但可以对地点和仓库类型有广泛的选择空间。

五、存货

存货水平是影响顾客满意程度的主要物流因素。销售人员都希望自己的企业存货充足，以便能立即为顾客供货。但是，如果企业存货过多，则成本必然增加。确定存货时，应当制定一个合理的库存水平，此库存水平称为订购点。如果订购点是20单位时，低于20单位就要补充库存。订购点应略高一些以保证安全库存量。最终订购点应在库存不足产生的风险与库存增加的成本之间进行匹配决策。

另一个因素是订货数量。订货数量越大，订单次数就会越少。企业应当在处理订单与保持库存之间进行权衡，订单处理有生产准备成本、运营成本。如果生产准备成本比较低，企业可经常生产这种产品。但是，如果生产准备成本比较高，应进行大批量生产，以保持较多库存，这样可降低平均单位成本。

存货成本包括仓储租金、资金成本、税款和保险金、资产折旧和产品过时损失等。存货成本可能高达存货价值的30%。由此，必须确定最佳存货数量，如图9-3所示。随着订货数量的增加，单位订货成本就会减少。但是，单位存储费用也会相

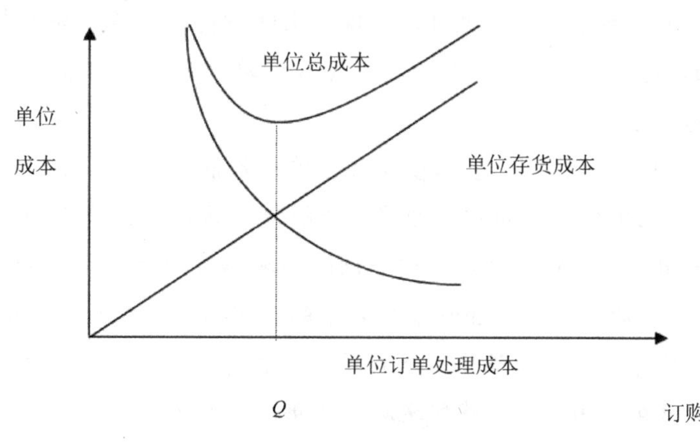

图9-3　确定最佳订货量

应增加，这是因为存储时间延长。将这两条成本曲线垂直相加，就得到一条总成本曲线。总成本曲线的最低点所对应的横坐标上的订购量就是最佳订货量 Q。

当订单到达时，开始连续地生产和更新存货。例如，日本汽车生产商在接受汽车订单后的四天内便将订货生产出来并发出。意大利贝纳通时装公司采用了快速反应系统，它们根据当前的销售情况而不是在预测人们喜欢什么颜色的基础上给其毛衣染色。

六、运输方式

市场营销人员应关注企业的运输管理。运输方式涉及产品定价、准时交货和货物到达目的地时的状况，如白天、夜晚等，所有这些都关系到顾客的满意程度。

企业在运输选择时，要考虑的标准包括速度、频率、可靠性、运载能力、可用性和成本等因素。如果收货人要求快速，则空运和卡车运输是主要的选择对象。如果目标是低成本，那么，铁路和水运就是主要的考虑对象。在所有这些运输方式中，卡车运输能满足上述大部分要求，因此，其使用频率最高。

在作出运输决策时，必须考虑各种运输方式之间复杂的关系，同时还要考虑对其他分销要素，如仓储和存货的潜在影响。由于不同运输方式的相对成本随着时间的推移而发生变化，企业在探索最佳物流方案时必须考虑作出的选择是否得当。

案例　盒马鲜生生鲜物流模式——全自动物流模式

盒马鲜生可以说是一家体验店，顾客到店体验之后，下次可以再光顾店铺，也可以在 App 上下单。盒马鲜生将线上和线下打通，实现全渠道营销和交易模式，既可以单独线上、线下消费，也可以实现线上线下智能拼单。如果在店铺购买完成后，在回家的路上发现不够，可以通过 App 加单，系统会自动把两个单拼接在一起，然后一起配送。

无论是在门店购买，还是 App 线上下单，都能实现“5 公里范围，半小时送达”，这是对其他生鲜模式的重大颠覆，能够冲破传统实体店面积的局限，在有限的空间内创造出无限的销售额。而这一切的实现都有赖于盒马鲜生的“全自动物流模式”。其在门店后台设置了 300 多平方米的合流区，前后台采用的据说是全球第一家自动化传输系统，从前端体验店到后库的装箱，都是由物流带来传送。而在配送方面，盒马鲜生采用的是自建配送队伍 + 第三方物流。

盒马鲜生线下门店的服务时间是上午 9 点到晚上 10 点，线上 App 从早上 7 点到晚上9点，基本满足线上线下的消费者生活习惯。这对于工作繁忙的白领来说非常方便。在下班路上，通过App下单，回到家，在盒马鲜生购买的半成品的新鲜净菜和代加工好的海鲜鱼肉也同步送到，只要稍微加工，一顿丰盛的晚餐就完成了。可以说，这样的物流配送、商圈设定以及线上线下融合，在国内生鲜零售圈尚属首例，是一种全新的生鲜经营模式。

思考与练习

1. “酒香不怕巷子深”这句古语在现代社会是否依然适用？
2. 说一说网络营销渠道和传统营销渠道设计与管理的异同之处。
3. 构建一个企业的物流系统需要注意哪些问题？

第十章　促销策略

本章要点

通过本章的学习，明确促销组合中各种促销方式的含义和内容，掌握运用各种促销方式和技巧，从而有效地运用促销组合策略。

学习目标

1. 了解促销组合的定义。
2. 掌握影响促销组合的因素。
3. 了解广告在促销组合中的应用以及广告管理的基本内容。
4. 了解销售促进在促销组合中的作用以及销售促进管理的基本内容。
5. 了解人员推销的过程以及销售人员管理的步骤。

第一节　促销与促销组合

善于经营的企业，不仅要努力开发适销对路的产品，制定具有竞争力的价格和选择合理的分销渠道，更重要的是及时有效地将产品或劳务的信息传递给目标消费者，建立生产者与消费者之间的联系，激发消费者或客户的需求欲望和兴趣，并满足其需要，促使其完成购买行为，这就是促销策略。

一、促销

促销是企业通过人员和非人员的方式，引发和刺激消费者需求，从而促使消费者购买的活动。

促销的方式一般分为两大类，即人员促销和非人员促销。非人员促销具体包括广告、公共关系和营业推广三个方面。促销方式的选择运用，是促销策略中需要认真考虑的重要问题。促销策略的实施，事实上也是各种促销方式的组合编配和具体运作。

促销的实质是达成企业与消费者双方的信息沟通，如图 10-1 所示。一方面，企业作为产品的供应者或卖方，需要把有关企业自身及所生产的产品的信息广泛地传递给消费者。这种由卖方向买方传递的信息，是买方借以作出购买决策的基本前提。另一方面，作为买方的消费者，也需要把对产品、服务的认识和需求动向反馈给卖方，促使卖方根据消费者需求进行生产。这种由买方向卖方的信息传递，是卖方借以作出营销决策的重要前提。可见，促销的实质是交易双方（卖方与买方）的信息沟通，这种沟通是一种由卖方到买方和由买方到卖方的不断循环的双向式沟通。

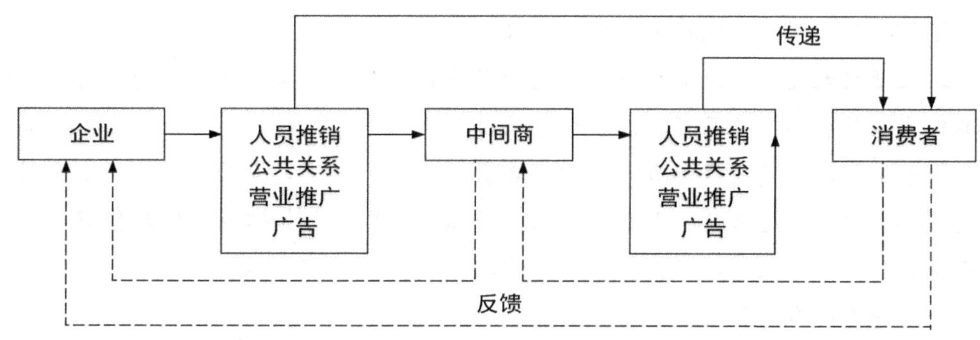

图 10-1　买方与卖方的信息双向式沟通

促销的最终目的是引发和刺激消费者产生购买行为。促销的重要作用具体表现为以下几个方面。

（1）传递信息。企业通过促销手段及时地向中间商和消费者提供信息，引起社会公众的广泛注意，吸引他们注意这些产品和服务的存在。

（2）唤起需求。通过介绍产品，展示某种生活方式，唤起消费者的购买欲望，创造出新的消费需求。

（3）突出特点。通过促销活动，可以显示产品的突出性能和特点，或者显示产品消费给顾客带来的利益，引发消费者对特定产品的偏好，强化购买意愿。

（4）促进销售。企业针对反馈的市场信息，加强促销的目的性，使更多的消费者对企业及品牌由熟悉到偏爱，形成惠顾动机，从而稳定产品的销售。

案例　洽洽年货节刷屏

每逢新年营销忙！面对一年一度大型买买买的年货节，各大品牌也是纷纷铆足了劲，致力于干波大事情。然而随着越来越多品牌的加入以及年货节内容的趋同，如何在年货节中脱颖而出，成为品牌方需要思考的一大重点。

作为年货知名品牌、“坚果专家”的洽洽，以撬动粉丝营销为原动力，在春节前夕联手百家名企为消费者献上一道“极品头盘”，以一场刷屏级的微博活动，开启了大家对春节的满满期待。

不同于常规年货节的营销套路，今年洽洽直接聚焦微博平台，联动百家品牌组建起史上最强年货联盟，以空前盛大的百家品牌独宠一人形式，成功地实现了全网品牌大曝光。活动当天百家蓝 V 纷纷联动响应转评，以大规模刷屏形式加码各类超值大奖，曝光量触达近亿粉丝。活动一经发出便引爆大批粉丝自发充当中奖分母，不少粉丝纷纷表示希望大奖降临。活动两大热门话题“#过年回家 带箱洽洽#”“#2020 超大大大年货#”上线当天多次冲上热搜榜前三。锦鲤领奖直播更是直接引爆路人围观，观看量突破 1 亿次。

此次活动无论是从产品数量上还是产品价值上来看，都展现了洽洽在行业中的强品牌力与号召力。礼品不仅涵盖了惠而浦凌度法式四门冰箱、puppy cube 光影魔屏、小米电视、美菱青年冰箱等家电产品，而且还提供了“过年喝宣 6，走亲访友送宣 6”的宣酒 6 纪念版，小罐茶，物生物 softer 多功能水杯等百份超值好礼。全程更是有德邦快递保驾护航，百份年货直接送到家，实实在在以“豪礼”引爆了社交圈，掀起全民参与狂欢。

二、促销组合

促销组合是指企业根据促销的需要，对广告、销售促进、人员推销与公共关系四种促销方式进行的适当选择和综合编配（见表 10-1）。市场营销信息形成完整的沟通过程：现代企业运用促销组合来接触中间商、消费者及各种公众；中间商也可运用一套组合来接触消费者及各种公众；消费者彼此之间、消费者与其他公众之间则进行口头传播；同时，各群体也对其他群体进行沟通反馈。

（一）广告

广告是通过报纸、杂志、广播、电视或广告牌等大众传播媒体向目标顾客传递信息。采用广告宣传可以使广大消费者和客户对企业的产品、商标、品牌和服务有所认识，并产生好感，其特点是可以在推销人员到达前或不易到达的地方宣传企业和传递商品信息。

（二）销售促进

销售促进它是指为了正面刺激消费者的需求而采取的各种促销措施。包括产品陈列、有奖销售、展览会、赠送或试用样品、减价折扣销售、直接邮寄或在大量购买中给予优惠等多种方式。其特点是能有效地吸引顾客，刺激购买欲望，短期促销效果显著。

（三）人员推销

企业使用人员推销其产品分为两种形式：一种是派出推销人员与客户或消费者直接面谈交易；另一种是企业设立销售门市部，由营业员向购买者推销商品。采用人员推销的方式沟通信息，具有直接、准确和双方沟通的特点。

（四）公共关系

公共关系促销是指为了使公众理解企业的经营方针和经营策略符合公众利益，并有计划地加强与公众的联系，建立和谐的关系，树立企业信誉，有助于产品销售的一系列活动。其特点是不以直接的短期促销效果为目标，通过公共关系活动使社会公众对企业及其产品产生好感，并在社会上树立企业良好的形象。

表 10-1　四大促销组合工具

广告	销售促进	人员推销	公共关系
电视广告 报纸广告 报刊广告 电影广告 路牌广告 邮寄广告 POP 海报和宣传单页 ……	销售竞赛、抽奖 奖金与礼品 样品试用、试尝 交易会与商品展会 价格优惠券、赠券 附赠品积分 回扣 以旧换新 ……	销售介绍 销售会议 电话营销 样品试用 展览会	记者招待会 研讨会 慈善捐赠 赞助 社区关系 形象识别媒体 公关广告

三、影响促销组合的因素

促销组合决策就是对上述几种促销方式的选择、运用和组合的决策，即企业总的促销预算在各种促销方式之间如何分配使用的问题，并达到最佳的促销效果。因此，在考虑促销组合时，除了应考虑各种促销方式的特点外，还要考虑选择促销方式的影响因素。

（一）产品市场类型

促销工具的有效性在消费品市场和工业品市场有很大差异（见图 10-2）。经营消费品的企业一般会把大部分资金用于广告，接下来是销售促进、人员推销、直复营销和公共关系等。而工业品企业通常会把大部分资金用于人员推销，其次是销售促进、直复营销、广告和公共关系等。

消费品市场	工业品市场
广告	人员推销
销售促进	销售促进
人员推销	直复营销
直复营销	广告
公共关系	公共关系

图 10-2　促销工具在消费品市场和工业品市场的差异

从营销实践看，广告适用于价格较低、技术含量不高、买方多而分散的消费品；人员推销比较适用于价格较昂贵、技术含量高、买方少而集中的产业用品；销售促进和公共关系是相对次要的促销方式，在对两类产品的适用性方面差异不是很大。

（二）推式和拉式策略

企业促销活动有“推动”与“拉引”之别。所谓“推动”策略，就是以中间商为主要促销对象，将产品推进分销渠道，推上最终市场；“拉引”策略则是把最终消费者作为主要的促销对象，首先设法引起潜在购买者对产品的兴趣。如果促销奏效，消费者便会纷纷向中间商询购商品，中间商就会积极向生产企业采购。推动策略与拉引策略往往结合使用，使促销效果达到最优，如图 10-3 所示。

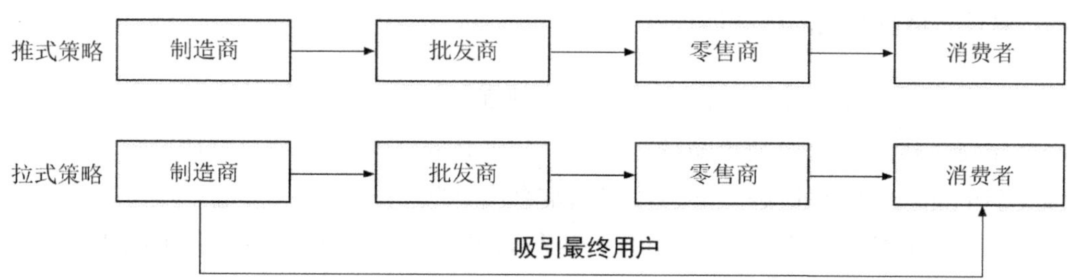

图 10-3　营销传播中的推式策略和拉式策略

（三）购买准备过程

顾客的购买准备过程一般分为六个阶段，即知晓、认识、喜欢、偏好、确信和购买。对处于不同阶段的产品，企业应采取不同的促销组合策略。在知晓阶段，广告和公共关系的作用较大；在认识和喜欢阶段，广告的作用较大，其次是人员推销；在偏好和确信阶段，人员推销的作用较大；在购买阶段，人员推销的作用达到最大。

（四）产品生命周期

在产品生命周期的不同阶段，促销支出的效果也有所不同，各种促销工具的成本效应也有较大差异，如图 10-4 所示。在产品生命周期的导入期至成熟期，促销是一个十分重要的市场营销组合因素。这是由于新产品初上市时消费者对其不认识、不了解，必须通过促销活动来吸引广大消费者的注意力。在导入期，广告与销售促进的配合使用能促进消费者认识了解企业产品。在成长期，广告的成本效应逐渐降低，但作用仍很重要。在成熟期，销售促进的作用开始增大，广告和人员推销的成本效应明显加强。在衰退期，除了销售促进的成本效应达到最高点外，其他促销工具的作用都明显降低。

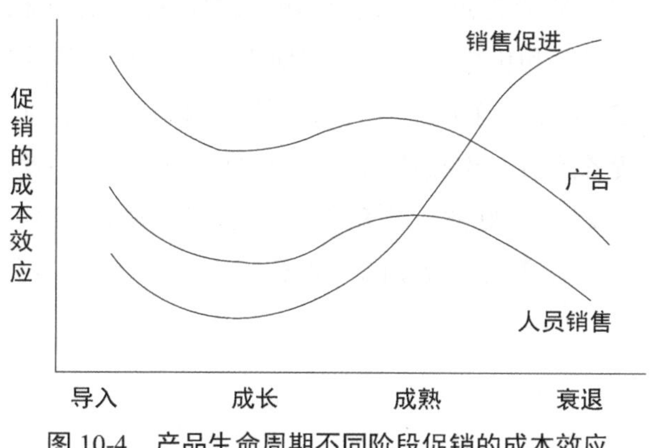

图 10-4　产品生命周期不同阶段促销的成本效应

（五）企业产品的市场地位

企业产品的市场地位越高，品牌效应越强；随着市场地位的下降，品牌效应也随之下降。因此，对于强势品牌，广告支出的比重要大一些；而市场地位处于中间或稍后的品牌，销售促进的支出比重通常会高一些。

总之，在充分了解各种促销方式的特点并考虑影响促销方式各种因素的前提下，有计划地将各种促销方式适当搭配，形成一个合理的促销组合方案，可取得最佳的促销效果。

第二节　广告

广告是企业对目标顾客与公众进行说服性沟通的主要手段。

一、广告及功能

广告作为一种促销方式，是以营利为目的，采用一定的媒体，以支付费用的方式向目标市场传播产品信息的有说服力的沟通活动。

广告的功能是指广告的基本作用与效能。在市场营销活动中，广告的功能主要有以下几个方面。

（1）显露。所有的广告都有显露功能。显露是指广告主通过广告，将企业名称、历史以及商品特征、效用、品牌、价格等信息传递给消费者。广告信息在消费者记忆中会留下某种商品上市或即将上市的印象，这就是广告的显露功能。

（2）认知。广告是消费者初步认识商品的重要途径。消费者通过广告可以了解商品的质量、特点、用途和价格，获得购买地点、方式和服务项目等信息。

（3）激发。广告是激发消费者购买欲望的诱因。广告作为一种说服性沟通活动，它能够激发消费者的潜在购买意识，改变偏见，促进消费者采取购买行动。

（4）美学与教育。一个好的广告就像一件艺术作品，它不仅可以美化生活环境，还能给消费者以美的享受。健康的广告有利于培养文明的消费观念和行为，丰富精神生活。

二、广告决策

广告决策是企业在营销方案和经营战略的指导下，对企业的广告活动进行安排。广告决策是企业在消费者心目中树立良好的企业形象、提高企业知名度，进而扩大产品市场占有率的有效方法。广告决策过程包括确定广告目标、编制广告预算、制定广告创意、选择媒体四个步骤。

（一）确定广告目标

广告目标是否表达明确和一致，会直接影响广告的效果。广告目标是指企业借助广告活动将产品信息传递到目标市场所要达到的促销目的。广告的最终目标是增加销售量和利润。广告目标明确了广告在整个营销计划中的地位和作用。广告目标可分为告知、劝说和提醒三类（见表 10-2）。

表 10-2 广告目标类型及内容

目标类型	广告内容	
告知	沟通顾客价值	介绍产品的新用途
	建立品牌和企业形象	告知市场价格变化
	告知市场有新产品出现	描述所能提供的服务
	介绍产品功能	更正错误的印象
劝说	树立品牌偏好	劝说顾客立即购买
	鼓励顾客改用本公司品牌	劝说顾客接受推销访问
	改变顾客对产品价值的感知	说服顾客向他人介绍本公司品牌
提醒	维持顾客关系	提醒顾客购买的地点
	提醒顾客可能会用到此产品	在产品的淡季使顾客仍记得该品牌

1. 告知性广告

告知性广告主要用于新产品导入期，目标是建立基本需求，提升品牌知名度。广告的主要内容是介绍产品的功能、用途以及其他一些企业情况。例如，“恒源祥，羊羊羊”这一广告语在电视上的多次播放让消费者了解到恒源祥这个品牌。但是，随着产品生命周期的推移，市场上相似的产品越来越多，告知性广告给企业带来的收益就会变得不足，此时，大多数企业会采取第二种类型的广告，即劝说性广告。

2. 劝说性广告

劝说性广告主要用于产品成长期和成熟期，目标是建立消费者的选择性需求，诱发消费者的消费欲望和购买行为，建立品牌形象，促进销售等。内容一般以产品的特殊品质、特色用途或用户利益为主。比如，脑白金的“今年过节不收礼，收礼只收脑白金”是劝说性广告的典型。需要注意的是，我国《广告法》第十三条规定，广告不得贬低其他生产经营者的商品或者服务。因此，采取劝说性广告时企业应该注意相关内容的合法性。

3. 提醒性广告

提醒性广告作为第三种广告形式，主要用于产品的成熟期和衰退期，目标是帮助企业维持顾客关系，让消费者一直记住该产品并继续购买。广告内容以企业或产品品牌形象或消费者提示为主。比较典型的一个例子是加多宝广告语中的“全国销量领先的红罐凉茶改名加多宝”（见图10-5）。加多宝通过这种方式使消费者加深了对加多宝的印象。

图 10-5　加多宝广告

（二）编制广告预算

广告预算是企业广告决策的一项重要内容。在确定了广告目标后，企业可以着手为每一种产品制定广告预算。影响广告预算编制的因素有三个：产品生命周期阶段、市场份额、竞争环境。

（1）产品生命周期阶段。新产品通常需要较高的广告预算，以建立品牌知名度并争取消费者的试用，而成熟的品牌通常需要较低的广告预算。

（2）市场份额。低市场份额的品牌通常会使用更高的广告预算，因为企业需要通过较大的广告投入来增加其产品的市场份额。

（3）竞争环境。在竞争者众多并且市场广告比较混乱的情况下，企业需要做大量的广告才能吸引消费者的注意。尤其对于一些差异性较小的产品，企业要通过更大的广告投入来使其与众不同。

在企业确定广告预算之后，要选择合适的媒体来实现广告目标。常见的分配广告费用的策略有三种，分别是脉冲式排期、间歇式排期、连续性排期，如表10-3所示。

表 10-3　三种分配广告费用的策略

广告分配策略	相关内容
脉冲式排期	在一年中持续地投放广告，在其中某些特定的时间段更是密集地投放广告
间歇式排期	仅在销售高峰期投放广告，在其他时间不投放广告
连续性排期	一直保持投放一定量的广告

（三）制定广告创意

在企业选择广告创意时，首先关注的是自己的广告是否能够突破重围。广告的目的是获得消费者的注意。在广告数量庞大的现实环境下，企业要想吸引消费者的注意力，广告创意必须有更完善的规划、更丰富的想象力，对消费者而言更具娱乐性和情感联系。因此，许多品牌将产品与娱乐融合。这种融合通常有两种形式：广告娱乐和品牌化的娱乐。广告娱乐的目的是使广告本身具有娱乐性，让人们想要观看它。比如益达口香糖的微电影广告、梁朝伟与丸美呈献的“眼”戏，这些广告可能大部分是你自己主动观看的。品牌化的娱乐，或称品牌整合，是使品牌成为其他形式的娱乐活动不可分割的一部分。品牌化的娱乐最典型的形式是植入式广告或称为产品植入——将品牌作为道具嵌入其他节目。例如，在观看《变形金刚4》的时候看到了伊利舒化奶，在观看美剧《绿箭侠》的时候看到了联想电脑，在观看《美国队长：冬日战士》时看到了新款的哈雷摩托（见图10-6）。另外，也有一些为了售卖产品而拍摄的电视、电影，比如乐高出品的《乐高大电影》以及孩之宝为了销售玩具拍摄的《变形金刚》系列动画。

图10-6 《美国队长》电影中的哈雷摩托

企业经常使用的广告创意策略，如表10-4所示。在企业有了好的创意之后，必须将其转换为真正的广告才能使用。创意人员必须在形成广告的过程中找到最好的方法、风格、格调、文字和形式来执行创意。

表10-4 常见的广告创意策略

创意策略	含义	举例
生活片段	描述日常生活环境中的普通人	“怕上火，喝王老吉”的广告
幽默广告	通过幽默的描绘或场景获得关注和兴趣	趁早下（斑），请勿（痘）留
产品基调	围绕产品或服务建立一种情调或形象	德芙营造浪漫基调的广告
科学依据	提出该品牌优于其他产品的科学依据	汰渍和其他洗衣液的对比广告
产品示范	呈现产品产生效果的机理	舒肤佳香皂杀菌抑菌广告
音乐联系	将音乐或歌曲与产品直接联系起来	百事可乐广告 we will rock you
明星代言	请名人、演员、公司职员等推荐产品	梁朝伟为小米Note2代言
生活方式	描述产品如何与消费者的生活方式联系	哈尔滨啤酒“一起哈啤”广告
奇妙幻境	围绕产品及其使用者创造奇妙的情景	多喜爱床上用品的广告中，一位女性躺在床上幻想游览仙境
非人代言	在广告中卡通人物或者动物是主角，有时候作为品牌代言人	喜羊羊代言儿童产品

（四）选择媒体

广告媒体是广告主为推销其产品，以特定的广告方式，将自己的意图传达给消费者的工具或手段。不同的广告媒体有不同的特点，它们限制了广告主要表达的意图。不同的广告媒体传播范围、时间、表现形式、接受对象都是不同的。广告主需要根据媒体传递的信息量的多少，根据媒体占用时间与空间的多少，支付不同的费用。因此，广告媒体选择的核心在于选择最佳的传送路线，使广告在目标市场的影响范围内，达到预期的展露数量，并拥有最佳的投入产出效果。

1. 确定广告范围、频率和效果

为选择媒体，企业必须先确定达到广告目标所需要的广告范围和频率。范围是在给定的时间内，目标市场中接触到广告活动的人数所占的比例。频率衡量的是目标市场中一般人接触到广告的次数。企业不仅要以一定的频率接触到消费者，还必须确定期望的媒体效果，即通过某一特定媒体展示的信息的价值。在确定了这些内容之后，企业再去决定选择什么样的媒体进行传播。

2. 选择主要的媒体类型

主要的媒体类型包括报纸、杂志、广播、电视、户外广告、直接邮寄广告、互联网、网络视频、另类媒体等。这些媒体各有优点和缺点（见表 10-5），企业需要综合考虑各种媒体的效果、信息传递的有效性和成本来选择媒体。

表 10-5　各类主要媒体的特性

媒体	优点	缺点
报纸	灵活、及时、当地影响大、易被接受	传递率低、不宜保存
杂志	针对性强、可信度高、易于保存、有权威性、可多次阅读	有较长的滞后时间，可能成为无效广告
广播	信息传播迅速、及时，传播范围广泛，选择性较强，成本低	仅有声音传播，信息展露转瞬即逝，表现手法不如电视吸引人
电视	听觉和视觉感染力强，能引起高度注意，传播面广	成本高，干扰多，选择性、针对性较差
户外广告	反复诉求效果好，对地区和消费者选择性强，传真度高、费用较低	传播区域小，创造力受到限制
直接邮寄广告	针对性、选择性强，阅读率高，专注，可反复阅读	不生动、传播面较小
互联网	覆盖范围大，可采用多媒体方式，信息量巨大	信息量过大，消费者选择性忽视；针对性差、广告成本高
网络视频	感官性强，交互性强，有网络病毒营销的可能性	依赖于消费者的兴趣，内容上难以把握分寸

3. 确定媒体的时段

企业在制定广告策略时还需要考虑投放广告的时间。原因有二：一是不同时间的广告受众不同，例如，周一到周五，电视的受众以老年消费者居多，因此是保健品广告投放的主选时间。二是产品消费或使用的时间有所差异，比如生产冰激凌的企业可能会根据季节来进行广告的投放；生产床上用品的企业可能会选择在傍晚投放广告。

广告创意被认为是广告策略中最重要的内容，制定广告创意与媒体选择决策是相互独立的。但媒体成本的暴涨、企业目标市场和营销策略的进一步聚焦，以及新媒体的发展，都提升了媒体选择决策的重要性。越来越多的广告主关注广告创意和媒体选择的相互协同，以达到最好的传播效果。

第三节　营业推广

一、营业推广的特征与类型

（一）营业推广的特征

1. 方法灵活

营业推广可针对消费者、经销商或销售人员等对象，依据产品特性、消费心理及市场竞争状况，企业灵活地采用价格折扣、优惠、奖励等多种措施，从而达到促进产品销售的目的。

2. 强烈呈现

营业推广的许多方法，往往是把产品的选择机遇强烈地呈现在消费者面前，造成“机不可失，失不再来”的紧迫感。通过这种强烈的刺激，力求迅速消除顾客的疑虑、观望的心理，打破顾客的购买惰性，使其迅速购买。

3. 非正规性

多数营业推广方式是非正规的和非经常的，它是人员推销和广告较好的促销补充手段。营业推广对顾客或推销人员具有暂时而特殊的促进作用。

4. 贬低产品价值

由于营业推广的很多方法都呈现强烈的吸引氛围，有些做法难免显示出企业急于出售产品的意图，如果使用不当，反而可能使消费者产生逆反心理，怀疑产品的品质。

（二）营业推广的类型

根据市场和产品等不同特点，营业推广主要有以下三种。

（1）针对消费者的推广。通过对消费者的强烈刺激，促使其迅速采取购买行为。

（2）针对中间商的推广。通过刺激中间商，促使中间商迅速采取购买行为。

（3）针对推销人员的推广。针对本企业推销人员展开的推广，目的是鼓励推销人员积极开展推销活动，提高销售量。

二、营业推广的方法

营业推广的方法多种多样、数不胜数，但围绕着对消费者进行短期利益诱导这个基本点，可以对各种各样的方法进行分门别类的整理，形成几大系列，以利于有效应用并不断创新。

（一）免费赠送

免费赠送是使消费者免费获得企业赠送的物品或利益的推广方法。采用这一类方法对消费者的刺激度和吸引力最大。

免费赠送主要包括：样品、附赠品、赠品印花。

免费样品是将产品免费赠送给预期消费者试用的促销方式。在开拓新市场和新产品导入过程中，免费样品的促销方式消除顾客接受时的种种障碍，激发消费者的购买欲望。

附赠品是消费者在购买时获赠本产品或其他物品的促销方式。免费赠品可以采用加送整单位的本产品以及在原价的基础上加大包装量的方式，也可以采用附赠本企业其他产品的方式。免费赠品对于强化顾客购买欲望以及新产品导入和市场开拓都有积极的作用。

赠品印花是通过消费者收集赠券、标签、购买凭证等印花获赠有关物品的促销方式。采用赠品印花的方式可以促使消费者持续购买，培养顾客的忠诚度。

（二）折扣优惠

折扣优惠是企业对消费者折扣让利的促销方法。通过折扣优惠，使消费者在购买过程中以较低的价格获得更多的产品和利益。

折扣优惠的方法主要包括：折价券、折扣、自助获赠、还款优惠、合作广告。折价券是向潜在顾客发送小面额的有价证券，持券人凭券购买商品时享受优惠的促销方式；折扣是调低商品售给消费者的价格的促销方式；自助获赠是指顾客将购买某种商品凭证附上少量货币换取赠品的促销方式；还款优惠是指顾客通过提供购买商品的凭证获取购物的全款或部分款项的促销方式；合作广告是制造商为强化合作伙伴关系，与经销商合作开展广告宣传活动的促销方式。通常制造商提供给经销商的优惠是提供详细的产品技术宣传资料、协助零售商进行店面设计、合作进行广告活动等。

（三）促销竞赛

促销竞赛是利用人们的竞争心理，通过组织相关的竞赛活动以达成促销目的的促销方式。促销竞赛包括：消费者竞赛、经销商竞赛、销售人员竞赛。消费者竞赛是通过组织消费者参与多种形式的竞赛活动，强化产品的顾客扩散，以达到促销的目的。经销商竞赛一方面可以激发经销商的合作兴趣，加大进货和分销力度；另一方面可以密切制造商与经销商的关系，加强彼此的协作。销售人员竞赛有利于提高销售人员个人或团体的销售量，同时也有利于销售人员之间的相互学习和共同提高。

（四）组合推广

组合推广是通过一些综合性的手段，进行商品促销的方式。它主要包括：示范推介、财务激励、联合促销、连锁促销、会员制促销。

示范推介是通过对产品的操作示范或组织产品推介活动等形式来进行促销；财务激励是通过消费信贷方式开展的促销活动；联合促销是两个以上的厂商共同开展的促销活动，如航空业与旅游业开展的联合促销活动；连锁促销是通过连锁方式进行的促销活动，较之单个企业的促销活动，显然具有整体促销的效益；会员制促销是通过会员制或俱乐部的方式，对会员在一定时期进行折扣促销，这有助于吸引顾客入会以享受较长时期的优惠。

三、营业推广管理

营业推广管理是指企业对营业推广活动及其相关因素的分析与决策过程。这一过程包括确定目标、选择方式、制定方案、实施方案与评价方案等。

（一）确定营业推广目标

营业推广的目标按其作用的对象可分为三种类型：一是针对最终消费者，目标是刺激消费者的需求欲望，促成购买；二是针对批发商与零售商，目标是吸引其购买并经销商品，使经销商产生对品牌或厂家的忠诚；三是针对推销人员，目标是鼓励其推销本企业的产品，调动其积极性去寻找更多的潜在顾客。

（二）选择营业推广方式

营业推广方式有多种，一个特定的营业推广目标可以采用多种营业推广工具来实现，所以应对多种营业推广工具进行比较选择和优化组合，以实现最优的促销效益。企业在选择方案时，应当综合考虑企业营销目标、产品特性、市场类型及竞争状况、各种推广方式的成本与效益等诸多因素。

（三）制定营业推广方案

企业在制定营业推广方案时应考虑以下因素。

1. 确定范围

营业推广的范围大小必须结合目标市场的实际情况，并根据推广收入与投入之间的利益关系确定。

2. 选择对象

根据顾客或经销商的具体特点，选择能产生最佳推广效果的营销对象。

3. 送达路径

营业推广中常用的送达路径有三种，即包装分送、商店分发和邮局寄送（产品或产品目录）。企业应根据产品和市场特点，以及费用合理性进行选择。

4. 推广时间

采用营业推广时，如果推广时间过短，会使一部分潜在顾客没有完全激发购买热情或来不及购买；时间过长，则会失去刺激购买的某些作用，甚至影响企业声誉。因此，合理安排推广时间，能使企业获得理想效益。

5. 选择时机

并非任何时候企业都可以采用营业推广。推广时机选择得好，能起到事半功倍的效果。例如，季节性商品就应把握季节交换，加大促销力度。企业还应综合考虑产品生命周期、顾客收入状况及购买心理、市场竞争等因素，抓住时机制定营业推广策略。

6. 方案预算

这是制定营业推广方案必须考虑的重要因素。预算目的是比较推广的成本和效益。推广费用一般包括管理费用，如印刷费、邮费及宣传费用等；还有刺激费用，如赠奖、折扣等费用。

（四）营业推广方案实施

企业在实施推广方案前应进行实验性操作，以便检验所选方案是否恰当、刺激规模是否最佳、作用目标是否有效等。面向消费者市场的销售促进能够轻易地进行预试，可邀请消费者对几种可能的优惠方法作出评价、给出评分，也可以在有限的地区范围内进行试验性测试。

在具体实施过程中应把握两个时间因素：一是实施方案之前所需的准备时间；二是最佳营业推广周期。国外企业的营业推广的经验显示，从正式推广开始到大约有 95% 的商品经推广售出的时间为止，为最佳的营业推广周期，这段时间可能是几个星期或几个月，这取决于实施这一办法持续时间的长短。营业推广的商品售出总量应视市场情况而定。

（五）营业推广方案评价

评价推广效果是营业推广管理的重要内容。准确评价方案效果有利于企业总结经验教训，为以后的营业推广决策提供依据和积累经验。常用的营业推广评价方法有两种：一是阶段比较法，即对推广前、中、后的销售情况进行比较，从中分析营业推广产生的效果。这是普遍采用的一种方法。二是跟踪调查法，即在推广结束后，调查了解有多少参与者能回忆起此次营业推广活动的主要内容、受访对象对推广的评价，以及此次推广对参与者今后购买的影响程度等。

第四节　人员推销

人员推销是指企业的推销人员直接与顾客或潜在顾客接触、洽谈、介绍商品以达到促进销售目的的活动过程。这个过程既是一个向市场提供商品的供应过程，又是一个激发顾客的需求、引起顾客购买欲望的需求引导过程，还是一个了解顾客需求、为顾客提供服务以满足其需求的过程。

一、人员推销的特点

（一）推销的双向性

人员推销是一种双向沟通的促销形式，在推销过程中，推销人员必须向顾客宣传介绍商品的质量、功能、用途以及售后服务等，为顾客提供有关的商品信息，达到促进销售的目的。同时，推销人员还必须通过与顾客的交谈，了解顾客对本企业及推销产品的态度和要求，在推销过程中不断搜集和反馈信息，为企业经营决策和新产品开发提供依据。

（二）推销的双重性

人员推销的目的不仅是推销商品，还要帮助顾客解决问题，与顾客建立长期的合作关系。因此，它具有推销商品和建立合作关系的双重目的，二者是相互联系的。

（三）推销的灵活性

人员推销过程中，买卖双方当面洽谈，易于形成一种直接、友好的互动关系。推销人员可以通过交谈和观察，掌握顾客的购买动机，采取具有针对性的方式从某个侧面介绍商品的特点及功能，抓住有利时机促成交易。还可以根据顾客的态度和特点，有针对性地采取必要的协调行动，满足顾客的需要。还可及时发现问题，进行解释，解除顾客的疑虑，消除顾客的不满情绪。

（四）成果的有效性

人员推销过程是推销人员直接将产品“推”给顾客的过程，通过面对面的看货、议价、谈判达成交易，使推销人员与顾客之间建立长期的关系。其比非人员推销更具有人情味，因而常能当场成交，成功率较高。

（五）满足需求的多样性

人员推销活动中，不仅要通过推销商品满足顾客对商品的使用价值的需要，而且要通过宣传介绍商品，满足顾客对商品信息的需要；通过售前、售中、售后的服务满足顾客对技术和服务方面的需要；通过文明经营、礼貌服务，满足顾客心理精神上的需要。

企业应当认识到，人员推销的费用高，对推销人员的素质要求高，因此，使用人员推销有一定的局限性，它多用于对产业用户和中间商的销售活动。

二、人员推销的形式

人员推销主要包括上门推销、柜台推销和会议推销三种形式。

（一）上门推销

由推销员携带样品、说明书和订货单等走访顾客，推销商品。这是一种推销员主动接近顾客的积极的推销方法，是一种被企业和公众广泛认可和接受的推销形式。

（二）柜台推销

由营业员接待进入商店的顾客，销售商品。因此，零售和批发商店的营业员以及服务性企业的服务员实质上都是推销人员。他们在与顾客的当面接触和交谈中介绍商品、回答询问、促成交易，这是一种等客上门式的推销方法。

（三）会议推销

利用各种会议形式介绍和宣传产品，开展推销活动。如订货会、博览会、物资交流会、展销会等都属会议推销。这种推销形式具有群体推销、接触面广、推销集中、成交额大的特点。在各种推销会上，一般是多家企业同时参加推销活动，企业之间在会内会外有广泛接触。与会的买卖双方都有明确的目标，只要商品对路、价格合理，就容易达成大批量的交易。

三、人员推销策略

推销人员应根据不同的销售环境、推销气氛、推销对象和推销商品，审时度势，巧妙而灵活地采用不同的推销策略，吸引顾客的注意，激发其购买欲望，促成交易。

人员推销策略主要有以下三种。

（一）试探性推销

又称“刺激－反应”策略，是指推销人员利用刺激性较强的方法引发顾客购买行为的一种推销策略。在推销人员不十分了解顾客需求的情况下，事先设计好能引起顾客兴趣、刺激顾客购买欲望的推销语言，对顾客进行试探，观察反应，然后根据其反应采取具体的推销措施。例如，重点提示产品的特色和优点、进行示范操作、出示图片资料、赠送产品说明书等，引起顾客的进一步关注，并及时有效地处理顾客异议，排除成交障碍，促使顾客采取购买行动。

（二）针对性推销

针对性推销是指推销人员利用针对性较强的说服方法，促使顾客采取购买行为的一种推销策略。推销人员在基本了解顾客需求的前提下，事先设计好针对性较强、投其所好的推销语言和办法，做到有的放矢地宣传、展示和介绍商品，说服顾客购买。在运用这一策略时，要使顾客感到推销员的确是自己的好参谋，是真心为自己服务的，从而产生强烈的信任感，愉快地成交。企业应当注意，不要过度热情，避免招致顾客反感。

（三）诱导性推销

诱导性推销又称“诱发－满足”策略。它是指推销人员运用能刺激顾客某种需求的说服方法，诱导顾客采取购买行动的一种推销策略。这种策略要求推销人员能唤起顾客的潜在需求。推销员要先设计好鼓动性、诱惑性强的购货建议，诱发顾客产生某一方面的需求和兴趣，并激起顾客迫切要求满足这种需求的强烈动机，然后抓住时机向顾客介绍商品的效用，说明推销的商品正好能满足这种需求，从而促使顾客采取购买行动。采用这种策略要求推销人员具有较高的推销艺术，能设身处地为顾客着想，并做到恰如其分地介绍商品，真正起到诱导作用。

四、人员推销过程

人员推销过程包括一系列步骤。图 10-7 展示了一般人员推销包括的七个步骤，分别是发掘潜在顾客和核查资格、销售准备、接近顾客、介绍和示范、处理异议、成交、跟进和维持。

图 10-7　人员推销的步骤

（一）发掘潜在顾客和核查资格

人员推销过程的第一步是发掘，即找出合适的潜在顾客。接近正确的潜在顾客对于成功地推销至关重要。销售人员需要找到那些最可能欣赏和响应企业价值主张的人，因为他们能够给企业带来收益。在销售人员发掘潜在顾客的时候，可以通过公司线索、熟人推荐、供应商网络、工商企业名录等获得相关信息。另外，销售人员在进行下一步行动之前需要核查顾客。核查顾客的目的是识别好的并过滤差的潜在顾客。销售人员可以通过查看潜在顾客的财力、营业额、特殊要求、所在位置以及增长潜力等来判断其是否合格。

（二）销售准备

在拜访潜在顾客之前，销售人员应该尽可能多地了解顾客及其采购人员。销售人员通过企业网站、熟人、社交媒体等了解这些潜在顾客。在销售人员正式拜访潜在顾客之前，应该设定好自己的目标，可以是核查顾客、收集信息或者马上达成交易。此外，销售人员还需考虑拜访顾客的最佳时间，并为该目标顾客制定一个总体的销售策略。

（三）接近顾客

在接近顾客阶段，销售人员要知道如何会见顾客，并使彼此的关系有一个良好的开端。这一步涉及销售人员的仪表、开场白以及随后的谈话。开场白应该积极，力求在关系的开始阶段就建立好感。开场白之后，可以接着询问几个关键问题以了解顾客的需求，或者展示样品以吸引顾客的注意力和好奇心。在销售的全过程中，倾听顾客的想法非常重要。

（四）介绍和示范

在销售人员向顾客展示公司产品或服务的时候，应该展现公司的产品和服务怎样满足顾客的需求，而不是吹嘘。购买者希望销售人员能够真正了解他们所关心的事情，理解他们的需求，并且以适合的产品和服务解决他们的问题。因此，在介绍产品阶段，销售人员应表现出良好的倾听和问题解决技巧。销售人员可以根据事先对顾客的了解制订产品介绍计划，并准备进行介绍的工具，以更具吸引力和简洁有力的方式传递他们想要传达的信息。

（五）处理异议

通常，在倾听销售人员讲解产品或被要求下订单时，绝大多数顾客会表示有异议。这些异议有些是合理的，有些完全是心理上的，还有很多异议没有直接说出来。在处理异议的时候，销售人员应该采取积极的态度，寻找隐含的异议，要求顾客陈述他们的异议，并把这些异议作为提供更多信息的机会，最终把这些异议变成购买的理由。总之，销售人员在处理异议时，要尽可能地倾听顾客传达的信息，并尽力去解决顾客所担心的问题。

（六）成交

在处理完顾客异议之后，销售人员应该设法达成交易。进入成交阶段之前，有些销售人员可能因为自己缺乏信息，或是对要求顾客下单有愧疚感，或是没有掌握好适当的成交时机而不能达成交易。这个时候，销售人员应该尝试从购买者的肢体语言中找到相应的暗示，比如顾客不断点头赞许或者在座位上身体前倾等。此外，销售人员也可以通过各种技巧促成交易，比如提议重新商议双方协议的要点，帮助顾客填写有关交易的表格，或者提供一些有利于成交的优惠条件等。

（七）跟进和维持

销售过程的最后一步是顾客跟进和维持。如果销售人员希望顾客满意并能再次购买企业产品，就应该重视这一步骤。在交易完成后，销售人员应该确认交易达成后的送货时间、售后条款等一切细节问题。货物送达后，销售人员应尽可能安排一次跟进拜访，确保产品的安装、指导和服务都正常。后续的拜访能让顾客感受到销售人员对自己的关心，甚至能够帮助销售人员发现顾客新的需求。

五、推销人员管理

人员推销是通过销售人员与顾客之间的互动进行促销的一种方式，因此，销售人员在人员推销中起到很大的作用。企业如何管理自己的销售人员也就成了人员推销成功与否的关键。企业需要了解并重视对销售人员的管理，推销人员管理涉及以下步骤：设计销售团队策略和结构、招募和选拔销售人员、培训销售人员、激励销售人员、监督和评价销售人员。

（一）设计销售团队策略和结构

常见的销售团队结构包括区域销售团队结构、产品销售团队结构、顾客（市场）销售团队结构。在区域销售团队结构中，每个销售人员都被分配到一个专职服务的地区并在区域内向顾客推销公司的产品或服务。这种结构清晰地定义了每个销售人员的工作，增加了销售人员与当地顾客建立关系的愿望，使销售更为有效。另外，销售人员工作区域的限定减少了相关的差旅费用。在产品销售团队结构中，销售人员根据产品线来划分团队，在销售团队中，成员对相关产品的性能有较好的了解，每个成员都是各自所在领域的专家。在顾客（市场）销售团队结构中，销售人员是根据顾客或行业来组织的。在这种组织模式下，企业会按照新老顾客、大客户 / 一般客户来划分销售团队。这种围绕顾客的组织模式能够帮助企业与顾客建立更紧密的关系。

在确定了销售团队的结构后，企业会根据不同情况确定销售团队的规模。许多公司都会采用工作负荷法来确定销售团队的规模。采用工作负荷法的企业先将顾客根据其规模交易数量以及其他因素分成不同的等级，然后再确定拜访这些顾客的理想次数，最终得到所需的销售人员数量。

在信息技术不断发展的今天，一个企业可能会有外部销售人员和内部销售人员两大销售团队。外部销售人员外出拜访顾客，内部销售人员在公司通过电话、互联网、社交媒体互动或接待来访的潜在顾客等方式开展业务。现阶段有采取单一销售团队形式的企业，也有采用复合团队形式的企业。对于同时采用这两种形式的企业而言，需要协调好两个功能替代性部门之间的关系以创造最大利润。企业遇到的另一个问题是团队销售。对于一些复杂产品，尤其对于复杂的工业品而言，单个销售人员可能无法满足一个大客户的所有需求。因此，不少企业采用团队销售模式为需求复杂的大客户提供帮助。这种销售团队可能包含企业的各个领域（比如销售、营销、技术和支持服务、研发、工程、运营、财务等）或者各个层次的专家。

（二）招募和选拔销售人员

人员推销成功的关键是招募并选拔优秀的销售人员。那么优秀的销售人员应具备哪些特征呢？著名的调查公司盖洛普管理咨询公司采访了成千上万的销售人员，认为最好的销售人员应当具备四种特征：内在驱动、严谨的工作作风、达成交易的能力、和顾客建立关系的能力。企业可以参考这四项能力进行销售人员的招募和选拔。

（三）培训销售人员

企业招聘到销售人员后会对他们进行为期数周或数月，甚至一年或更长时间的培训。首先要让销售人员了解企业、顾客以及如何与顾客建立关系，所以在培训内容的设计上包括不同类型的顾客及其需求、购买动机和购买习惯。其次，培训要教导销售人员如何有效地推销，让他们掌握有关销售流程的基本知识。最后，销售人员还应了解企业和产品以及相关竞争者。

（四）激励销售人员

为了吸引优秀的销售人员，企业必须制订吸引人的薪酬计划。薪酬由几个要素组成——固定报酬、浮动报酬、费用津贴和附加福利。固定报酬一般是工资，是销售人员的固定收入。浮动报酬可能是佣金或奖金，根据销售业绩而定，旨在激励销售人员更努力地工作并取得更好的业绩。除了基本的薪酬激励外，企业还可以通过组织气氛、销售配额和其他非物质激励来奖励销售人员。组织气氛是指销售人员对自己有机会获得好业绩、提升自身价值并得到回报的感受。企业需要营造正面的组织气氛来激励销售人员。销售配额规定销售人员的最低销售量以及销售额在公司各产品间的分配比例，销售人员的薪酬可以直接与他们的销售配额挂钩。其他非物质激励包括荣誉称号、度假等奖励。

（五）监督和评价销售人员

除了激励机制外，监督机制也是保障销售人员顺利完成销售目标的一种方式。常见的销售人员监督方法包括制定现有和潜在顾客的访问规范、指导销售人员有效地支配时间、制定有效的内勤与外勤人员的责任和协调规范等。对销售人员的评价建立在对其任务的控制基础之上。企业可以从销售报告、销售管理者观察、顾客调查以及与其他销售人员的谈话中了解销售人员的绩效。在评估销售员的过程中，企业应当从销售人员规划工作的能力和完成计划的能力这两方面进行评估，评估的过程要求相关部门有明确的业绩评估标准并做到及时沟通，评估的目的是为销售人员提供建设性的反馈并激励他们更努力地工作。

第五节　公共关系

一、公共关系的内涵

公共关系是组织通过大众传媒传播组织的相关信息，改善与社会公众关系的管理活动与职能，可促进公众对组织的认识及支持，以树立良好的组织形象，实现组织与公众的共同利益与目标。

公共关系是一种信息沟通，是创造“人和”的艺术。公共关系是企业与其相关的社会公众之间的一种信息沟通交流活动。企业从事公关活动，能沟通企业上下、内外的信息，建立相互间的理解、信任与支持，协调与改善企业的社会关系环境。公共关系追求的是企业内部和外部人际关系的和谐统一。

公共关系是组织为赢得公众群体的合作而做出的努力。企业面对的公众包括内部公众和外部公众。企业不仅要与消费者、供应商和经销商建立关系，而且要与大量利益相关者或对他们感兴趣的公众建立关系。具体来讲，企业至少需要与以下公众建立关系：消费者、投资者、内部员工、政府、竞争对手、社区组织、金融机构、媒体等。

现在越来越多营销导向的企业赋予公共关系新的内涵和功能，将公共关系与营销活动紧密联系，以推销企业的产品和服务。在大型企业中，企业不仅有强大的营销部门，也有强大的公关部门，这两个部门多是相互独立的。营销部门主管特定产品和服务的促销，公关部门负责塑造公司的形象，它们同时雇佣若干个广告代理公司和公共关系公司。现在更多的企业中这两个部门开始合作，共同为企业及其产品或服务提供整体形象。公共关系开始发展成支持营销活动的手段，是促销组合及营销活动的重要组成部分。

二、公共关系的作用

一般说来，企业公共关系的目标是促使公众了解企业形象，通过企业与公众的双向沟通，改善或转变公众态度。公共关系作为一门经营管理的艺术，其作用主要表现在媒体关系、游说、塑造形象、危机处理等四个方面。

1. 舆论宣传

公共关系能够将企业信息及时、有效、准确地传递给社会公众，为企业树立良好形象，创造良好的舆论氛围，加深公众对企业品牌和产品信息的正面了解，给公众留下良好的形象，并提升企业的知名度和美誉度。

2. 游说政府

公共关系能够通过合理的方式影响相关受众使其按照企业的意图行事。

3. 塑造形象

企业可通过公共关系宣传报道企业产品或服务，创造内外部信息，树立产品和企业的积极形象。

4. 危机处理

当企业遇到风险或危机事件，有可能使企业形象受到损害时，公关人员应该及时应变，妥善处理危机，对不利的宣传报道或事件作出反应。

案例 “天选之钉”公共关系处理

2020年一场席卷全球的疫情影响了大家的生产生活，众多的学生被迫在家上网课，“钉钉”被教育部选中作为小学生的网课平台，一时间“天选之钉”成了被网课支配的孩子们的出气筒。当得知App的评分低于一星就会下架时，小学生们更是集体出征，疯狂打一星，“钉钉”评分从4.9一路跌到了1.6。面对新增长的年轻用户，“钉钉”采用了求饶的方式，表示：“给我在‘阿里粑粑’家留点面子吧！”“相识是一场缘分，不爱请别伤害”“我还是一个5岁的孩子”“大家都是我爸爸”。塑造卖萌、可怜的形象。同时，阿里家族的其他应用也被炸了出来，毫无面子可言的淘宝、没有缘分牵手失败的支付宝、惊到笑出声的盒马，“钉钉”反而被网友心疼，纷纷捞一手被虐得寸草不生的“钉钉”。随后“钉钉”更是乘胜追击，推出了《甩钉歌》《你钉起来真好听》等一系列B站风格的视频，在视频里，“钉钉”用最软的态度唱出了最硬的事实，建构起品牌与B站的强关联度，成了B站网红，成功拉升了品牌在年轻人中的好感度，“钉钉”的评分也就回暖了。

三、主要的公共关系工具

公共关系的目标和功能是通过有计划的、具体的公共关系活动来实现的。然而与其他沟通和促销手段相比，公共关系一般难以起到立竿见影的效果，它往往立足于企业的长远目标，通过长期的努力来影响或引导公众的认知和态度。通常，企业所采用的公共关系活动主要有以下几种：

1. 新闻报道

企业要努力与大众传媒保持良好关系，争取传媒多发布有利于企业的新闻报道；必要时应及时召开新闻发布会，邀请有关的新闻单位参加，进行广泛宣传；企业自身也可以通过深入挖掘对企业、产品和人员有利的新闻，精心组织稿件或视听材料，争取让大众传媒采用，达到宣传的目的。

2. 重要事件

企业要善于发现重要事件的宣传价值，通过庆典、竞赛、讨论会、展览会等重要事件，展示企业风貌，引起社会的广泛关注。

3. 公益活动

企业进行公益活动，有利于展示企业关心社会、回报社会的社会责任感。一方面，企业要积极参与公益活动，如义务植树、免费咨询等活动；另一方面，要围绕企业形象的塑造，进行公益赞助活动，如赞助教育、文艺、体育等活动。

4. 公开出版物

企业可以通过公开出版物去接近和影响消费者。这些公开出版物包括年度报告、小册子、文章、视听材料等。

5. 形象识别媒介

企业可以通过标识、招牌、业务名片、建筑物等一系列形象识别媒介来加强消费者对企业及产品的印象，求得广泛关注。

案例　沃尔玛：今天买什么，天气说了算

根据天气来促销产品的营销手法并不稀奇。一直以来，很多零售商都会根据气候安排商品的采购和促销。例如，天热的时候把防晒霜放在货架前面，雨雪天把雨伞、棉衣之类摆在显眼的位置，以促进销量。但沃尔玛在天气与消费者购买偏好之间，有更为深入的洞察。大家都知道下雨了要打伞，天冷了要穿棉衣，下雪了要买雪铲……但除了这些具有十分显著的气候、季节特征的产品，消费者许多购物习惯也与天气有着千丝万缕的联系。在沃尔玛有一个专门分析消费者行为的小组，该小组与天气预测公司 Weather Co. 合作两年来，利用沃尔玛的销售数据、消费者在 App 提交的订单、社交媒体上的讨论等各类数据，结合天气情况进行分析，在天气与特定的产品之间有了一些十分有趣的发现。

例如，当气温低于 26.7 度、刮着微风且阳光明媚的时候，消费者采购蓝莓等浆果类产品的概率高达 80%。所以即将出现这样的天气时，沃尔玛就会将浆果类产品摆在显眼的位置，并重点推出数字广告，吸引消费者注意。据沃尔玛美国首席营销官 Stephen Quinn 表示，这个做法使浆果类产品的销量提高了 3 倍，效果十分显著。

除此之外，在天气较热、刮着热风且不下雨的时候，牛排的销量会增加；如果早晨温度在 26.7℃，阴天，风速为每小时 40 千米，稍晚温度升至 32.2℃且云消散去，风速也降低了，这天，消费者会更倾向于选择汉堡；在气温较高，刮着低风且天气晴朗的日子，消费者更喜欢买碎牛肉；气温高达 26.7℃，且风速为每小时 8 千米的日子，消费者购买沙拉的概率高达 90%……目前，沃尔玛已在天气与消费者的产品选择偏好之间找到了数千个关联，并将这些联系运用到店内的营销中。当特定的天气到来之时，沃尔玛把相应的产品摆放在消费者一眼就能看到的地方，发布一些数字广告，或者给消费者发条促销短信，就能带来销量的增加。Stephen Quinn 说，通过这种关联作相应的推广，一些产品的整体销量已经有了 18% 的提升。现在，沃尔玛已经与自己的供应商开始这种基于天气的合作。Stephen Quinn 举例说，

沃尔玛就曾对佳得乐说:“天气不到35℃,就不打你们的广告。”

这是沃尔玛的在大数据应用上的一个切入点。据Stephen Quinn介绍,目前这个利用天气预报来决定卖什么的做法,已经可以在大范围内进行推广了。今后也许可以说,在沃尔玛,明天卖什么,天气说了算。

随着大数据分析渐趋成熟,沃尔玛不仅可以预知明天消费者会买什么,还可以通过对消费者的采购清单进行分析,替每一位消费者制定在店内的线路导航图,让他们能够更快速、高效地找到自己需要的产品。

思考与练习

1. 什么是促销?促销的作用有哪些?
2. 促销的“推”与“拉”的策略内涵是什么?用图示表示其作用关系。
3. 营业推广的特点有哪些?
4. 广告有哪些功能?
5. 各类主要媒体的优缺点有哪些?
6. 企业开展公共关系活动应主要注意哪几个方面的决策?

第十一章　营销组织、执行与控制

本章要点

目前，我国正着力加强供给侧结构性改革，着力提高供给体系质量和效率。企业组织应全力完善组织结构，有效实现高质量的资源配置，以提高企业的产品或服务的供给质量。而这一切都少不了企业中营销计划、组织、执行与控制的作用。在制订合理的营销计划以后，企业还需要根据计划确定相应的组织结构和组织模式，营销组织是执行计划的主体。同时，在执行计划的过程中企业还要进行监控，掌握营销组织执行计划的进度和结果，并根据环境的变化进一步改进和完善企业的营销计划，据此指导企业的经营实践。总之，营销计划、组织、执行与控制是企业不可或缺的部分，也是帮助企业更好地实现去产能、去库存和降成本并优化其资源配置效果的重要手段。

学习目标

1. 掌握营销计划的内涵及内容。
2. 掌握市场营销组织设计的原则和步骤。
3. 掌握企业提升营销执行能力的方法。
4. 掌握企业营销控制的方法。

第一节　营销组织

市场营销组织是企业组织体系中重要的组成部分。如今的营销环境复杂多变、难以预测，导致企业面临巨大的威胁，市场营销组织是否具有灵活性和创造性变得尤为重要。市场营销组织设计的好坏，不仅影响企业营销的效率与管理的成本，还会进一步影响企业的发展与壮大。

一、市场营销组织的概念

市场营销组织是指企业内部涉及市场营销活动的各个职能及其结构。为了实现企业的营销目标和经营目标，市场营销组织通过授予权力与职能划分对营销活动进行协调与管理。

（一）理解市场营销组织的概念

理解市场营销组织的概念必须注意以下三个问题。

（1）企业的市场营销部门并非可以完成所有营销活动，市场营销组织的范围难以界定。营销活动贯穿整个企业，生产部、研发部、人事部等都与营销组织密切联系。

（2）企业差异导致经营管理活动的划分是不同的。例如，信贷对银行来说是营销活动，而对制造业企业来说则是财务活动。

（3）市场营销活动跨越组织岗位，不是所有的市场营销活动都发生在同一组织岗位、同一地区以及同一国家。比如，在拥有许多产品线的大公司中，每个产品经理都有一支销售队伍，而运输则由一位经理集中管辖。不仅如此，有些活动甚至发生在不同的国家或地区，但它们属于市场营销组织，因为它们都是市场营销活动。

（二）市场营销组织的目标

1. 对市场需求作出快速反应

营销组织应该不断适应外部环境，并对市场变化作出积极响应。把握市场变化的途径是多种多样的，营销研究部门、企业销售人员以及其他商业研究机构都能为企业提供各种市场信息。了解到市场变化后，企业的反应涉及整个营销活动，从新产品开发到价格确定乃至包装都要作相应的调整。

2. 使市场营销效率最大化

企业内部有许多专业化部门，为避免这些部门产生矛盾和冲突，营销组织要充分发挥其协调和控制的功能，确定各部门的权利和责任。

3. 代表并维护消费者利益

企业一旦奉行市场营销观念，就要把消费者利益放在第一位。这里，主要由营销组织承担这项职责。虽然有的企业利用营销人员的民意测验等来了解消费者的心声，但仅此是不够的。企业必须在管理的最高层面设置营销组织，以确保消费者的利益不受到损害。

企业营销活动由营销人员来承担，所以，市场营销组织中对人的激励与管理是首要目标。营销高级管理人员需要通过设计合理的组织结构、制定良好的行为规范，营造和谐的人际关系及合作性竞争的氛围，激发营销人员为实现组织目标而努力。

企业市场营销组织的上述目标归根结底是帮助企业实现整个市场营销任务。事实上，营销组织本身并不是目的，更重要的是找到企业获得最佳的市场营销效果的途径。

二、市场营销组织的演变

企业的市场营销组织经历了由低级到高级、由单一功能向复杂功能、由市场反应迟钝向市场反应灵敏的发展。在这种背景下，企业的市场营销组织形式大体经历了 6 个阶段。

（一）简单的销售部门

20 世纪 30 年代以前，西方企业以生产观念作为指导思想，大部分采用这种形式。按照一般企业的业务活动需要，企业的组织结构多是以生产、推销、财务、会计等职能部门为基础演变而来的。生产部门负责制造产品；财务部门负责筹备资金；销售部门作为一个独立的职能部门，一般由一名副总经理负责，管理销售人员并兼管若干市场营销研究和广告宣传工作，主要责任是推销生产部门生产出来的产品（生产什么，销售什么；生产多少，销售多少）。产品生产、库存管理等完全由生产部门决定，销售部门对于产品的种类、规格、数量等问题几乎没有发言权，也不参与企业的其他活动。

（二）兼具其他营销职能的销售部门

20 世纪 30 年代经济大萧条以后，市场竞争日趋激烈，企业销售压力增大，企业大多以推销观念作为指导思想，经常开展专门的市场调查、广告促销、客户服务工作，这些工作使销售部门的职责逐渐从产品推销向上述职能扩展，当工作达到一定程度时，企业开始设立销售经理职位，全权负责这些工作。

（三）独立的市场销售部门

随着企业规模、业务范围的进一步扩大，以及顾客导向的营销观念的推广，原本作为附属工作的市场调查、营销研究、新产品开发、广告促销和顾客服务等市场营销职能越来越受到重视。于是，在销售职能的基础上，逐渐形成相对独立的市场营销职能，并成立相对独立的职能部门，增设营销经理，与销售经理一样受总经理的领导，销售和市场营销是独立、平行的两个职能部门。

在具体工作中，两个职能部门需要密切配合。许多企业通常使用这种安排，它为企业总经理提供了全面分析企业面临的机遇与挑战的机会。例如，销售失败后，总经理向销售经理索要解决办法，销售经理常常会推荐雇佣更多的业务员，增加销售费用，开展销售竞赛，或者降低成本以利于产品销售，而总经理从营销经理那里得到的答案可能与销售经理大相径庭。营销经理更多从消费者角度分析问题：企业的市场定位是否正确？与竞争对手相比，目标市场消费者怎么看待本企业的产品？产品的特点、风格、包装、服务、配送及促销手段如何？显然从这一角度分析比仅从促销的角度分析更有利于问题解决。

（四）现代市场营销部门

作为相对独立的两个职能部门，营销部门与销售部门在企业管理实践中常常出现协同不力的局面。销售经理趋向于短期行为，侧重根据当前的市场条件制订并执行计划；而营销经理趋向于长期效果，侧重把握市场机会并制定营销战略与规划，以满足长期的市场需求。为了化解销售部门与营销部门之间可能出现的冲突，现代企业逐步优化营销组织，设置一名营销副总经理，管辖所有营销部门和销售部门，全权负责与企业市场营销相关的活动。现实中也有部分企业将与市场营销有关的职能活动分配给两个或更多部门（如市场部、销售部、客户服务部），但这些部门都由营销副总经理统一管理与协调。

需要注意的是，市场营销人员与销售人员属于两个截然不同的群体，尽管市场营销人员多来自销售人员，但还是不应该将他们混同，因为并不是所有的销售人员都能成为市场营销人员。事实上，这两种职业有本质上的区别。从专业性角度来说，市场营销人员的任务是确定市场机会，制定市场营销策略，计划、组织新产品的进入，确保销售活动达到预期目标；而销售人员则负责实施新产品进入和销售活动。如果两个职能部门的员工没有进行有效的沟通与协调，那么在实施过程中常常会出现两个问题：如果市场营销人员没有征求销售人员对市场机会和整个计划的看法和见解，那么在实施过程中可能会导致事与愿违的结果；如果在实施后市场营销人员没有收集销售人员对于此次活动的反馈，那么市场营销部门很难对整个计划进行有效控制。

（五）现代营销型企业

一个企业有了上述现代市场营销部门，并不意味着它是现代市场营销企业。在发展过程中，企业其他部门并不重视市场营销，都强调各自工作及部门的重要性，形成多个中心。在这种情况下，企业很难成为现代市场营销企业。因此，只有当所有的管理人员都认识到企业各部门的工作都是以市场为导向、以服务为目的，“市场营销”不仅是一个部门名称而且是一个企业的经营哲学时，这样的企业才算是真正的现代营销型企业。

（六）以过程和结果为基础的公司

现在许多企业把它们的组织结构重新集中于关键过程而非营销部门管理。为了获得过程结果，企业不设置专职营销部门，而是根据市场营销的具体职能（如新产品开发、市场开发、市场推广、客户服务等），任命过程负责人或专职负责人，组建临时性跨职能小组，让销售人员和营销人员作为过程小组成员参与活动。

三、市场营销组织的基本类型

（一）市场营销组织的基本模式及其演变

随着企业营销组织的演变，营销组织的类型也在不断发展和完善中。基于营销组织设计的导向，营销组织可分为两种基本模式：生产导向模式和市场导向模式。

1. 生产导向模式

生产导向模式是一种传统的组织形式。首先，研发部确定开发新产品，并由设计部进行设计，然后由生产部按照设计要求与规定制造产品，最后由销售部将产品销售给顾客。在计划经济时代，这种模式在我国非常普遍，直到现在许多企业仍然沿用这种组织模式。营销部在这种组织结构中不受到其他管理者的重视，属于边缘化角色，不参与产品和技术的重大决策，生产部生产什么他们就销售什么。一般来讲，生产导向模式下生产出来的产品没有基于顾客的需求，缺乏特色和市场竞争力，不被提倡。

2. 市场导向模式

市场导向模式是一种现代的组织模式，它与传统的生产导向模式有着本质的区别。它把顾客需求作为组织经营、安排结构的出发点，以满足顾客需求和企业赢利为目标。在市场导向模式中，营销部具有主导性和主动性，他们通过对顾客、市场环境的了解构思新产品或提出原有产品的修改意见，然后生产部根据营销部提出的想法生产新产品或改善原有产品，最后通过销售部把产品传递给消费者。营销人员在销售过程中，主动了解和听取顾客意见，并将顾客的需求和意见反馈给负责产品改进的部门。所以市场导向模式是一个动态的、持续的、良性的循环过程。

（二）市场营销组织的具体类型

为了实现企业目标，领导者要根据企业自身的营销目标、业务特点、营销环境等因素选择适合的市场营销组织。大体上，市场营销组织可以分为专业化组织和结构型组织两种。基于市场营销活动的四个基本方面（功能、区域、产品和市场），专业化组织可分为职能型组织、地区型组织、产品（品牌）型组织和市场（顾客）管理型组织。

1. 专业化组织结构

（1）职能型市场营销组织

职能型市场营销组织是最常见、最传统的营销组织形式，如图 11-1 所示。这类组织在市场营销副总经理的统一管理和协调下，由市场调查、产品开发、营销策划、市场推广、物流管理等多个领域的市场营销人员共同组成，他们直接对市场营销副总经理负责。组织把销售职能当作市场营销的重点，广告与沟通、产品管理、营销和销售研究职能处于次要位置。当企业生产一种或几种产品，或产品的营销方式大体相同时，鉴于部门设置简单、责任分工明确、易于管理等特点，按照营销职能设置组织结构比较有效。但随着产品品种的增加和市场的逐步扩大，这类组织的缺陷日益突出，如由于缺少相应机制没办法保证一个人对某一种产品负责到底，某些产品或市场计划不够完善，那些未受到重视的产品或市场容易被忽略；同时，各

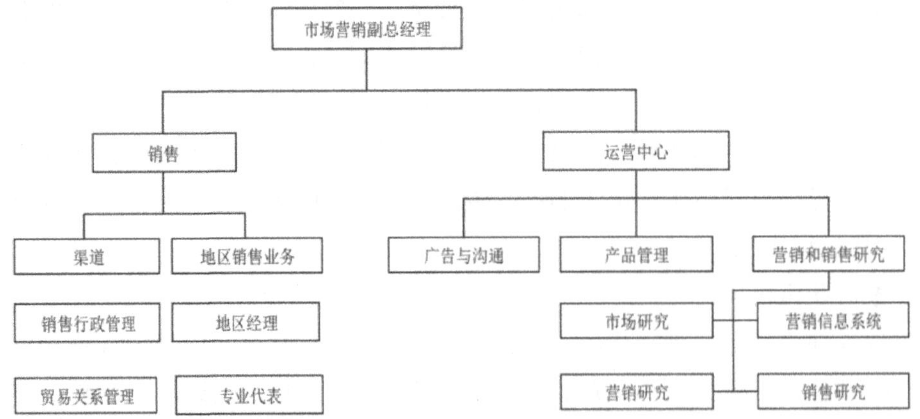

图 11-1　职能型市场营销组织

职能部门都强调自身的重要性，以获取更多的预算和决策权，这使得各职能部门容易产生利益冲突，加大了市场营销副总经理协调的难度。

（2）地区型市场营销组织

当业务范围扩大至全国或更大范围时，企业往往选择按照地理区域设置其营销组织，即根据企业要进入的不同地区来管理销售队伍并开展相应的市场营销工作。企业设置一名负责全国销售业务的市场经理，然后按照地理区域范围的大小，分层次设置若干区域销售经理、地区经理和地方销售经理（见图 11-2）。为了使整个市场营销活动更为有效，有些企业不仅会在销量较大的地区聘请当地市场专家，由他们提供对当地的市场的研究报告和建议，还会将地区型组织与其他类型组织结合起来使用。

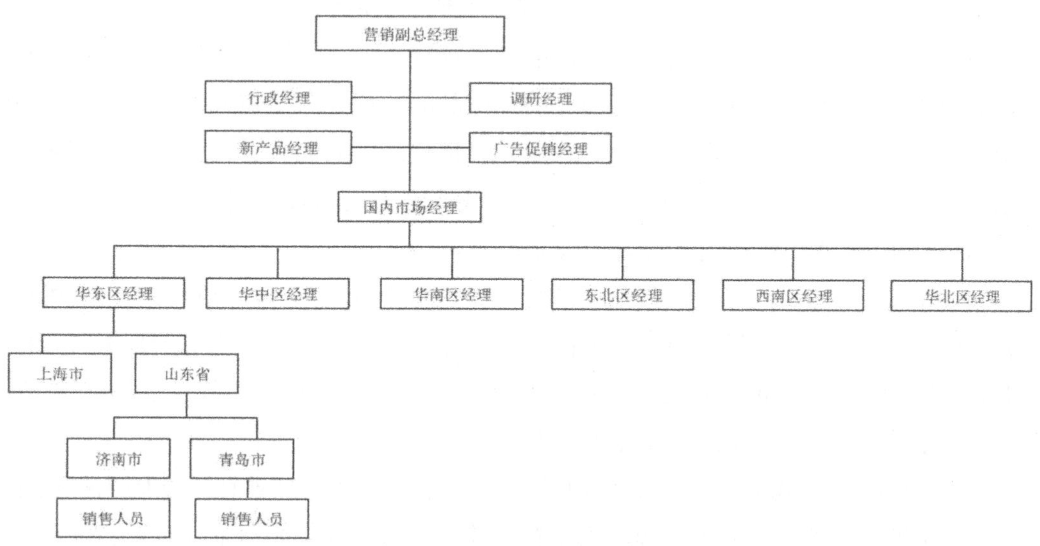

图 11-2　地区型市场营销组织

地区型市场组织的优势在于，销售人员可以根据各地区的顾客需求、竞争环境制定具有针对性的市场营销策略，对市场信息迅速作出反应，对营销工作进行调整。

（3）产品（品牌）型市场营销组织

产品（品牌）型市场营销组织是指企业在企业内部建立产品经理组织制度，以协调职能型组织中的部门冲突。对于生产多种产品或拥有多种品牌且产品之间差别较大的企业，在按职能设置的市场营销组织无法处理的情况下，可制定产品经理组织制度，组建产品（品牌）型市场营销组织。具体的组建方式：由一名产品市场营销经理负责，下设几个产品大类经理，产品大类经理之下再设几个具体产品项目营销经理（见图 11-3）。

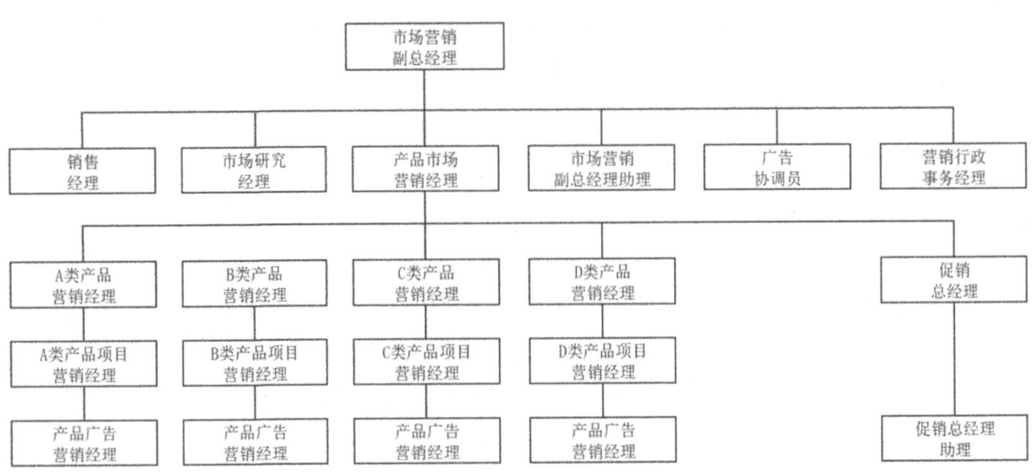

图 11-3　产品（品牌）型市场营销组织

产品市场营销经理的职责是制订产品开发计划、实施计划，管控其结果并采取改进措施。具体职责体现在六个方面：制定产品的长期经营战略和竞争战略；制订年度销售计划，进行销售预测；与广告商、经销代理商共同设计广告文案和促销方案；激发销售人员和分销商对产品的兴趣；收集产品的市场信息，进行统计分析；基于市场动态需求不断改进产品，开发新产品。

产品型组织形式的优点：产品（品牌）经理对负责的某一产品进行有针对性的过程管理，及时反馈市场信息；企业的全部产品（品牌）都有固定的管理人员，同时能够有效协调各种市场营销职能；那些较小品牌的产品不容易被产品经理忽视；为产品（品牌）经理提供了一个全面提升营销管理能力的平台。

产品型组织形式的缺点：①部门冲突：产品（品牌）经理往往会因为授权不足而对各营销职能部门形成依赖，为了有效履行职责，他们必须靠劝说的方法取得广告部门、销售部门、生产部门和其他部门的配合和支持。②缺乏整体观念：由于产品（品牌）经理负责一个品牌，业务重点在市场推广和销售上，因此他们难以熟悉企业其他产品或营销职能，综合能力与宏观视野受到影响。此外，由于各个产品（品牌）经理相互独立，为了保持自己负责的产品（品牌）不被淘汰，他们之间往往会产生利益冲突。③权责划分不清：在产品型组织中存在多头领导，下级可能从多方面获得指令。例如，产品广告经理在制定广告策略时接受产品营销经理的指导，而在预算和媒体选择上受制于广告协调者。④持续性差：部门产品（品牌）经理任职期限较短，这会影响产品（品牌）市场推广的持续性、长期性，对于建立产品（品牌）优势不利，也可能导致组织运作成本较高。

（4）市场（顾客）管理型市场营销组织

当企业拥有单一的产品大类，面对具有不同需求偏好与购买行为的顾客，以及使用不同的分销渠道时，可组建市场（顾客）管理型市场营销组织。目前许多企业都围绕市场安排其市场营销机构，使其成为企业各部门服务的中心。其基本形式是：一名营销副总经理管理多名细分市场经理，后者负责制订所在市场的长期计划和年度计划，分析市场动态，为开发新产品提供信息（见图 11-4）。他们的工作业绩主要根据所在市场的增长情况和市场占有率来判断，而不是看其市场现有的盈利状况。市场型组织与产品型组织相同，其优点是企业可以根据不同类型的顾客需求设计并实施营销活动，有利于企业增加销量和扩大市场；其缺点是权责不清，多头领导。

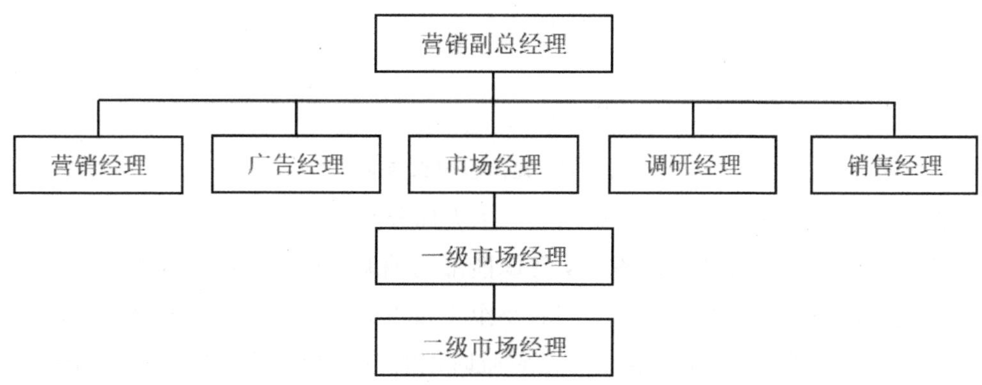

图 11-4　市场（顾客）管理型市场营销组织

2. 结构型组织结构

专业化组织从不同角度确立了市场营销组织中各个职位的形态。基于各企业不同的目标、战略、市场、竞争环境和资源条件，可以建立不同类型的组织结构。

（1）金字塔型

金字塔是一种最为传统和常见的组织结构，自上而下建立垂直的领导关系，管理幅度逐步加宽，下级受上级的领导，直接对上级负责。一般来说，按专业职能划分的组织结构都是金字塔型。其特点是上下级权责分明，沟通迅速，管理效率高。但是每个员工的权责范围有限，缺乏对总体市场营销状况的系统性思考，不利于员工的晋升。

（2）矩阵型

矩阵型组织是职能型组织与产品型组织相结合的产物，在垂直领导系统的基础上，又建立一种横向的领导系统，两者结合起来组成一个矩阵，市场经理负责开发市场，产品经理负责销售（见图 11-5）。例如，某公司设有主管产品 1、产品 2 和产品 3 等产品的产品经理，同时设有市场 1、市场 2、市场 3 和市场 4 等细分市场的市场经理。产品经理负责制订销售计划与营销计划，并征求市场经理对产品价格的意见。同时，市场经理向产品经理了解产品的供应状况、价格并制订市场推广计划。市场经理对市场销售的预期应与产品经理保持一致，以便推进计划的实施。

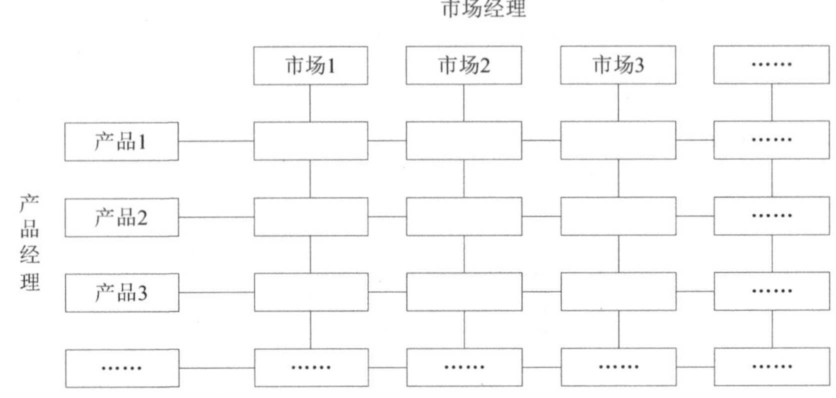

图 11-5　矩阵型组织结构

在营销管理实践中，矩阵型组织的产生大体分两种情形：

第一，企业基于跨部门任务，从各职能部门抽调人员组成由经理领导的工作组来执行任务，小组成员要受到本部门和小组负责人的双重领导。任务结束后，任务小组撤销，小组成员回到各自岗位。这种临时性的矩阵型组织又叫小组制或团队制。

第二，企业要求个人对维持某个产品或品牌的利润负责，把产品经理的位置从职能部门中分离出来并固定化。同时，由于经济和技术因素的影响，产品经理还要借助各职能部门实施管理，这样就构成了矩阵。

矩阵型组织有利于加强企业内各部门间的协作，可以将各部门人员和专业人员有效地组织起来，极大地提高了工作效率；但是管理成本高，市场经理和产品经理之间如果沟通不畅容易导致产品推广受阻，双重领导、过于分权化、稳定性差会抵消一部分效率。

（3）事业部型

随着经营规模的扩大，企业常把各大产品部门升格为独立的事业部。事业部下再设自己的职能部门和服务部门，包括完整的市场营销职能部门，进行全面的市场营销活动。企业营销职能全部下放给各个事业部，各事业部获得较大的自主权，根据产品和市场需求设立不同规模的职能部门。一般来讲，实施事业部制的企业总部只保留重要的、统领全局的营销活动和服务，重在对各事业部的营销部门实施战略性控制。

第二节　营销执行

一、营销执行的含义

营销执行是指将营销计划转化为行动和任务的部署，并对计划实施的全过程进行实时的评估、调整和控制，以实现市场营销计划所制定的目标。分析市场营销环境，制定营销战略和营销计划是为了解决企业市场营销活动应该“做什么”“在哪里做”和“为什么做”的问题，而营销执行则要解决“谁去做”“何时做”和“怎么做”的问题。

营销执行力是指营销人员完成营销流程、实现企业营销目标的速度和程度，或者营销计划的落实程度。营销执行力主要体现为营销人员在营销流程中如何将企业营销计划具体化、方案化，最终表现为营销结果是否符合企业发展目标。简而言之，营销执行力就是将营销战略和计划转化为实际行动的能力。由于营销执行力是营销战略成功的关键和实现高绩效的必要条件，所以如何提升企业的营销执行力显得尤为重要。它不仅局限于执行环节，还涉及组织、流程、绩效考评与领导力等各个方面。因此营销执行离不开科学的结构、流程和机制设计。

二、营销执行的过程

（一）制定行动方案

为了有效地实施市场营销战略和计划，必须制定详细的行动方案。方案应该明确市场营销战略实施的关键决策和任务。在执行过程中，应将这些决策和任务的责任落实到每个人或小组。另外，行动方案还应包含具体的时间表，定出行动的确切时间。

（二）建立组织结构

企业正式的组织结构在市场营销战略执行过程中起着关键作用。组织将战略实施的任务分配给相应的部门和员工，明确规定他们的职权界限和信息沟通渠道，同时协调企业内部的各项决策和行动。具有不同战略的企业应建立不同的组织结构。换句话说，组织结构必须与企业战略相一致，与企业自身特点和环境相适应。一般来说，组织机构具有两大功能：一是分工职能，将全部工作分解成若干部分，再将它们分配给有关的职能部门和人员；二是协调职能，通过建立正式的组织网络实现有效沟通，协调各个部门人员的行动。

（三）设立评估和薪资制度

为了实施市场营销战略和计划，必须设计相应的评估和薪资制度，这些制度直接关系到战略实施的成败。如果企业在设计员工工作评估和薪资制度时以短期的经营利润为标准，则管理人员的行为必定趋于短期化，他们不会为实现长期战略目标而努力。

（四）开发人力资源

市场营销战略最终是企业内部工作人员来执行的，所以人力资源的开发显得至关重要，其中涉及人员的考核、选拔、安置、培训和激励等问题。在考核、选拔管理人员时，要注意适当的工作分配给适当的人，做到人尽其才；为了调动员工的积极性，必须建立完善的薪酬和奖惩制度。此外，企业还必须确定和控制行政管理人员、业务管理人员和一线人员之间的比例。

应当指出的是，不同的战略要求企业挑选不同性格和能力的管理者。例如，拓展型战略要求管理者具有创新和冒险精神、有魄力，维持型战略要求管理人员具备组织和管理方面的才能，而紧缩型战略则需要精打细算的管理者来执行。

（五）建立企业营销文化

企业文化是指一个内部员工共同拥有和遵循的价值标准、基本信念和行为准则。在企业文化的影响下，企业营销文化是指贯彻企业整个营销活动过程的一系列指导思想、文化理念以及与营销理念相适应的规范、制度等。

营销文化对企业营销管理者的思想和领导风格，对营销人员乃至所有员工的工作态度均起到重要作用。对于营销人员来讲，营销文化这种理念和精神被大家所接受，成为他们的行动指南和精神支撑。此外，营销文化不仅可以鼓舞员工，还可以提升企业形象，增强企业凝聚力，提高员工的责任感和荣誉感，甚至有助于打造企业的核心竞争力。所以，塑造和强化营销文化是执行企业战略不容忽视的一环。

与企业文化相连的是企业管理风格。有些管理者的管理风格属于专权型，他们喜欢发号施令、严格控制，建立正式的沟通渠道，不能容忍非正式的组织和活动；另一种管理风格是参与型，管理者主张授权给下属，协调各工作，鼓励下属主动创新和建立非正式社会关系。企业文化和管理风格一旦形成，就具有相对的稳定性和连续性，不会轻易改变。

企业的行动方案、组织结构、评估和薪资制度、人力资源和企业营销文化这五大要素必须协调一致、相互配合，才能使企业市场营销战略得以成功执行。

三、营销执行的技能

一个优秀的市场营销方案只有得到有效的执行才能达到预期的效果。有效地执行方案要求运用一系列技能。这些技能主要包括以下几种。

（一）诊断技能

当营销计划的执行结果未能达到预期效果和目的时，需要对计划和执行之间的内在关系进行诊断；究竟是什么原因导致的，是计划不当还是执行不当？具体是什么原因，是计划方面的还是执行方面的？如何解决问题？如果发现销售量低，需要进一步诊断这一问题产生的原因是什么，是战略不当还是实施失误？为了完成认识和诊断问题的工作，可以采取不同的方法和措施。

（二）配置技能

配置技能是指营销经理将各种资源（资金、知识、人力资源）分配到不同的使用方向。营销大师舒尔茨认为配置技能是“处理不均衡状态的能力”，这要求管理者善于发现、抓住机会，使资源得到最优配置。要想在掌握有限资源的条件下顺利地完成营销工作，需要各岗位上的营销人员合理分配各项资源，使其发挥最大作用，保障营销计划的执行。

（三）调控技能

调控技能包括建立和管理追踪控制系统，以便对营销活动的结果进行反馈，确保营销计划不偏离方向。同时，当市场环境发生改变或有突发事件时，营销管理者能够随时对计划的执行进行调整。控制有四种类型：年度计划控制、利润控制、效率控制和战略控制。

（四）组织技能

组织技能是指营销管理者通过建立组织机构和协调机制，进行人员配置，使营销方案得以顺利实施的能力。组织技能涉及确定营销人员之间的关系结构，以利于实现企业的各项目标。只有良好的团队才能形成优秀的组织结构和能力，组织结构、能力同团队之间是一种互相作用的关系，彼此不可或缺、互为依存。

值得注意的是利用非正式组织完成的营销任务。非正式组织往往是企业为了完成某项特殊的营销活动而临时组建的营销团队。这些员工可能来自多个职能部门，具有多个种族和多种文化背景，组织结构相对复杂。面对这样的情形，要想使一群人快速组织起来，集中力量于共同目标，相互依赖、相互支持，采用一致的工作方法，维持相同的工作标准，企业管理人员的组织技能就变成了决定性因素。

（五）互动技能

互动技能是指营销人员通过影响他人来完成工作任务的能力。作为营销人员，不仅要有能力推动本企业的人员有效执行战略，还必须推动企业外的人员或机构（如营销调研公司、广告代理商、经销商、批发商等）来实施战略，即使他们的目标与本企业的目标有所不同。

（六）评价实施技能

执行完营销计划后，市场营销人员需要对营销活动结果进行评价。良好的营销执行必然获得良好的市场效果。然而，良好的市场效果却不一定意味着良好的营销执行，也许是产品或战略自身所致。所以，如何评价一个企业执行的有效性？可以通过回答下列问题来实现：是否有明确的营销主题？企业的营销功能是否健全？企业的营销计划是否完整？营销人员与其他部门的人员和企业之间的关系是否融洽？管理部门是否给不同的营销工作合理地分配时间、费用和人员？

第三节　营销控制

一、营销控制的含义与原则

（一）营销控制的定义与内涵

营销控制是指市场营销管理者为了实现企业目标，必须经常检查营销计划的执行情况，看看计划与实际是否一致，如果不一致或没有完成，就要找出原因所在，并采取措施以保证营销计划的完成。

在控制论中，控制被认为是一个过程，目的是改善某个或某些受控对象的功能或作用，以信息为基础对其施加影响。这一行为过程由四个基本要素组成：第一，标准，即系统的输入信息，指出控制要达到的标准。第二，控制对象，即控制系统施加影响的对象。第三，传感器，用于测量系统的输出信息，将其作必要的转换后送到输入端。第四，控制器，对传感器的输出信息与输入信息进行比较，确定偏差，并通过调整信息的输入达成目标（见图 11-6）。因此，通过一个信息反馈的过程，将控制系统输出的信息与输入的信息进行比较，对两者的差异进行调整与修正，以达到预期目标。

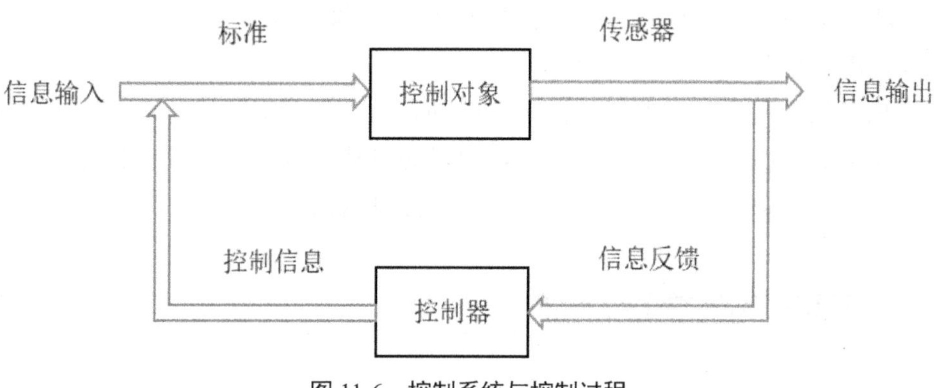

图 11-6　控制系统与控制过程

（二）营销控制的原则

营销控制是营销管理的一项重要职能，但经常会因各种原因导致无法实施。为了能够有效进行营销控制，需要遵循以下原则。

1. 目标管理原则

市场营销控制的最终目的是实现市场营销战略和计划，但是由于公司和对象不同，控制目标也是不同的。市场营销工作通常错综复杂，目标众多，无法实现对每一件事或每一个方面的完全控制，因此，营销管理人员需要从众多目标中选择最能反映工作本质和需要的关键目标，对其加以控制，同时，还需注意目标具有可执行性。

2. 及时性原则

在实施市场营销控制时，信息起着基础性作用，它可以帮助企业及时发现偏差，并迅速采取措施进行修正。为了避免信息滞后造成的损失，企业应该及时收集和传递信息。此外，还应注意反馈控制的及时性，因为发现和分析偏差并提出改进方法可能需要花费很长时间，而采取改进措施时，实际情况很可能已经发生巨大变化。因此，解决这个问题最好的方法就是采取前馈控制和预先控制，防患于未然。

3. 客观性原则

在市场营销控制过程中，营销管理者容易受主观因素的影响，特别是在采取直接观察法进行衡量的时候，容易产生第一印象效应和晕轮效应。第一印象强调的是由于前面的印象非常深刻或产生的心理效应，导致后面的印象成为前面印象的补充，是一种时间上的差别；而晕轮效应强调的是事物某一方面的特点掩盖了其他方面的特点，是一种内容上的差别。营销管理者在进行市场营销控制时，应避免个人的主观或直觉判断，要采取科学客观的方式进行有效控制。

4. 经济性原则

市场营销控制活动需要付出一定的时间、精力和金钱，这些都构成了控制成本。在思考如何控制以及控制程度时，要考虑到成本问题。在经济性原则的要求下，坚持适度、合理地控制支出费用，以实现控制效用最大化。

二、营销控制的类型与方法

（一）营销控制的类型

营销控制可分为正式控制和非正式控制。正式控制是指公司高层管理者制定计划、预算、规章制度和工作任务来实现对员工行为的控制。按时间划分，正式控制可分为事前控制、过程控制和结果控制。

非正式控制分为自我控制、团队控制和文化控制。自我控制是指每个员工基于个人建立的目标对自己进行监督、控制和调整。自我控制的员工一般素质较高、自觉性较强、工作经验丰富、具有较强的责任心和事业心等。团队控制主要利用团队成员共同认可的价值观、目标愿景和利益等因素对成员施加影响。文化控制是指通过组织文化如榜样、仪式、规章制度对员工施加影响。

在实践中，营销控制要考虑到外部环境的影响。为了理解控制的复杂性，最终加强对管理和营销人员的控制，营销控制系统应该包括环境、控制和结果，如图 11-7 所示。

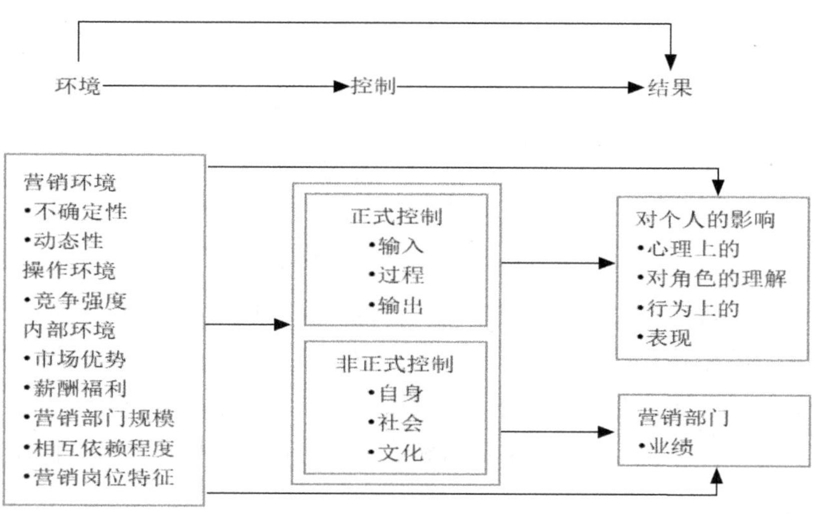

图 11-7　营销控制模型

（二）营销控制的方法

营销方案几乎涉及企业所有员工，因此营销控制相当复杂，需要采用多种方法。营销控制的方法主要包括年度计划控制、赢利能力控制、效率控制、战略控制与平衡计分法，如表 11-1 所示。

表 11-1　营销控制方法

方法	负责人	目的	具体内容
年度计划控制	中高层主管人员	检查目标是否实现	销售差异分析、市场占有率分析、销售费用率分析、财务分析、顾客态度追踪分析
赢利能力控制	营销主管人员	检查企业的盈利点和亏损点	各地区、各细分市场、各渠道的获利能力分析
效率控制	职能管理部门和营销主管人员	评价和提高营销费用支出的效率	推销人员、广告和促销人员的效率分析
战略控制	高层主管人员	检查企业是否最大限度地利用市场机会	营销审计、营销效益考核、道德与社会责任考核
平衡计分法	高层主管人员、职能管理部门、营销主管人员、营销人员	构建一套完整的绩效管理系统，保证企业战略有效执行	财务指标、客户指标、内部流程指标、学习与成长指标

1. 年度计划控制

年度计划控制是企业在一个财务年度结束后进行的绩效检查，主要目的是找出计划指标与实际完成情况之间的差距，提出改进措施，以实现年度计划中确定的销售、利润及其他目标。年度计划控制的核心是目标管理包含四个阶段（见图 11-8）。

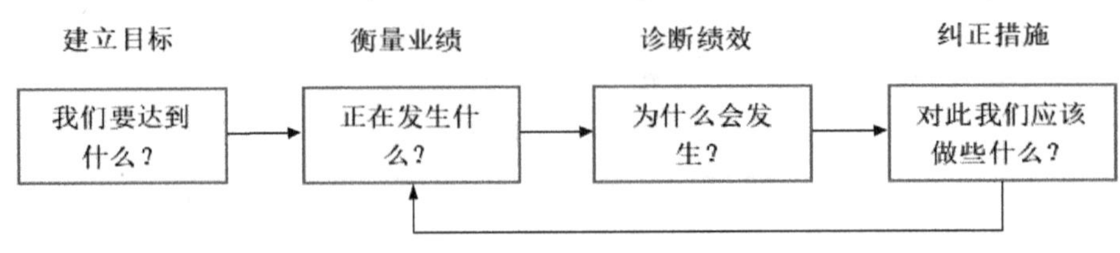

图 11-8　年度计划控制的过程

首先，管理部门确定年度计划中各个月或季度的目标，并作出评价；其次，管理部门密切关注市场业绩；再次，对出现的偏差进行诊断；最后，采取措施弥补目标与绩效之间的差距，在某些情况下可以改变计划，甚至改变目标。年度计划控制的工具：销售差异分析、市场占有率分析、销售费用率分析、财务分析和顾客态度追踪分析等。

2. 赢利能力控制

赢利能力控制通过测定不同产品、不同销售区域、不同顾客群体以及不同渠道的赢利能力，对营销方案的实施过程进行控制。主要目的是发现哪些产品或地区是赢利的，哪些是亏损的，亏损的具体原因是什么，从而调整企业的营销战略部署与策略安排，如决定哪些产品或市场应该扩展，哪些应该缩减以至放弃。

3. 效率控制

效率控制是指企业使用一系列指标对营销各方面进行日常监督和检查。一般来说，企业可以从销售队伍、广告效率、促销效率和分销效率等方面对营销效率进行控制，以提升营销效率和赢利能力。

4. 战略控制

市场营销环境变化非常快，往往会使企业原先制定的目标、战略、方案失去作用。为了使营销战略和策略与企业的营销环境相适应，必须对市场营销战略进行控制。战略控制是指市场营销管理者采取一系列行为，使实际营销工作与原计划尽可能一致，通过不断评审和信息反馈对战略进行修正。战略控制通常由企业的高层领导者来完成。战略控制的主要工具：营销审计、营销效益考核、道德与社会责任考核。

营销审计是指对企业营销管理活动进行全面、系统、独立、定期的检查，旨在发现企业营销管理活动中存在的缺陷和盲点，找出原因，提出解决问题的对策。包括对市场营销环境、战略、组织、系统、绩效和策略组合的审计。

除了上面提到的营销控制方法以外，对营销实施的控制还可以根据营销方案的过程或阶段，分为项目考评、阶段考评、最终考评和反馈改进等。

5. **平衡计分法**

营销绩效考核是企业营销管理的重要环节。但由于种种因素，导致当前营销绩效评价体系还不够完善，如片面追求财务绩效而忽略信息收集。为了构建完善的营销绩效评价体系，不仅要重视财务指标，还要重视非财务指标；不仅要考虑短期指标，还要重视长期指标。由于营销管理工作主要是针对市场需求所做的一种管理活动，因此不能只偏重结果而不重视过程。在这种情况下，许多企业开始基于平衡计分法建立企业营销管理制度。

平衡计分法是从财务、客户内部流程以及学习与成长四个角度，将组织的战略落实为可操作的衡量指标和目标值的一种新型绩效管理体系。这种方法的关键在于以财务目标为基准，从客户的需求出发建立完善的企业内部流程体系，并且在过程中进行价值创造。

（三）营销控制的流程

一个有效的市场营销控制包括七个步骤，如图 11-9 所示。

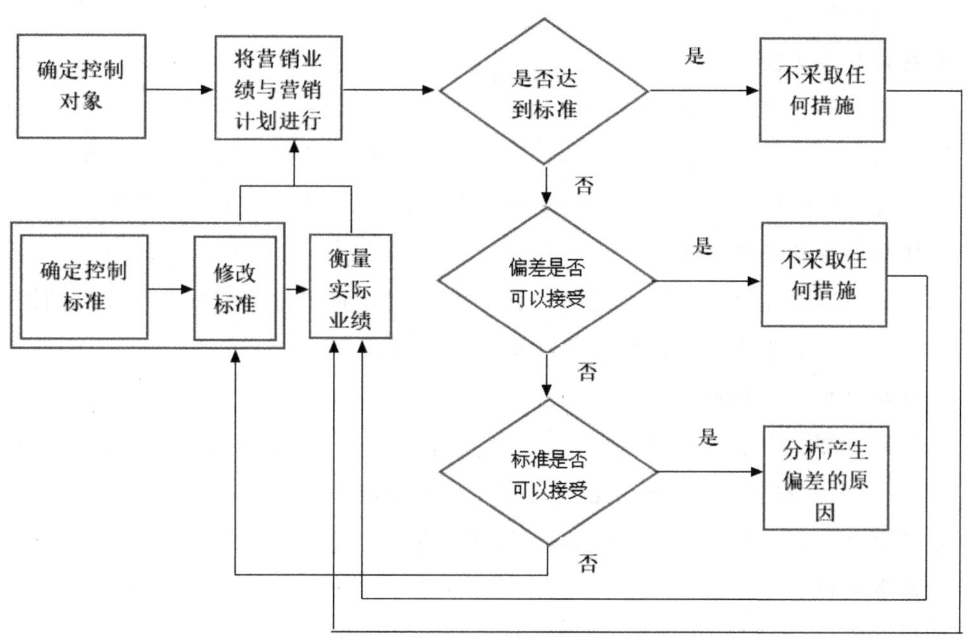

图 11-9　营销控制流程示意图

1. **确定控制对象**

确定控制对象，即确定对哪些营销活动进行控制。在确定控制范围、内容时，管理者应当注意使控制成本小于控制活动所带来的效益或可避免的损失。最常见的控制对象包括销售收入销售成本和销售利润，此外，还应确定控制量，对一些影响大、容易失控和出错的对象加大控制频率。同时，对于市场调查、推销、消费者服务、新产品开发、广告等活动也应通过控制加以评价。

2. 确定是否产生偏差

明确控制对象后，在实际执行营销计划时，根据计划执行情况与目标之间的差异决定是否进行调整。

3. 确定控制标准

控制标准是营销管理者希望企业营销活动达到的状态或完成的任务，包括财务指标和非财务指标。无论是财务指标还是非财务指标，一旦作为控制标准使用，就要设法将其量化，否则，不宜作为控制指标。因为只有量化的指标才能测量、才能用于比较。

一般来说，企业经常采用的控制标准有两个：一个是基本标准，必须完成；另一个是奖励标准，使员工达到更高水平。此外，确定标准时还可以参考其他企业的情况，听取多方面意见，使其更切合实际，或考虑产品、地区和竞争情况，设立具有差异性的控制标准。

4. 确定检查方法

检查方法有很多种，如直接观察法、统计法、访问法、问卷调查法等，可以根据实际情况作出选择。任何检查都是在一定的频率和范围下进行的。频率是指两次检查之间隔多长时间；范围是指进行局部的单项检查，根据需要进行选择。

5. 比较实际业绩与标准

将控制标准与实际执行结果进行对比。如果实际业绩与控制标准一致，则控制过程到此结束；如果不一致，则需要实施下一步骤。

6. 分析产生偏差的原因

产生偏差的原因通常有两种：一是实施过程中的问题，这种问题比较容易分析；二是计划本身的问题，确认这种问题一般比较困难。两种原因交织在一起会增加问题的复杂性，致使分析偏差的原因成为营销控制的一个难点。

7. 采取措施

如果在制订计划的同时制订应急计划，改进就能更快实施。不过，在多数情况下并没有这类应急计划，必须根据实际情况迅速制定补救措施，或适当调整某些营销计划的目标。

思考与练习

1. 营销计划的内容有哪些？制订营销计划需要注意哪些问题？

2. 对于企业来说，正式的执行和非正式的营销执行对实施营销计划有什么影响？

3. 对你所在的企业或你的亲友所在的企业进行调研，画出该企业的组织结构图和营销组织结构图，并分析该企业的营销组织类型、优点与不足、未来的改进措施。

参 考 文 献

[1] 吴健安，钟育赣 . 市场营销学 [M].7 版 . 北京：清华大学出版社，2022.

[2] 杨洪涛，等 . 市场营销：超越竞争，为顾客创造价值 [M].2 版 . 北京：机械工业出版社，2016.

[3] 王永贵 . 市场营销 [M].2 版 . 北京：中国人民大学出版社，2022.

[4] 孟韬 . 市场营销：互联网时代的营销创新 [M]. 北京：中国人民大学出版社，2018.

[5] 焦胜利，朱李明 . 市场营销学：迈向数字化的中国营销 [M]. 北京：清华大学出版社，2021.

[6] 菲利普・科特勒，凯文・莱恩・凯勒 . 营销管理 [M].14 版 . 王永贵，等译 . 北京：中国人民大学出版社，2012.

[7] 里斯，特劳特 . 定位：头脑争夺战 [M]. 王恩冕，于少蔚，译 . 北京：中国财政经济出版社，2002.

[8] 姚山季，张立，王永贵 . 消费者行为学 [M]. 天津：南开大学出版社，2009.

[9] 杨扬，刘圣，李宜威，等 . 大数据营销：综述与展望 [J]. 系统工程理论与实践，2020，40（8）：2150-2158.

[10] 国家统计局 . 中国统计年鉴 2020[M]. 北京：中国统计出版社，2020.

[11] 王永贵，王帅，胡宇 . 中国市场营销研究 70 年：回顾与展望 [J]. 经济管理，2019，41（9）：191-208.